中國刑事附帶民事訴訟

**Centre for
Judicial Education and Research
司法教育與研究中心**

中國法官法學研究文庫編輯顧問委員會

胡雲騰　　最高人民法院審判委員會副部級專職委員、二級大法官

黃永維　　國家法官學院院長

李曉民　　國家法官學院副院長

林峰　　　香港城市大學法律學院教授、副院長、司法教育與研究中心主任

朱國斌　　香港城市大學法律學院教授，香港城市大學出版社社長

香港城市大學司法教育與研究中心　網址：www.cityu.edu.hk/cjer

中國法官法學研究文庫

中國刑事附帶民事訴訟

兩級法院個案研究

王 瑋

CITY UNIVERSITY OF
HONG KONG PRESS
香港城市大學出版社

編　　輯	陳明慧
實習編輯	吳迪詩（香港城市大學翻譯及語言學系四年級）
封面設計	高寶儀
排　　版	劉偉進

Création
城大創意製作

國際統一書號：978-962-937-341-2

出版

香港城市大學出版社
香港九龍達之路
香港城市大學
網址：www.cityu.edu.hk/upress
電郵：upress@cityu.edu.hk

Chinese Criminal Proceedings with Collateral Civil Action:
A Study of Judicial Decisions of Two Levels of Courts
(in traditional Chinese characters)

ISBN: 978-962-937-341-2

Published by
City University of Hong Kong Press
Tat Chee Avenue
Kowloon, Hong Kong
Website: www.cityu.edu.hk/upress
E-mail: upress@cityu.edu.hk

Printed in Hong Kong

目　錄

詳細目錄

第三章　附帶民事訴訟之應然與實然

第四章　不同法院附帶民事訴訟之應然與實然

第五章　不同年度附帶民事訴訟之應然與實然

第六章　附帶民事訴訟替代措施之實施

第七章　附帶民事訴訟替代措施之救濟與執行

第八章　附帶民事訴訟替代措施對程序權利和賠償的影響

第九章　結論

附　錄

出版後記

參考文獻

序一

促進法系相互借鑒，譜寫法治嶄新篇章

　　自2011年9月以來，國家法官學院與香港城市大學法律學院聯合舉辦「中國高級法官法學博士」課程已經持續了六年時間。經過雙方共同的努力，此合辦課程培養了一批精通審判業務、法學理論功底深厚、具有全球化視野的高素質法官和卓越法律人才，取得了豐碩的成果，深受兩地專業人士的推崇和社會各界的認可。香港城市大學提議創設「中國法官法學研究文庫」，擇優結集出版「中國高級法官法學博士」課程獲博士學位的內地高級法官的博士論文，我深感欣慰，並願意為之作序。

　　國家法官學院與香港城市大學法律學院聯合舉辦「中國高級法官法學博士」課程，實際上是開創了法學教育多元化的先河。依照雙方的協議安排，有志於參與此合作項目的內地各級人民法院法官經層層遴選、面試，在香港城市大學法律學院接受相關課程的學習。其中學習法學博士課程的法官，都是內地各級法院中審判業務能力強、學術研究功底深厚的高級法官。被錄取的法官在香港城市大學法律學院和國家法官學院集中學習、完成必修課程並考核合格後，在香港城市大學法律學院相關專業導師的指導下撰寫博士學位論文。從各法官博士論文的選題來看，無論實證研究還是法理分析，都兼具法治和人文情懷，強調理論與實踐的結合，探索東西法治相互借鑒的有效途徑。該課程目前已經有多名法官通過博士論文答辯並獲得法學博士學位。「中國法官法學研究文庫」的出版，正是展示雙方合作辦學成果的重要載體。

　　內地高級法官在香港城市大學既要學習普通法系的主要內容，在交流過程中也展現了中華法系的深厚傳統。該項目的成功舉辦，獲得

了香港各界有識之士的大力支持。這本身就深刻見證了內地與香港緊密的血脈聯繫及對法治的共同追求。當今的世界格局正經歷着深刻的變化，中華民族的偉大復興事業正處於關鍵時期。雖然司法有法系之分，當然也難以擺脫意識形態的藩籬，然而法治作為人類文明的共同成果是不分東西的。內地的司法改革在深入推進的過程中也會不斷借鑒吸收各法域有關法治的有益經驗。外出訪問交流的高級法官，都是內地司法系統中的主力軍、法治的踐行者。內地高級法官到實行普通法的香港學習交流，既體現了制度的自信，也必將促進東西法系之間的相互借鑒。兩地合作辦學、促進內地司法教育，正是通過具體點滴的工作推動國家的法治進步。

兩地合作辦學、共同促進司法教育已走過六載，如今已結出累累碩果。「中國法官法學研究文庫」的出版，既是成果的重要展示，也是對學界、社會的及時回饋，可謂是法學多元教育的一大盛事。「不忘初心，方得始終。」值此「中國法官法學研究文庫」出版發行之際，我由衷地表示祝賀。

是為序。

黃永維
國家法官學院院長
二〇一七年秋於北京

序二

中西合璧的鏡子

香港是一個華洋共處，融匯中西的多元化國際都會。香港的法律屬普通法，是中國唯一一個普通法的特區。世界大勢所趨、全球經濟一體化，中國與全球的商貿合作日趨緊密和成熟，國家十分需要通曉中國法及國際法的司法專才。中國法官需要充分瞭解不同司法制度之優劣，以提升處理涉外案件的效率。在這個全球獨一無二的一國兩制的背景下，香港城市大學法律學院於2011年和中國最高人民法院及其下轄國家法官學院合辦全國首創的中國高級法官法學博士課程（下稱課程）。作為兩地培養高素質法官的一個新開拓的橋樑，課程對內地法官培訓意義不凡。

香港城市大學司法教育與研究中心（下稱中心）於2013年成立，加強了與最高人民法院及國家法官學院的合作，致力推動法官培訓。中心共提供三個中國高級法官法律課程（分別是高級法官法學博士班，法官法學碩士班及高級法官研修班）。這些課程的開辦，在內地、香港以及其他地區都引起極大的反響與好評。

到香港修讀博士課程的法官，是根據資歷、品德和潛質三方面，從全國各省市十多萬法官中挑選出來，他們的平均資歷都超過16年，大多在內地各級法院擔任院長或副院長。自2011年至2016年，我校共培養了76位法官博士。

學員需在港學習一年課，於三年內提交論文。學員們接受普通法、國際貿易及投資法、基本法、比較法等培訓，並探討在不同法制下的特定法律議題。課程由城市大學法律學者和內地資深大法官共同授課，以學術研究為主要教育方向。學員通過考試、撰寫論文及完成論文答辯後，方可獲頒博士名銜。

「中國高級法官法學博士」課程設置的獨特性在於它以全球化為背景，以提高學員分析問題、解決問題的能力為方向，以比較分析的方法為手段，幫助學員瞭解不同法域和不同國家及地區的法律，拓闊學員的國際視野，提升學員的知識水準並完善他們的法律知識結構。

在校學習期間，中心還組織學員到韓國、歐洲和美國等地訪問學習交流，瞭解當地的法律和司法制度，借鑒不同國家的司法審判經驗。課程提供難得的機會和多元化的管道，讓中國法官全面瞭解普通法的精神，訓練比較性、批判性分析與思維。

自 1997 年香港回歸以來五度人大釋法等例子可見兩地法制之間的衝突與融合，大陸法與普通法各有千秋，互相影響，一國兩制的框架中，城大中國法官博士課程充分發揮了香港作為中國特別行政區的優勢，為這些優秀的大陸法人才，展現了一面豐富多彩的普通法大鏡子，讓法官學員們透過香港這扇視窗得以一覽普通法的風景，在批判思考、比較分析上帶來前所未有的認識和體會。中國法官看到了世界的同時，世界也看到了中國法官，與他們近距離的交流，共用經驗和研究心得，這有助世界瞭解中國法制發展，促進法律合作和交流。

從 2016 年第四屆開始，學員們甫入學即需確定論文題目與研究方向，論文中西貫通，結合了法官學員們寶貴的司法實踐經驗與理論，其中不乏對中外不同法系的比較研究、對國外法律體系的借鑒與啟示。

這些論文是法官博士課程的美好果實，不但見證了香港城市大學司法教育與研究中心的教育成果，更是一眾法官學員們堅守推動社會公義的信念、刻苦研習的最佳證明。香港城市大學出版社結集法官博士論文，出版「中國法官法學研究文庫」，我們為學員們學有所成感到無比驕傲，希望他們畢業後懷着城大中國法官博士課程提供的這一面中西法律合璧的鏡子，在司法工作上時而拿出來照一照，想一想，照出新思維新創舉，為我國、乃至全球司法工作與司法改革照出新方向新天地。

林峰教授
香港城市大學司法教育與研究中心主任
香港城市大學法學院副院長
2017 年 4 月 24 日

作者序

本書的完成得益於國家法官學院與香港城市大學法律學院聯合舉辦的「中國高級法官法學博士」課程的開展，正是該課程的順利進行，使我有機會於 2012 年來到香港城市大學法律學院，成為一名博士研究生。進入香港城市大學法律學院攻讀法學博士學位之初，便修讀了賀欣教授的高級法學理論與研究方法課程，開始接觸我國傳統規範法學研究以外的方法——從社會學、經濟學等不同學科角度來研究法學問題，特別是源於歐美國家、目前仍興盛於世界法學研究領域的社科法學研究方法，當然，在我國也稱之為法律實證研究方法，對我產生了強烈的吸引力，並激發了我的濃厚興趣。根據賀欣教授的推薦，我詳細地閱讀了北京大學法學院陳瑞華教授的文章〈法科學生如何撰寫學術論文——關於研究方法的對話之二〉和香港大學劉南平教授的〈法學博士論文的「骨髓」和「皮囊」——兼論我國法學研究之流弊〉。三位教授有關研究方法的觀點，以及城市大學法律學院其他教授所傳授的具有不同特點的法學研究方法，顛覆了我多年的規範法學研究方法的思維模式。自此，我的法學研究興趣開始從規範法學研究模式，轉向法律實證研究模式。根據老師們所傳授的「寫自己熟悉領域的」技巧，我確定了以刑事附帶民事訴訟制度這一領域，作為博士論文研究題目，而實證研究方法則成為此論文的主要研究方法。

為了更好地掌握法律實證研究方法和寫好博士論文，在論文研究和撰寫的過程中，我閱讀學習了大量有關實證研究的專著和論文。首先，我系統地學習了北京大學出版社出版的雷小政著《法律生長與實證研究》、重慶大學出版社出版的仇立平著《社會研究方法》兩本有關法律實證研究和社會研究方法的專著。其次，我閱讀了北京大學出版社出版的陳瑞華著《論法學研究方法：法學研究的第三條道路》和宋英輝

等主編《法律實證研究方法》、中國法制出版社出版由麥高偉等主編的《法律研究方法》等有關研究方法的書籍。此外，我還閱讀了賀欣、朱蘇力、左衛民、劉思達、趙旭光、侯猛、冉井富等學者的大量實證研究的文章和著作，聆聽了陳瑞華教授、左衛民教授等講授有關法學研究方法的專題課程。大量閱讀學習實證研究理論的文章和著作，使我對法律實證研究方法和社會研究方法有了更加系統的認識，並對法律實證研究所具體實施的調查對象的確定、樣本的選取、研究材料的收集和分析等，達到準確理解和熟練適用的程度。為了彌補沒有進行過實證研究的經驗不足，參照維思出版社出版麥高偉等著《中國刑事司法制度之實證研究》和法律出版社出版郭松著《中國刑事訴訟運行機制實證研究（四）：審查逮捕制度實證研究》等實證研究專著中的具體方法，我設計了研究所需的許多調查問卷、訪談提綱，還借鑒了其對資料的分析與運用方法，來分析所取得的大量審判案件和訪談材料。為了全面客觀的收集所需要的附帶民事訴訟案件審判材料，我請同事李繼亮主任擔任調查團隊的具體負責人，並請多名同事共同參與，由我給大家進行實證調查的培訓。在這一調查團隊的細致、客觀和全面的努力下，圓滿地完成了所確定範圍案件信息資料的採集和與法官的訪談。

在確定好並能夠較好地掌握這研究方法的同時，我着手於研究刑事附帶民事訴訟制度的理論研究狀況。筆者在研究之初始階段，主要通過香港城市大學邵逸夫圖書館的電子法學數據庫進行搜索和查閱館藏圖書資料等方式，對研究資料進行搜索和收集；在研究過程中，根據其他研究者在其研究文章中所引用的論文與著作和通過到圖書館借閱，或者到書店、出版社訂購，或者採用網上定購的方式收集了部分理論性資料；同時還注意搜索有無最新研究成果出現。首先，通過中國博士論文全文數據庫，收集到專題研究附帶民事訴訟制度的論文一篇、涉及該項制度內容研究的論文八篇。其中，2007年3月中國政法大學高向武撰寫的〈附帶民事訴訟研究〉，是目前能夠查到的唯一一篇全面、系統研究中國當代刑事附帶民事訴訟制度的博士學位中文論文。

其他相關的八篇中文博士論文，分別是吉林大學侯雪撰寫的〈刑事損害賠償法律制度研究〉、吉林大學李貴陽撰寫的〈刑事訴訟中被害人權利探究〉、中國政法大學張劍秋撰寫的〈刑事被害人權利問題研究〉、西南政法大學申莉萍撰寫的〈我國犯罪被害人損害救濟法律問題研究〉、華東政法大學張少林撰寫的〈被害人行為刑法意義之研究〉、上海交通大學蔡國芹撰寫的〈刑事調解制度研究〉、吉林大學董秀婕撰寫的〈刑民交叉法律問題研究〉和中國政法大學徐艷陽撰寫的〈刑民交叉問題研究〉。其次，通過中國期刊全文數據庫，收集到有關附帶民事訴訟制度、追繳或責令退賠違法所得措施、被害人救濟制度研究的論文一百三十餘篇。這些論文發表的時間是從 1990 年到目前為止，分別登載在《法學雜誌》、《法學論壇》、《法律適用》、《中國刑事法雜誌》、《中國政法大學學報》、《中南財經政法大學研究生學報》、《西南民族大學學報》等各種期刊雜誌上。再次，為著作類的理論性研究材料，包括有關附帶民事訴訟制度研究的專著、包含該項制度內容的刑事訴訟類著作，以及涉及人權與被害人、被告人權利保障的著作等等。有關附帶民事訴訟制度研究的專著，主要有劉金友和奚瑋所著《附帶民事訴訟原理與實務》、邵世星和劉選所著《刑事附帶民事訴訟疑難問題研究》、孫應征和王禮仁所著《刑事附帶民事訴訟新論》、劉金友所著《附帶民事訴訟的理論與實踐》和孫傑冰主編的《附帶民事訴訟制度研究》。刑事訴訟類著作包含附帶民事訴訟內容的，主要有陳光中主編《刑事訴訟法學》、王以真主編《外國刑事訴訟法學（新編本）》、陳衛東主編《刑事訴訟法》、王敏遠主編《刑事訴訟法學（上）》等。涉及當事人權利與人權保障的著作，主要有田思源所著《犯罪被害人的權利與救濟》、文勝所著《犯罪損害賠償制度研究》等。

大量的實證材料和理論資料收集完成後，在分析材料和撰寫本書的過程中，我又遇到兩大困難。第一個困難是大量數據的採用，一般的統計分析方法，難以確保數據前後的準確一致，而且統計分析的工作量特別大。正在為此苦惱之際，山東省高級法院的高級法官羅瑩向我推薦和介紹了SPSS統計分析軟件的基本使用方法及其統計分析的優

勢。為了進一步掌握SPSS統計分析軟件的數據分析方法，我與同事吳慧星、王益新法官購置了相關專業書籍，聘請專業老師予親臨指導，使我能夠初步了解SPSS統計分析軟件數據庫的建立，以及分析與解讀常用的數據分析圖表。根據我的研究要求，經過吳慧星和王益新法官的努力，終於建立了本書所需的附帶民事訴訟範圍研究數據庫，並且設計形成了各種數據分析圖表，為本書的分析研究提供了有力的技術支援。第二個困難是本書研究的附帶民事訴訟制度內容廣泛，僅僅寫了本書的導論和附帶民事訴訟範圍兩部分，就已經達到十幾萬字，顯然整個附帶民事訴訟制度不能夠在本研究中全部完成。為此，我記起賀欣教授在講課時所說的「小處着手」、「小題大做」的選題要求，設想將研究的範圍由整個附帶民事訴訟制度縮小到已經撰寫了十幾萬字的附帶民事訴訟範圍研究上。該設想得到了導師顧敏康教授的肯定，我便將已經寫好的部分重新進行章節分配，刪除其他不再研究的部分，並就新的章節進行更加深入的分析研究，由此形成了共計十一章的初稿。根據導師顧敏康教授在審閱並對全文進行修改後提出刪除其中第九、十兩章的建議，便形成了目前本書九章的總體框架。

應香港城市大學出版社陳明慧編輯可在本書前增加一篇作者序的要求，以上所撰寫的，是我對法律實證研究方法產生興趣以及學習和運用到本書研究過程的回憶，權且作為本書的作者序吧。

致 謝

　　本書的完成，是我四年辛勤努力的結果，也是導師、老師、同學、同事和家人指導、支援、理解、關心的結果。所以，我首先要感謝導師顧敏康教授，正是顧教授對我論文的選題、結構的調整、字句和觀點的修改與完善、答辯中要注意的問題、論文答辯後的修改建議等所給予的耐心細緻指導，使得我的論文能夠順利地獲得答辯專家的認可！其次要感謝城市大學法律學院的老師們，以及所有在我博士研究生學習過程中授課的老師們，正是從這些老師們那裏我學習了許多新的法學理論知識和新的法學研究方法！還要感謝吳慧星、王益新等曾經的和現在的同事們，在本書研究過程中的問卷調查、卷宗閱讀、統計資料等方面所做的一些細緻、繁瑣的輔助工作！也要感謝香港城市大學法律學院、周亦卿研究生院和邵逸夫圖書館的工作人員，他（她）們細心周到、盡心盡職的工作，使我的每一節課和每一次學習活動得以準確、及時地完成，使我有一個課堂之外的查閱資料、撰寫論文的安靜場所！還應該感謝最高人民法院、國家法官學院和香港城市大學法律學院，以及那些直接和間接提供幫助或者機遇的單位和好心的人們，使我有機會步入香港城市大學法律學院的神聖殿堂並得以堅持完成學業！也要感謝與我一起在香港城市大學法律學院共同求學的2012級法學博士研究生班的同學們，正是同學們的相互激勵和相互幫助，成為我完成博士論文的精神動力！最後，還要感謝我的家人，正是妻子、兒子無怨無悔始終如一的堅定支持，父母、岳父母、姐妹等家人的理解和關心，使我得以無憂無慮的投入博士研究生的學習！

　　正是導師和老師們的指導，同事的幫助，同學的鼓勵，家人的支持等等，使我得以在五十五周歲之際，實現成為一名法學博士的理想

目標。今後，我將永遠銘記香港城市大學的校訓「敬業樂群」，對以實現公平、正義為目標的司法事業敬慎以待，將所學的專業知識和專業研究能力運用到法治建設之中，積極宣導群體精神、社會關懷與造福人群。

一、導 論

∝∝∝∝∝∝∝∝∝∝∝∝∝∝∝∝∝∝

  中國的刑事附帶民事訴訟，[1]是指司法機關在刑事訴訟過程中，解決被告人刑事責任的同時，附帶解決被害人提起的，或者已死亡或喪失行為能力的被害人之法定代理人、近親屬提起的，或者人民檢察院提起的，由於被告人的犯罪行為所引起的物質損失賠償問題而進行的訴訟活動。刑事附帶民事訴訟範圍，是指規定哪一種案件可以進入刑事附帶民事訴訟程序之內的界限；具體而言，就是被害人在刑事訴訟過程中，可以針對哪一種類的犯罪行為，或者根據哪一種損害後果，提出附帶民事訴訟請求的範圍。附帶民事訴訟請求範圍，從具體犯罪行為方面而言，是確定哪些性質的犯罪容許被害人提出附帶民事訴訟；而從犯罪造成的損害後果方面而言，就是要分清物質損失與精神損失，是否都允許被害人通過附帶民事訴訟解決的問題。由於篇幅所限，本書主要研究哪些犯罪造成的物質損失允許被害人提出附帶民事訴訟，而對犯罪造成的精神損失問題則不在此探討。針對司法限制附帶民事訴訟範圍的問題，本書通過對法律規範、學術觀點的梳理與綜述，並結合對司法實踐狀況的考察與分析，得出的中心論點是：司法解釋限制法定附帶民事訴訟範圍並規定替代措施，實踐證明不僅沒有全面實現被害人的物質損失求償權利，而且限制或否定了部分被害人的訴權和訴訟權利，違背了法學基本理論的要求，超越司法解釋職能；所以，為實現被害人權利保障等附帶民事訴訟功能，應當借鑒域外經驗，重構附帶民事訴訟範圍的理論模式，並將附帶民事訴訟與替代措施重新定位。

---

1 本書中所説刑事附帶民事訴訟，也簡稱為附帶民事訴訟。

本章導論部分，主要介紹本研究的緣由、意義，研究所用方法、材料，以及本書結構和需要說明的問題。

研究的緣由與意義

中國刑事基本法規定了相對狹窄的物質損失附帶民事訴訟範圍，而最高法院通過司法解釋將其範圍進一步收窄，並規定替代措施；這限制了部分被害人的物質損失賠償請求權，引起法學界對此持續不斷的批評。針對這一問題，本書立足於探究司法實踐中有關附帶民事訴訟範圍的真實狀況，從而把握附帶民事訴訟範圍制度在司法實踐中的具體問題，考察、檢驗附帶民事訴訟範圍理論爭議的問題，推進對整個附帶民事訴訟制度功能實現狀況的探究。

一、研究的緣由

中國刑事實體法、刑事程序法，對於附帶民事訴訟範圍所涉及的民事訴訟事項，已經規定了較民事實體法、民事程序法等相關規定更為狹窄的內容；但是，最高法院仍然通過會議紀要、司法解釋等形式，對該範圍不斷進行再限制。對此，法學界的學者們不斷地從不同的角度進行批駁。此種現象，引起筆者對最高法院有關附帶民事訴訟範圍限制解釋的必要性、可行性、實效性、合法性和正當性等問題的思考，並成為本書研究的起因。

（一）法律規定相對狹窄的物質損失賠償範圍

中國附帶民事訴訟範圍的確定，是先由實體法對犯罪行為被害人所遭受的經濟損失賠償請求權做出規範，然後再由程序法對該民事賠償請求權的實施方法、步驟予以具體規範的。1979年《中華人民共和國刑法》對遭受犯罪行為侵害而導致經濟損失的被害人，賦予其實體法上的請求權，規定：「由於犯罪行為而使被害人遭受經濟損失的，對犯罪

分子除依法給予刑事處分外，並應根據情況判處賠償經濟損失。」【2】此後，《刑法》的歷次修改都保留了該條規定的內容。1979年《中華人民共和國刑事訴訟法》第七章專門規定了附帶民事訴訟制度，其對附帶民事訴訟範圍界定為：「被害人由於被告人的犯罪行為而遭受物質損失的，在刑事訴訟過程中，有權提起附帶民事訴訟。」【3】此後，全國人民代表大會先後於1996年、2012年兩次修改《刑事訴訟法》，均堅持了該條規定的附帶民事訴訟範圍的內容。從以上刑事基本法所規定的內容看，不論是刑法規定的被害人遭受的經濟損失，還是刑事訴訟法規定的被害人遭受的物質損失，兩者內容的實質應當是一致的。這分別成為附帶民事訴訟範圍的實體法與程序法的法律依據。對此，通行的觀點認為，這一範圍明確了附帶民事訴訟請求賠償的損失種類，是指由於犯罪行為所造成的物質損失賠償，【4】不包括精神損失賠償。【5】對此，2002年最高法院的司法解釋也予以明確規定：「對於刑事案件被害人由於被告人的犯罪行為而遭受精神損失提起的附帶民事訴訟，或者在該刑事案件審結以後，另行提起精神損害賠償民事訴訟的，法院不予受理。」【6】這一附帶民事訴訟範圍的規定，與2009年《中華人民共和國侵權責任法》規定的「侵害他人人身權益，造成他人嚴重精神損害的，被侵權人可以請求精神損害賠償」【7】的內容相比，明顯狹窄了一些。為此，法學界的學者們針對刑法、刑事訴訟法沒有將精神損害納

2　1979年《中華人民共和國刑法》第31條的規定。該法是於1979年7月1日由全國人民代表大會頒佈，並於1980年1月1日施行；《中華人民共和國刑法》簡稱《刑法》或中國刑法，並將其制定或修改的具體年份加在前面，以便於相互區別，例如1979年《刑法》。

3　1979年《中華人民共和國刑事訴訟法》第53條的規定。該法是於1979年7月1日由全國人民代表大會通過，並於1980年1月1日生效的；《中華人民共和國刑事訴訟法》簡稱《刑事訴訟法》，或中國刑事訴訟法，並將其制定或修改的具體年份加在前面，以便於相互區別，例如，1979年《刑事訴訟法》。

4　劉金友、奚瑋著，《附帶民事訴訟原理與實務》，法律出版社，2005年12月第一版，第155頁。

5　劉菊，〈析刑事附帶民事訴訟中精神損害賠償問題〉，載《法學雜誌》，2004年第4期。

6　2002年7月11日最高法院通過的《關於法院是否受理刑事案件被害人提起精神損害賠償民事訴訟問題的批復》。

7　《中華人民共和國侵權責任法》第22條的規定。該法於2009年12月26日由全國人大常委會通過。

入附帶民事訴訟範圍的問題，提出一些批評意見，[8]但對於造成物質損失而能夠進入附帶民事訴訟範圍的具體犯罪，沒有提出範圍過寬或者過窄的意見。對此質疑聲音，立法機關卻始終沒有進行正面回應，也沒有修改與完善的意圖，而是三十餘年一貫地堅持並表明將繼續適用該項規定。顯然附帶民事訴訟範圍的問題並沒有引起立法機關的關注，正如有的學者所指出的那樣，立法上不重視是附帶民事訴訟制度未獲重視的原因之一。[9]

(二) 司法解釋限制部分物質損失賠償請求範圍

中國刑事訴訟法制定之初，涉及附帶民事訴訟的內容僅僅只有兩個條文，而經過三十餘年後的修改也不過增加到四個條文，難以架構起一項涉及犯罪與私權賠償的龐大法律制度框架體系。最高法院的大量司法解釋彌補了這一不足，使得附帶民事訴訟能夠成為中國一項相對獨立、相對完整的制度。同時，司法解釋[10]也逐步縮小了附帶民事訴訟範圍。2000年之前，司法解釋在附帶民事訴訟範圍的界定上，始終與刑事基本法保持一致。在這一階段，最高法院先後於1980年7月16日制定了《關於刑事附帶民事訴訟問題的批復》，於1994年3月21日發佈了《關於審理刑事案件程序的具體規定》，於1998年6月29日通過《關於執行〈中華人民共和國刑事訴訟法〉若干問題的解釋》，對於附

8　張文志，〈「刑附民」精神損害賠償若干問題研究〉，載《法學雜誌》，2006年第4期。該文作者認為：「……刑事法律對附帶民事賠償範圍的限制性規定背離了『刑附民』的民事訴訟本質，將精神損害賠償排斥在『刑附民』範圍之外，抑制了精神損害賠償制度的發展，有悖於法律的統一。」

9　劉金友、奚瑋著，《附帶民事訴訟原理與實務》，法律出版社，2005年12月第一版，第43頁。該書作者認為：「……上述不重視附帶民事訴訟制度的現象之所以出現，原因是很多的。首先，從立法上來看，中國刑事訴訟立法對附帶民事訴訟制度未足夠重視，只在總則中設專章加以規定。由於規定得過於簡略（只規定了兩條四款）隨着社會的不斷發展，民事流轉的加強，犯罪分子的犯罪行為侵害公民、國家和社會公共利益的案件不斷增加，已顯得越來越不適應現實的需要，而迫切需要加以健全和完善。因為用這樣簡單的法條是無法充分概括如此複雜的訴訟的，所以，在複雜的附帶民事訴訟面前，人們常常感到缺乏具體、明確和充分的法律依據，這在某種程度上不能不影響到附帶民事訴訟制度的全面施行。」

10　司法解釋，在本書中僅指最高法院的司法解釋，不包括最高檢察院的司法解釋。

帶民事訴訟的受理、當事人範圍、審判、調解、舉證責任等給予較為詳細的規定。其中，涉及附帶民事訴訟範圍的內容，均與中國刑事訴訟法規定的遭受犯罪侵害而導致的物質損失請求範圍一致。2000 年之後，司法解釋即開始限制附帶民事訴訟範圍，並採用追繳、責令退賠措施替代附帶民事訴訟。2000 年 12 月 4 日，最高法院通過了《關於刑事附帶民事訴訟範圍問題的規定》，重點規範了附帶民事訴訟的範圍問題，規定：「因人身權利受到犯罪侵犯而遭受物質損失或者財物被犯罪分子毀壞而遭受物質損失的，可以提起附帶民事訴訟。」[11]這一規定縮小了中國刑事訴訟法有關附帶民事訴訟受理案件的範圍，將大量非法佔有性財產犯罪損失賠償明確排除在外。同時，該解釋還規定犯罪分子非法佔有、處置被害人財產而使其遭受物質損失的，法院應當依法予以追繳或者責令退賠；經過追繳或者退賠仍然不能彌補損失，被害人向法院民事審判庭另行提起民事訴訟。[12] 2012 年 11 月 5 日最高法院通過了《關於適用〈中華人民共和國刑事訴訟法〉的解釋》，採用了二十六個條文解讀和規範附帶民事訴訟制度，繼承和完善了原有司法解釋的精神；不僅保留對於附帶民事訴訟案件受案範圍的限制，並堅持排除非法佔有、處置被害人財產類犯罪進行附帶民事訴訟的既有規定，而且刪除了該類犯罪被害人向法院民事審判庭另行提起民事訴訟的規定；同時，還規定了依法有權提起附帶民事訴訟的犯罪被害人，在刑事訴訟過程中沒有提起附帶民事訴訟的，而另行提起民事訴訟案件的判決賠償範圍，也是限於物質損失的情況。[13]通過上述司法解釋

11　最高法院《關於刑事附帶民事訴訟範圍問題的規定》第1條的規定。

12　最高法院《關於刑事附帶民事訴訟範圍問題的規定》第5條的規定。

13　2012年11月5日最高法院通過了《關於適用〈中華人民共和國刑事訴訟法〉的解釋》，規定其與2012年修改的刑事訴訟法同時生效，並廢止了1998年6月29日通過《關於執行〈中華人民共和國刑事訴訟法〉若干問題的解釋》，同時規定以前發佈的司法解釋和規範性檔，與本解釋不一致的，以本解釋為准。該解釋第139條規定：「被告人非法佔有、處置被害人財產的，應當依法予以追繳或者責令退賠。被害人提起附帶民事訴訟的，人民法院不予受理。追繳、退賠的情況，可以作為量刑情節考慮。」第164條規定：「被害人或者其法定代理人、近親屬在刑事訴訟過程中未提起附帶民事訴訟，另行提起民事訴訟的，人民法院可以進行調解，或者根據物質損失情況作出判決。」

的發展過程可以看出，最高法院試圖減輕司法機關的審理負擔，不斷限制附帶民事訴訟案件範圍，使得一部分根據刑法、刑事訴訟法規定可以提起附帶民事訴訟的犯罪被害人喪失訴權，限制或完全否定了這部分被害人行使附帶民事訴訟的權利。

（三）法學界對相關立法、司法解釋的持續批評

刑法、刑事訴訟法與司法解釋對於附帶民事訴訟範圍制度規範的不足，導致本世紀開始到2012年刑事訴訟法和司法解釋再次被修改之後，法學界出現大量有關附帶民事訴訟制度探討的文章，其中多數均涉及附帶民事訴訟範圍問題。出現各種各樣的理論觀點，如取消論、保留論、保留並完善和發展論等等。持有取消論觀點的學者，明確提出取消附帶民事訴訟制度；[14]持有保留論觀點的學者，則堅持保留附帶民事訴訟制度；持有保留並完善和發展論的學者，主張保留並完善和發展附帶民事訴訟制度；[15]另外還有一些持有其他觀點的學者。[16]截止目前理論界的爭論尚未形成統一的認識，但是，對於附帶民事訴訟範圍的爭論，則是以批評立法規範附帶民事訴訟範圍狹窄和司法限制附帶民事訴訟範圍不妥為主要的基調。對因犯罪分子非法佔

14　參見鄭魯甯、何乃剛，〈合併與分離:刑事附帶民事訴訟制度的反思與重構〉，載《政法論壇（中國政法大學學報）》，2003年8月第21卷第4期。魏盛禮、賴麗華，〈試論取消刑事附帶民事訴訟制度〉，載《法學論壇》，2005年第20卷第1期。

15　參見陳純柱、樊銳，〈「先民後刑」模式的正當性與量刑研究〉，載《中國政法大學學報》，2012年第2期。申莉萍、鄭茂，〈論中國刑事附帶民事訴訟制度的價值定位——從刑事附帶民事訴訟的存廢之爭說起〉，載《西南民族大學學報》（人文社會科學版），2012年第4期。張珺，〈刑事附帶民事訴訟的合理性探討〉，載《法律適用》，2002年第6期。

16　參見王敏遠主編，《刑事訴訟法學（上）》，智慧財產權出版社，2013年6月第一版，第574-579頁。該書作者認為:「基於附帶民事訴訟制度在實踐中存在的問題，學界對其存廢展開了討論。關於這個問題學界主要有以下幾種觀點。（一）分離說，有論者認為，附帶民事訴訟本質上是一種民事訴訟，應將其從刑事訴訟中分離出去，歸併到民事訴訟中……（二）廢除說，有觀點認為，由於刑事附帶民事訴訟制度存在無法通過改革而對其進行完善的內在制度性缺陷，最終只能將該制度予以廢除……（三）保留說，持保留意見者認為，刑事附帶民事訴訟存在缺陷，但該制度仍然具有保留價值……」

有、處置被害人財產而使其遭受的物質損失，司法解釋將其排除在附帶民事訴訟範圍之外，要求通過追繳贓款贓物、責令退賠的途徑解決的問題，學者提出了許多反對意見。有的學者指出，限制附帶民事訴訟受理範圍缺乏有力的立法根據；用追繳、責令退賠的方式來保護被害人的合法權益，有程序上難以克服的弊端；不利於保護被害人的合法權益；從設立附帶民事訴訟制度的國家、地區來看，附帶民事訴訟受理範圍均比較寬泛。[17]有的學者認為，附帶民事訴訟中的物質損失賠償範圍，應由民事法律進行規定，而最高法院《關於刑事附帶民事訴訟範圍問題的規定》將該範圍的規定進行了限制和縮小性解釋，似乎不盡妥當。[18]也有學者主張，對於財產型犯罪引起的被害人要求返還財物的訴求，立法、司法解釋及司法實踐均應將其納入附帶民事訴訟受理範圍。[19]此外，還有一些學者對於司法解釋限制附帶民事訴訟範圍，以及規定追繳或責令退賠作為附帶民事訴訟的替代措施的做法，提出了種種不同的理論觀點，筆者將在本書第二章中詳細闡述，在此不逐一例舉。

通過以上（一）到（三）部分的內容介紹，可以看出立法機關自始就沒有試圖擴大或縮小法定附帶民事訴訟範圍，最高審判機關則通過司法解釋不斷地縮小該法定的範圍，而法學界的更多呼聲則是要求擴大法定或者限定附帶民事訴訟範圍。立法者、司法者和學者的觀點相互對立，各持己見，誰也難以或者無法說服對方。為此，筆者便產生通過實證研究的方法，考察探究一下附帶民事訴訟範圍的相關系列問題：是否應當對附帶民事訴訟範圍予以限制，是否應當用追繳、責令退賠措施部分替代附帶民事訴訟制度的功能。此既為本書寫作的動機緣由，也是本書寫作的背景緣由。

17　李強國，〈法院不應限制刑事附帶民事訴訟受案範圍〉，載《江蘇公安專科學校學報》，2001年5月第15卷第3期。

18　劉璐，〈刑事附帶民事訴訟物質損失賠償範圍研究〉，載《人民檢察》，2003年第6期。

19　楊年生，〈財產型犯罪中刑事附帶民事訴訟的困境及對策芻議〉，載《法制與社會》，2013年第30期。

二、研究的意義

本書通過對附帶民事訴訟範圍制度在司法實踐中實施狀況的調查研究，考察和評價司法限制附帶民事訴訟及其附帶民事訴訟替代措施在實踐中的相關問題，檢驗支持或反對限制附帶民事訴訟範圍不同理論觀點的正誤，形成指導附帶民事訴訟範圍制度建設的系統性基礎理論，並提出完善中國附帶民事訴訟範圍制度的建議，從而推進對被害人權利保障等附帶民事訴訟制度功能實現狀況的探究。

(一) 考察並評價司法實踐中的具體問題

本研究過程中，作者設計了五份「案件分析一覽表」，針對附帶民事訴訟案件的類型與受理、當事人範圍、審判程序、賠償與執行，可提起附帶民事訴訟而單獨提起民事訴訟的案件，侵犯財產類案件的追繳、責令退賠，以及犯罪行為致使被害人物質損失案件等方面的情況，提出問題141個。通過對S省H市四個基層法院和中級法院相關案件的原始卷宗、執行卷宗進行抽取查閱，提取了相關的附帶民事訴訟案件、適用追繳或責令退賠措施案件的資料，獲得了這些案件附帶民事訴訟範圍和適用追繳或責令退賠措施的資訊資料。在此基礎之上，再通過對這些抽取案件的匯總資料的定量分析，發現有關附帶民事訴訟範圍制度，以及作為附帶民事訴訟替代措施的追繳或責令退賠制度，在司法實踐中運行的規律性狀況，並從中看到其實際的運行效果怎樣，以及存在一些什麼樣的問題。此外，作者還設計了對法官、律師和其他法律服務工作者的部分調查問卷，針對附帶民事訴訟範圍與其替代措施的追繳退賠制度之實踐，以及與之相關的不同學術觀點，精心設計了若干個問題。根據這些問題的調查，一方面，可以獲知親自參加附帶民事訴訟活動的司法者、律師等的切身感受；另一方面，將附帶民事訴訟範圍制度的有關爭論觀點及理由歸納成具體問題，讓具有法律專業理論素養和法律實踐經驗的法官、律師等實務人員進行選擇，聽取他們對於這些問題的看法與觀點，可以更加全面地掌握法律實踐者與理論學者之間對於該項制度的不同着眼點和不同的觀察視角。

（二）檢驗爭議的理論問題並形成系統理論

通過實證研究可以驗證法學界有關附帶民事訴訟範圍不同觀點的正確與錯誤。法學界對於刑事立法、司法解釋關於附帶民事訴訟範圍的規定或限定，提出了許多不同的學術觀點，而且列舉了一系列理論性的根據和域外立法例的借鑒。但是這些學術觀點，卻始終沒有得到立法機關的採納，也沒有獲取最高司法機關的支持。而他們提出主張所依據的理論性根據和域外立法例，目前均沒有進行過系統深入的實證分析和研究，更多的是從法律基礎理論、域外的比較研究成果中獲得的；其採用的方法也多是法律推理、法律論辯等傳統法學的研究方法，注重從該項制度的價值、理論基礎、訴訟模式、訴訟構造等視角，採用歷史的、邏輯的、比較的方法來分析判斷附帶民事訴訟制度的利與弊，從而提出自己的理論觀點。所以，這一些觀點雖然有一定道理和理論基礎，但是沒有實踐的材料予以佐證，難以令人信服。通過引進實證研究方法，廣泛調查獲取法院附帶民事訴訟案件和其替代措施案件的第一手真實材料，在法律規定物質損失的附帶民事訴訟範圍和司法解釋限制該物質損失範圍的不同情況下，更加具體地掌握附帶民事訴訟司法實踐的真實狀況，並結合各種相關的基礎性理論分析，比較孰優孰劣，以此得出更具說服力的結論。在檢驗爭議理論的正確與謬誤的基礎之上，筆者試圖將各種經過實踐檢驗成為附帶民事訴訟實踐需求的孤立的理論觀點，進行梳理整合並形成系統化的指導附帶民事訴訟範圍制度建設的新理論，着意創建有利於保護私權利約束公權力基本法治理念的理論，作為指導附帶民事訴訟範圍制度建設的基本思想。

（三）構建理論模式以推進附帶民事訴訟功能的實現

在本書的結論部分，將根據對H市兩級法院附帶民事訴訟及其替代措施的實施情況的考察，結合相關基礎理論研究的成果和法治發達國家的經驗做法，以及國家司法規範文件的要求，提出完善與建構中國附帶民事範圍制度理論模式的建議，以此期望更好地實現附帶民事訴

訟的訴訟公正、保障權利、訴訟效益、化解糾紛和保障人權的功能。
雖然附帶民事訴訟範圍只是附帶民事訴訟制度中的一個微觀問題，但
是，其屬於決定哪些案件可以進入附帶民事訴訟程序的一項規範。所
以，對於附帶民事訴訟的啟動具有決定性的作用。因此，附帶民事訴
訟制度的存廢之爭，與附帶民事訴訟範圍有直接關係；附帶民事訴訟
制度功能的實現程度如何，與附帶民事訴訟範圍也具有必然的聯繫。
通過附帶民事訴訟範圍對附帶民事訴訟功能影響的考察，可以推進對
整個附帶民事訴訟制度的宏觀探索。所謂附帶民事訴訟制度的功能，
是指立法機關設置附帶民事訴訟程序所希望實現的功用和效能。有的
學者總結出中國附帶民事訴訟具有的五項功能：一是有利於正確處理
刑事案件，實現訴訟公正；二是有利於保障公民和國家、集體財產不
受侵犯，具體有效地保護憲法賦予公民的基本權利；三是可以節省人
力、物力和時間，便於訴訟參與人參加訴訟，實現訴訟效益；四是有
利於糾紛的及時解決，從而有助於推動社會主義和諧社會建立進程；
五是完善中國人權保障制度的必然要求。[20] 當然，附帶民事訴訟制度
的這些功能能否有效實現，要從其處理的具體案件效果來考察；但由
於中國法律並不允許所有的案件都進入附帶民事訴訟程序，所以，要
考察這些具體案件處理的實際效果，就要考慮哪些案件得以進入附帶
民事訴訟程序，或者哪些案件沒有進入附帶民事訴訟程序的因素了。
同時，比較進入附帶民事訴訟範圍的案件，與被限制在附帶民事訴
訟範圍之外的案件的處理效果，特別是對被害人的實體與程序權利保
障，以及對被告人的量刑情節適用以激勵其賠償的作用發揮狀況，來
檢驗附帶民事訴訟保障權利、訴訟公正、訴訟效益、化解糾紛和保障
人權功能的實現程度。而附帶民事訴訟範圍的規範，恰恰是規定了哪
一種類案件的被害人可以提出附帶民事訴訟主張權利，或哪一種案件
的被害人不能提出附帶民事訴訟主張權利，因此，對附帶民事訴訟範

20　劉金友、奚瑋著，《附帶民事訴訟原理與實務》，法律出版社，2005年12月第一版，第34-41頁。

圍的考察，為探究以被害人權利保障為主的整個附帶民事訴訟制度實現狀況，提供具有積極意義的幫助。

研究的方法與材料

本節主要介紹本書所採用的研究方法，以及所使用的研究材料的情況，不僅就調查材料的收集與分析的研究方法進行較為詳盡的介紹，還從實證性的角度對研究材料作分門別類敍述。

一、研究的方法

本書採用的研究方法，是法律實證研究的方法。所謂法律實證研究，是指在具體社會情境下按照一定程序和經驗法則對法律資訊進行定性與定量分析。[21] 在研究過程中，筆者收集資料所採取的具體手段和方法，即研究方式為調查研究方式、文獻研究方式等；同時，對收集的資料進行分析時，採用了定量分析與定性分析。

（一）資料收集過程的調查研究、文獻研究

本書在研究過程中，對資料的收集採用了實證研究方法的多種方式，包括調查研究方式，文獻研究方式。所謂調查研究（Survey research）採用的是透過詢問的方法來獲得資料，也就是採用書面詢問和口頭問詢的方法獲得有關調查對象行為和思想的資料。[22] 本書對調查研究的方式主要是問卷調查。所謂文獻研究（Literature research）是一種用科學的方法收集、分析文獻資料，對研究對象進行深入的歷史考察

21　雷小政著，《法律生長與實證研究》，北京大學出版社，2009年8月第一版，第28-29頁。
22　雷小政著，《法律生長與實證研究》，北京大學出版社，2009年8月第一版，第118頁。

與分析的方法。[23] 本書對文獻研究的方式，則主要是運用了對其內容分析法。

1. 調查研究方式的問卷調查。問卷是調查研究方式的基本工具，問卷調查則是實現調查研究的具體實施步驟。筆者專門製作了調查問卷，圍繞侵犯財產權利犯罪案件附帶民事訴訟少的原因，設定了制度性原因、當事人與法院的原因等選項；還設定了附帶民事訴訟範圍是否有利於及時審判，是否會導致複雜案件進入附帶民事訴訟程序而難以審判，司法解釋限制附帶民事訴訟範圍是否有利於保護被害人賠償請求權等問題的調查問卷，並安排調查人員持該調查問卷到S省H市兩級法院所在地，分別請法官、律師和其他法律服務工作者自行填寫，以此瞭解法律實務部門等實踐者對這些問題的看法。[24] 此外，為了掌握H市兩級法院追繳或責令退賠違法所得判決的實際執行狀況，在難以查到執行追繳或責令退賠違法所得判決的相關資料的情況下，筆者專門設計了相關調查問卷，並安排專人對該市兩級法院的部分執行人員進行了問卷調查。

2. 文獻研究方式中的內容分析法。文獻資料是交換和儲存資訊的專門工具或載體，它包括各種書籍、報刊、檔案、信件、日記、圖像等。[25] 內容分析法是文獻研究的基本方法之一，也是本書在對文獻資料的收集過程中所採用的基本方法。本

---

23 雷小政著，《法律生長與實證研究》，北京大學出版社，2009年8月第一版，第131頁。

24 筆者在設計調查問卷時，專門製作了對檢察官和被害人的調查問卷，但經過案件卷宗的閱讀發現沒有一件公訴機關提起的附帶民事訴訟，因此，筆者認為檢察官對附帶民事訴訟範圍問題不會有許多經驗性意見，故放棄了對其的調查；同時，考慮到遭受物質損失被害人的訴權和訴訟權利被司法限制的現實狀況，且筆者又有處理涉訴信訪職責，擔心對被害人的問卷調查會重新激發被害人對司法機關的不滿情緒，致使其四處信訪而難以解決其訴求的尷尬局面出現，因而也放棄了對其進行調查。這也是本書研究的不足所在。

25 仇立平著，《社會研究方法》，重慶大學出版社，2008年3月第一版，第239頁。

書所使用的內容分析法，是對現存的案件檔案資料所記載的內容進行再分析，以揭示這些案件檔案資料的內在結構、傳播過程以及與社會情境間的關係。首先，筆者設計了「案件分析一覽表」共五份，確定犯罪行為造成被害人物質損失的案件、提起附帶民事訴訟的案件、追繳或責令退賠違法所得的案件等為研究樣本，以這些樣本的檔案卷宗資料作為分析文本。其次，依據「案件分析一覽表」設定的若干問題，對選取的案件檔案卷宗內容逐卷閱讀並選擇、填寫答案，將案件受理、審判、執行等各個環節中的訴訟資訊收集，並根據本書的研究需要對其進行在分析，以求獲得與附帶民事訴訟範圍制度相關的功能實現狀況的資料。

此外，筆者還試圖採用觀察研究方式[26]的訪問法，根據法官、檢察官、律師和當事人對附帶民事訴訟程序介入的程度不同，製作了對他們訪問的開放式提綱，分別就其涉及的不同內容部分設計了不同的問題，總範圍包括從案件受理到執行等本書研究所關注的部分，試圖通過訪問，獲取對附帶民事訴訟制度實際運行情況的質性資料。但由於工作量較大，沒有能夠及時進行，後筆者又調離H市中級法院而到其他市法院任職，故沒有能夠完成該訪談，成為本書研究的遺憾和不足。

（二）資料整理、分析過程的定性分析與定量分析

通過上列調查研究、文獻研究等方式，完成了對法官、律師等的問卷調查，完成了對相關的案件審判等卷宗資料的收集。這些資料的形式，既有以原始形態表現的卷宗材料，也有以法官等對相關問題的

26　雷小政著，《法律生長與實證研究》，北京大學出版社，2009年8月第一版，第118頁。作者認為：「觀察研究，即實地研究（Field research），也被形象地稱為「田野調查」，研究者參與，甚至進入、融入到研究對象的具體環境中，通過訪問法、觀察法等收集相關資料，並據此進行歸納、分析。」

評價為表現形式的質性資料，[27] 還有以案件數量等為表現形式的量化資料。為了從這些搜集到的大量粗糙、雜亂的問卷調查、案件卷宗等原始資料中揭示出事物或現象的本質及內在的規律，須對其進行整理與分析，這一過程就是本書研究的資料分析過程。「根據對象的不同，資料分析方法可以區分為量化資料的分析（定量分析）和質性資料的分析（定性分析）兩大類型。」[28]

1. 定性分析。本研究所分析的質性材料，主要包括對法官、律師等的調查問卷，和法院案件原始案件卷宗資料。採用的基本方法和步驟如下：（1）初步整理。首先，將案件分析一覽表進行分門別類的整理，並根據已有的編號將其歸到所屬市縣區的所屬年份之中；以被調查的對象是法官、律師等的身份為標準，將調查問卷進行分類。其次，在以上分類過程中，注意對這些資訊資料進行信度、效度檢驗。雖然這些資訊是從法院原始的案件卷宗檔案材料中採集的，且採集人員也均為經過一定的實證研究方法培訓的法院工作人員，但為了確保其可信度，在採集過程中除了筆者對部分重點材料進行覆核以外，還安排了專門負責人員進行主要環節的覆核。而對於這些資訊的效度檢驗，則是由筆者根據本書逐章逐節所涉及到的問題，逐個資訊進行核對來確定其是否與所研究問題有關的。（2）閱讀分析。通過調查問卷的閱讀，筆者從法官、律師等處，獲悉對附帶民事訴訟範圍制度與實踐的不同認識；通過案件分析一覽表的閱讀，筆者掌握不同年份、不同法院附帶民事訴訟案件和適用追繳或責令退賠違法所得案件的不同情況等，從而達到筆者與被調查者的「再交流」，對案件審判過程的「再參與」的效果。（3）編碼和建立資料庫。本

27　仇立平著，《社會研究方法》，重慶大學出版社，2008年3月第一版，第294頁。作者認為：「質性資料是通過實地研究和文獻研究所獲得的資料，它的主要形式是訪談記錄、觀察記錄、檔案、日記等文本資料或書面資料。」

28　雷小政著，《法律生長與實證研究》，北京大學出版社，2009年8月第一版，第220頁。

研究所使用的調查問卷、案件分析一覽表，均是筆者根據本書提綱可能涉及的問題進行設計的，所以，每一個問題實際上就是材料的編碼，基本沒有必要重新編碼。對於資料庫的建設，筆者採取了以下步驟：首先，將最原始的調查問卷、案件分析一覽、案件判決書等資料分類彙編成冊予以保管，以備隨時查閱；其次，根據本研究的各個章節的問題對這些資料進行再分類，將同類的問題匯總到同一份資料中，並將其登錄到SPSS統計軟件[29]中，形成電子檔案資料庫。(4)深度分析。對於收集的質性資料，筆者在前面初步分析的基礎上進行深度分析，採用的具體方法是類比分析與事件分析。首先，進行類比分析，也就是通常所説的比較分析。[30]將同一時期不同地區附帶民事訴訟案件的審判情況進行同類比較，找出不同個案的共同特性；或者將不同時期的附帶民事訴訟案件的審判情況進行異類比較，找出它們之間的不同特徵等等。其次，進行事件分析，也可以稱為情景分析。[31]尋找一些具有代表性的附帶民事訴訟案件或者適用追繳或責令退賠違法所得措施的案件，按照這些案件的起訴、受理、審判、執行等過程的發生，對案件情節進行描述和分析，反映出附帶民事訴訟案件以及與之相關的追繳或責令退賠違法所得案件的動態特徵。

29　邱皓政著，《量化研究與統計分析──SPSS（PASW）資料分析範例解析》，重慶大學出版社，2013年6月第一版，第44頁。作者論述：「SPSS是Statistical Package for the Social Science的簡稱，SPSS軟件是SPSS公司於1965年開發的，四十多年來，SPSS軟件為適應不同操作而發展出多種版本。……相較於其他統計軟件，SPSS最大的優點是簡易便捷的操作原理與指令運用，對於硬體的要求較低與其他軟件的相容性高。同時，由於研究人員採用SPSS者眾多，逐漸成為學院課程的標準配備，這形成了SPSS廣泛流行的一大優勢。」薛薇編著，《基於SPSS的資料分析》，中國人民大學出版社2014年7月第三版，第1頁。作者認為：「SPSS是Statistical Package for the Social Science的英文縮寫，意思是社會科學統計套裝軟件。社會科學統計套裝軟件（SPSS）是指世界著名的統計分析軟件之一。」

30　仇立平著，《社會研究方法》，重慶大學出版社，2008年3月第一版，第299頁。

31　仇立平著，《社會研究方法》，重慶大學出版社，2008年3月第一版，第300頁。

2. 定量分析。[32] 量化性資料是以數位方式存在的資料。本研究所使用的量化資料主要是與質性資料相競合而存在的對法官、律師等的調查問卷，還有案卷分析一覽表所記載的數字情況，等等。對這些量化資料的定量分析，採用下列步驟和方法：（1）初步整理。為了確保收集資料的完整性、準確性、真實性和一致性，本研究過程中採用了實地審核、小組審核和全面審核的方法。首先，案件分析一覽表的填寫人員和對法官、律師等問卷調查人員共分為兩個小組，每組有一名熟悉附帶民事訴訟的法官任組長，可以及時實地進行溝通並糾正案件閱讀或訪問過程中碰到的問題。其次，每完成一年的案件閱讀或者是對當地法官、律師等人員的訪問，小組長還負責對整個小組的工作成果進行督導檢查，小組成員也相互檢查工作品質。再次，筆者和負責全面整理資料的人員對全部案件分析一覽表、調查問卷進行全面審核。第四，筆者到案件閱讀的現場隨機選擇有關案件分析一覽表的填寫情況進行複查。第五，根據筆者在設計表格和問卷時已經進行的分類，有關人員負責將採集的原始資料登錄在SPSS統計軟件上，並建立相應的資料庫。（2）統計整理[33] 與統計分析。[34] 首先，本研究對量化資料的統計整理，採用了事先根據本書章節需要進行分類的方法，在使用時根據內容和形式

32　雷小政著，《法律生長與實證研究》，北京大學出版社，2009年8月第一版，第232頁。作者認為：「定量分析（Quantitative analysis），即為了描述和解釋觀察所反映的現象而使用的數位表示和處理方法……」

33　仇立平著，《社會研究方法》，重慶大學出版社，2008年3月第一版，第266頁。作者論述：「統計整理是在初步整理的基礎上進行的，它主要是運用統計方法簡化資料，在對資料分類（組）和匯總的基礎上，使資料更加條理化和系統化。」

34　仇立平著，《社會研究方法》，重慶大學出版社，2008年3月第一版，第274頁。作者論述：「統計分析是量化資料分析最重要的方法，它可以為社會研究提供清晰、精確的形式化語言，能夠明人們探索和預測社會現象的發展趨勢。」

的對應需要，通過SPSS統計軟件的操作，分別形成統計表和多種統計圖。其次，依據SPSS統計軟件整理形成的統計表、統計圖表示出來的指標和數值，對刑事訴訟法實施以來H市兩級法院的附帶民事訴訟範圍和其替代措施追繳或責令退賠制度的實踐情況進行清晰的描述，詮釋本研究變數與研究指標之間的關係，探究存在的問題及成因，並通過H市這一研究樣本資料，推論及整個中國附帶民事訴訟範圍的制度運行。

二、研究的實證性材料

本書研究的材料是實證性材料，主要包括本研究對H市兩級法院進行實證研究所取得的調查問卷、閱讀案件卷宗分析表等，還包括一部分相關裁判文書、司法實務部門和學者的調研報告等。

本研究所用實證性材料，是採用調查研究、文獻研究等方法，收集的H市兩級法院審判的附帶民事訴訟案件和與之相關的適用追繳或責令退賠違法所得案件的第一手材料；同時，通過最高法院裁判文書網抽取部分省、自治區和直轄市（以下簡稱省、區、市）法院有關附帶民事訴訟案件的裁判文書；此外，還收集了部分司法實務部門、學者對於附帶民事訴訟調研的第二手材料。

1. H市兩級法院的第一手案件材料。本研究所使用的基礎性實證材料，是從H市中級法院及四個縣區基層法院收集的案件卷宗檔案材料閱讀記錄，對法官等人員的調查問卷。為了獲取與本研究相關的第一手資料，筆者設計了「案件分析一覽表」多份，作為閱讀一審、執行等案件檔案卷宗採集問題的依據。「案件分析一覽表（一）」共有問題110個，根據本書最初的章節將這些問題分為六大類，涉及附帶民事訴訟的案件類型與受理、當事人範圍、賠償、執行等方面。「案件分析一覽表（三）」共有問題四個，供閱讀可能造成被害人物質損失的犯罪案件卷宗使用。「案件分析一覽表（四）」是有關纏訪、鬧訪的

附帶民事訴訟當事人的情況，但相關資訊均沒有採集到，故沒有在本書中使用該表資料。[35]「案件分析一覽表（五）」共有問題21個，供閱讀財產類犯罪案件的追繳與責令退賠違法所得的情況使用。但隨着研究題目逐漸縮小到附帶民事訴訟範圍，與之無關的其他表格或者難以調查的「案件分析一覽表（二）」[36]的一些問題也就沒有在本書中出現。此外，筆者設計了侵犯財產類犯罪案件未提起附帶民事訴訟的原因，和適用追繳或責令退賠違法所得判決執行情況的調查問卷，作為了解司法者、律師等實務人員對於附帶民事訴訟制度運行情況的直接感受和經驗性評價的調查所用。

2. 其他省、區、市法院裁判文書與外地法院、學者的調研材料。為了廣泛地瞭解中國附帶民事訴訟範圍的實施狀況，筆者在深入解剖H市兩級法院司法實踐的基礎上，通過互聯網的功能搜索了最高法院裁判文書網，抽取了部分相關裁判文書。此外，還通過香港城市大學邵逸夫圖書館的電子法學資料庫進入中國期刊全文資料庫，查找了外地法院對附帶民事訴訟實踐的調研報告。這些材料由於篇幅的限制，雖然沒有出現在本書的章節中，但為本研究提供了外地司法實踐經驗的參考。

本書的結構與相關說明

本節包括本書結構和相關說明兩部分內容。其中，本書結構部分概況地介紹了本書各章的主題，以及各章中各節的主要內容；相關說

---

35 「案件分析一覽表（四）」中相關資訊沒有採集到的原因，是法院對於纏訪、鬧訪的當事人情況，只要沒有進入正式的審判監督程序，則多數沒有規範地建立有關卷宗。

36 「案件分析一覽表（二）」的內容是有關未提起附帶民事訴訟而另行提起民事訴訟的情況。

明部分，主要針對選取研究樣本的時間、地域及其理由，以及參加收集資料人員的專業能力狀況等，加以特別的説明。

一、本書的結構

本書分導論、正文和結論三部分，共九章。第一章為導論，第二章到第八章為正文，第九章為結論。

第一章為導論，包括三節的內容。第一節為「研究的緣由與意義」。本書的研究緣由為：立法機關對附帶民事訴訟範圍制度規定狹窄，司法解釋更限制了附帶民事訴訟範圍，學術界之爭難有定論。本書的研究意義為：把握具體司法運作過程及其實踐中的問題，考察和驗證學界對於附帶民事訴訟範圍的制度爭辯觀點的真偽，檢測該項制度功能的實現程度。第二節為「研究的方法與材料」。本書的研究方法為：資料收集過程的調查研究、文獻研究等方式的運用和資料整理、分析過程的定性分析與定量分析的運用。本書的研究材料為實證性材料。第三節為「本書的結構與相關説明」。本書的結構也就是本節這一部分的內容，簡要的概括了全文各個章節的主要內容。相關説明部分，對選取研究樣本的時間理由、地域理由以及收集資料人員的專業能力進行了説明。

第二章為「附帶民事訴訟範圍和司法限制之規範與理論」，包括五節的內容。第一節為「附帶民事訴訟範圍和司法限制的規範」，內容有「規範的歷史沿革」和「現行規範」。第二節為「司法限制附帶民事訴訟範圍的理論」，內容有「支持司法限制附帶民事訴訟範圍的理論觀點」、「反對司法限制附帶民事訴訟範圍的理論觀點」和「適當限制的理論觀點」。第三節為「附帶民事訴訟替代措施的規範」，內容有「替代措施規範的歷史沿革」和「替代措施的現行規範」。第四節為「附帶民事訴訟替代措施的理論」，內容有「缺乏立法根據，有程序上的弊端」、「不能保證被害人的權利」、「不符合法律，有悖於法理，不利保護被害人」和「適用替代措施則不能附帶民事訴訟是不合理的」。第五節為「需要

探究的問題」，內容有「司法限制附帶民事訴訟範圍的理由與必要性」、「司法限制附帶民事訴訟範圍的過程與可行性」、「替代措施實施的狀況」、「替代措施實施不能的救濟與執行」和「替代措施對權利和激勵賠償功能的影響」。

第三章為「附帶民事訴訟之應然與實然」，包括五節的內容。第一節為「附帶民事訴訟的應然與實然範圍」。第二節為「附帶民事訴訟之應然所涉犯罪類別」，內容有：應然範圍、非應然範圍的案件所涉犯罪類別。第三節為「附帶民事訴訟之實然與非實然所涉犯罪類別」，內容有：實然範圍、非實然範圍的案件所涉犯罪類別。第四節為「侵財類別犯罪未附帶民事訴訟的原因」，內容有：「制度的原因」、「當事人與司法機關的原因」。第五節本章小結為「司法限制的應然性與無需限制的實然性」。

第四章為「不同法院附帶民事訴訟之應然與實然」，包括五節的內容。第一節為「不同法院附帶民事訴訟之應然與非應然」。第二節為「不同法院附帶民事訴訟之實然與非實然範圍」。第三節為「不同法院附帶民事訴訟應然範圍所涉犯罪」，內容有不同級別法院、不同地域法院附帶民事訴訟應然範圍所涉犯罪。第四節為「不同法院附帶民事訴訟實然範圍所涉犯罪」，內容有不同級別法院、不同地域法院附帶民事訴訟實然範圍所涉犯罪。第五節本章小結為「司法限制有悖於法院的需求差異」：不同法院附帶民事訴訟範圍的應然性需求、實然性效果存在差異。

第五章為「不同年度附帶民事訴訟的應然與實然」，包括五節的內容。第一節為「不同年度附帶民事訴訟之應然」，內容有1980年到1999年間、2001年到2014年上半年間附帶民事訴訟應然範圍。第二節為「不同年度附帶民事訴訟之實然」，內容有1980年到1999年間、2002年到2014年上半年間附帶民事訴訟實然範圍。第三節為「不同年度附帶民事訴訟之應然所涉犯罪」，內容有1980年到1999年間、2001年到2014年上半年間附帶民事訴訟應然範圍所涉犯罪種類。第四節為「不同年度附帶民事訴訟之實然所涉犯罪」，內容有1980年到1999年間、2001年到2014

年上半年間附帶民事訴訟實然範圍所涉犯罪種類。第五節本章小結為「司法限制非實際所需且效果微弱」，內容有：物質損失案件增多而被限案件類型呈現減勢，司法限制缺乏資料基礎且效果微弱。

第六章為「附帶民事訴訟替代措施之實施」，包括五節內容。第一節為「附帶民事訴訟與替代措施」，內容有附帶民事訴訟、替代措施及其相關情況。第二節為「替代措施實施效果與所涉犯罪類別」，內容有全部追繳或責令退賠、大部分追繳或責令退賠、小部分追繳或責令退賠、沒有追繳或責令退賠的實施。第三節為「替代措施所涉具體罪名」，內容有盜竊罪案件佔七成五，搶劫罪案件佔一成九，詐騙罪、合同詐騙罪、貪污罪等佔一成。第四節為「替代措施的實施階段」，內容有偵查階段、審查起訴階段、審判階段的實施。第五節本章小結為「替代措施適用的實效性和局限性」，內容有替代措施較附帶民事訴訟的適用更有實際效果，替代措施實施效果的局限性，替代措施適用犯罪類別和具體罪名的局限，替代措施有效發揮作用的訴訟階段具有局限性。

第七章為「附帶民事訴訟替代措施之救濟與執行」，包括五節的內容。第一節為「被害人索賠」，內容有被害人索賠、沒有索賠情況。第二節為「提起附帶民事訴訟」，內容有被害人提起附帶民事訴訟、沒有提起附帶民事訴訟的情況。第三節為「追繳或責令退賠的判決」，內容有判決繼續追繳或責令退賠、沒有判決追繳或責令退賠。第四節為「追繳或責令退賠判決的執行」，內容有追繳或責令退賠判決的執行及來源、執行的案例。第五節本章小結為「尋求救濟的有限性與救濟、執行的錯位」，內容有被害人對動產權利尋求救濟的動力不足，替代措施適用缺位，其判決執行困難。

第八章為「附帶民事訴訟替代措施對程序權利和賠償的影響」，包括五節的內容。第一節為「通知被害人參加庭審情況」，內容有通知和沒有通知被害人出庭的情況。第二節為「被害人出席庭審情況」，內容有被害人出庭和沒有出庭的情況。第三節為「裁判文書送達被害人情況」，內容有裁判文書送達和沒有送達被害人的情況。第四節為「替代

措施鼓勵彌補損失作用的發揮」，內容有：沒有發揮作用、從輕處罰的激勵作用、從嚴處罰的懲戒作用等情況。第五節本章小結為「程序權利受損，鼓勵賠償作用有限」，內容有：被害人程序參與權被忽視，其喪失司法救濟權利，追繳或責令退賠情節鼓勵賠償作用有限。

第九章為結論，包括三節的內容。第一節為「附帶民事訴訟範圍制度的實際狀況：司法限制與替代措施並行」。具體內容有法定附帶民事訴訟範圍為司法習慣、司法解釋所限制，非法佔有、處置財物類犯罪的附帶民事訴訟為刑事措施替代，司法限制和替代措施帶來後果。第二節為「完善附帶民事訴訟範圍制度要考慮的因素：理念的進步與司法解釋的歸位」。具體內容有司法簡便的功利觀念不能取代訴訟效益理論，公權力的行使不能取代私權利的存在，刑事證據規則不能取代民事證據規則，司法解釋不能超越立法解釋。第三節為「展望：重構附帶民事訴訟範圍制度理論模式之嘗試」。具體內容有：一般理論模式、一般理論模式的例外，追繳或責令退賠與附帶民事訴訟範圍關係的再定位。

二、本書的相關說明

本書研究樣本選擇的是 H 市中級法院與其下屬四個縣區基層法院，自 1980 年到 2014 年上半年以來，審理的附帶民事訴訟及相關追繳或責令退賠違法所得的案件。採用抽樣的方法抽取了這期間 H 市兩級法院部分年份的案件，筆者精選的部分法院工作人員對此進行資料收集、初步整理和統計整理，在此基礎之上，筆者又進行深度閱讀與整理分析。

（一）選取研究樣本的時間理由

本書研究 H 市兩級法院自 1980 年以來的附帶民事訴訟案件情況，時間跨度為 34 年之久，不可能也沒有必要將所有年份的案件都逐一進行考察。所以，根據刑事訴訟法的頒佈、修改和司法解釋的公佈情況，

筆者選取了十年的案件為研究樣本，對案件數量較少的年份採取逐案考察，而對於案件數量較多的年份則採取抽樣的方法進行。

1. 選取1980年、1996年和1997年的理由。選擇1980年的案件作為研究樣本，是因為全國人民代表大會於1979年7月1日通過了《中華人民共和國刑事訴訟法》，而該法於1980年1月1日生效，所以研究1980年的案件能夠較直接的考察當代新中國附帶民事訴訟制度創始以來的踐行情況。而選擇1996年、1997年的案件作為研究樣本，是因為1996年3月17日全國人民代表大會對《中華人民共和國刑事訴訟法》進行了修改，並確定於1997年1月1日開始生效，所以，以1996年、1997年的案件為樣本，可以考察中國刑事訴訟法修改對附帶民事訴訟範圍的即時影響。

2. 選取1999年到2012年等六個年份的理由。確定1999年的案件為研究樣本，則出於考慮最高法院於1998年6月29日通過，並決定於同年9月8日起施行的《關於執行〈中華人民共和國刑事訴訟法〉若干問題的解釋》，其內容涉及附帶民事訴訟範圍。而將2001年的案件作為研究樣本的理由，則是2000年11月20日，最高法院制定了《關於審理刑事附帶民事訴訟案件有關問題的批復》；同年12月4日，又通過了《關於刑事附帶民事訴訟範圍問題的規定》，於當年12月19日起施行；該兩個文件的內容均涉及附帶民事訴訟範圍的問題。至於確定2003年與2004年的案件為研究樣本，主要是考慮最高法院於2002年7月11日通過了《關於法院是否受理刑事案件被害人提起精神損害賠償民事訴訟問題的批復》，該批復自當年7月20日起施行；2003年12月4日又通過了《關於審理人身損害賠償案件適用法律若干問題的解釋》，該解釋自2004年5月1日起施行；這些司法解釋均與附帶民事訴訟範圍有一定的關係。選擇2011年和2012年的案件為研究樣本，主要便於研究中國刑事訴訟法於2012年修改前後的對比情況。

3. 選擇2013年至2014年上半年的理由。選擇2013年至今的案件作為研究樣本，則是由於全國人民代表大會於2012年3月14日再次對《中華人民共和國刑事訴訟法》進行了修改，而該次修改內容於2013年1月1日生效；在刑事訴訟法修改之後，最高法院於2012年11月5日通過了《關於適用〈中華人民共和國刑事訴訟法〉的解釋》，並規定其與2012年修改的刑事訴訟法同時生效。該項立法的修改和司法解釋的通過，均涉及附帶民事訴訟範圍問題。

（二）選取研究樣本的地域理由

本書研究H市兩級法院的附帶民事訴訟及替代措施的相關案件情況，但是，H市有八個縣一個區和一個省級開發區，包括一處中級法院和十處基層法院。因此，要對十一處法院均進行調查實屬不易，筆者決定採取判斷抽樣[37]的方法，從十個基層法院中確定四處法院和中級法院一起作為研究樣本單位。

1. 選擇H市兩級法院有利於資料的收集。筆者的研究恰恰是發揮了自己的工作便利，同法院工作緊緊相連，不僅容易直接獲得研究資料，而且容易獲得相關法院提供較為便利的條件支援。（1）有便於獲得研究資料的工作條件。筆者在H市從事刑事附帶民事訴訟相關工作多年。在日常工作中，筆者常常參與一些重大、疑難、複雜案件的研究討論活動，這其中不乏大量的附帶民事訴訟案件。同時，每週二該市有機關開展公開接訪日活動，筆者可以接觸到一些對附帶民事訴訟案件判決申訴與督促執行的當事人訴求。另外，當事人的來信和各級黨委、人大常委會負責人員批轉的一些當事人反映問題的信件，也部分與附帶民事訴訟相關的。這些都能成為研究

37　仇立平著，《社會研究方法》，重慶大學出版社，2008年3月第一版，第142頁。作者認為：「判斷抽樣也稱為主觀抽樣或立意抽樣，它是由研究者根據自己的主觀判斷來抽取樣本。」

的樣本資料，極其有利於收集。（2）有便於獲得研究資料的客觀條件。抽取的M區法院、C縣法院、Y縣法院和J縣法院均為H市中級法院審判管轄下的基層法院。筆者經常通過該市中級法院二審案件的訴訟活動接觸到這些法院的附帶民事訴訟案件，可以從宏觀上掌握他們的審判現狀。另外，這些法院的檔案管理工作均為省一級以上標準，案件卷宗的檔案材料保存完整、全面、規範。五處法院檔案室均能夠查找到1980年以來的案件卷宗的檔案材料，均包含附帶民事訴訟案件卷宗。由於歷史以來法院對於附帶民事訴訟案件不單獨統計，所以，附帶民事訴訟案件卷宗沒有在法院案件登記表中出現，要從法院檔案室逐案查找刑事案件卷宗才能從中發現。這些工作需要所在法院負責人和工作人員給予大量支援。再者，對於H市法官、律師等的調查，則既是工作相互支持，也是業務相互交流與探討，所以也較容易進行。

2. H市兩級法院相對於全國法院總體審判工作狀況而言具有一定代表性。選擇H市兩級法院為本研究樣本單位，雖有易於取材的便利因素，但其能夠體現當代中國發達地區和欠發達地區審判工作的特點也是一個重要因素。（1）H市所在的S省法院審判工作代表當代中國發達地區的狀況。華東六省一市地理位置為中國東部沿海至內陸一帶，自然環境條件優越，工業、農業、商業、交通業等發達，屬於中國經濟文化最為發達的地區。H市所在的S省是中國工農業大省、人口第二大省，2013年與廣東、江蘇一併被評為中國最具有競爭力的省區，綜合發展程度居華東六省一市偏上的位次。S省法院人員素質、物質裝備條件、面臨的工作要求以及審判案件的數量與品質，在全國法院系統中的位次基本等同於S省在全國和華東六省一市的狀況。因此，H市所在的S省法院的審判整體狀況代表了當代中國發達地區審判水準。（2）H市兩級法院的審判工作狀況兼具東部發達地區與中部地區的特點。H市位

於 S 省的西南部，與華東地區的江蘇省、安徽省為鄰，大部分邊界與華中地區的河南省接壤。轄區人口為 960 萬，民間書畫、戲曲和武術興盛，農業、林業發達，而工業、商業起步較晚，經濟發展狀況始終居於 S 省的欠發達方陣。H 市雖位於中國東部發達省份，但是，其經濟、社會發展狀況同中部地區較為接近。因此，選擇 H 市兩級法院為研究樣本單位進行附帶民事訴訟範圍制度的實證研究，能夠較為全面地發現當代中國東部、中部附帶民事訴訟的代表性實踐狀況。此外，為了彌補研究樣本的地域限制，筆者還通過最高法院裁判文書網，抽取了包括西部地區在內的全國各地法院的部分裁判文書作為參考，以此增加研究的廣泛性。

（三）抽取案件的方法科學、數量充分

由於各個法院案件數量多少導致工作量的大小不一樣，所以，對各個法院抽取的案件方法、數量並不完全一致。一是對中級法院採用全部抽取的方法，即對 11 個年份的案件均列入抽取範圍。主要原因是參加閱卷的人員均為中級法院的工作人員，而且中級法院的一審案件總數量較基層法院少，抽查、閱讀均較為方便。二是對基層法院分別採用了兩種抽查方法。第一種是對 M 區法院、C 縣法院的，按照案由抽取 11 個年份中可能提起附帶民事訴訟和適用替代措施的侵犯人身權、財產權的全部案件。第二種是對 Y 縣法院、J 縣法院的，在應抽取的 11 個年份全部案卷中隨機抽取 50 件，如實際數量少於 50 件則以實際數量為準。在隨機抽取方法上，按時間分割隨機抽取，即一年中分 12 個月抽取，每個月根據案件數量多少間隔一至兩件抽取一件。四個基層法院採用不同的兩種方法的原因，是因為對 M 區法院、C 縣法院抽取在先，且案件總數量較多；所以，為了儘量準確地獲取所需要的涉及附帶民事訴訟和適用替代措施的案件，而對這兩個法院的案件採取了直接尋找有可能提起附帶民事訴訟和適用替代措施的侵犯人身權、財產權的全部案件的抽取方法。但是，由於這種方法需要逐案查閱，工作

量大，難以及時完成對所選取法院的閱卷工作。所以，對後抽取的Y縣法院、J縣法院則採取了確定一定數量的隨機抽取方法。[38]

　　從抽取案件的數量和抽取比率上分析，對中級法院的案件抽取數量為全市法院第二位，抽取率為100%，樣本材料能夠完整反映研究對象中級法院一審附帶民事訴訟的情況。對基層法院的案件抽取數量最多的為775件，最少的為423件，每個法院平均為533.5件。抽取的案件數量結合歸檔案件數量情況，各個法院基本相當。抽取比率最高的為33.46%，最低的為13.91%，平均比率為22.08%。兩者結合起來分析，平均抽取每個法院的案件533.5件，且佔每個法院全部案件的比率為22.08%，能夠反映H市基層法院一審附帶民事訴訟的情況。所以，本研究所抽取的樣本案件能反映出H市兩級法院的實際狀況，作為整本書研究的客觀資料基礎。

（四）收集資料人員的專業能力可靠

　　本研究材料的收集時間跨度大，地域分佈較廣，案件數量和調查對象較多，筆者本人顯然不能夠獨立完成。為此，根據研究的需要，筆者從所在的H市中級法院選擇九名具備所需素質的工作人員，擔任本研究的調查人員。

1. 具備審判專業素質。筆者選擇的九名調查人員均為在職的法官，其中兩名法學學士、四名法律碩士和三名法學碩士，分別從事刑事審判、行政審判、民事審判、研究室和辦公室工作，均審理過案件。負責人為審判委員會委員，長期參加審判委員會討論案件，並具備豐富的調研及調研組織能力。其他八名同志分成的兩個小組，各有一名刑事審判經驗豐富的

38　採用全部抽取的方法抽取了中級法院11個年份的案件717件，抽取率為100%。採用對基層法院的第一種方法，從M區法院11個年份的案件5,241件中抽取775件，抽取率為14.79%；從C縣法院11個年份的案件3,040件中抽取423件，抽取率為13.91%。採用對基層法院的第二種方法，從Y縣法院11個年份的案件1,949件中抽取510件，抽取率為26.17%；從J縣法院11個年份的案件1,273件中抽取426件，抽取率為33.46%。

法官參加和一名具有統計工作經歷的法官參加，有利於解決調查過程中的審判專業問題和初步整理統計事宜。具有統計工作經歷的兩名法官，專門系統接受了SPSS統計分析軟件的學習，並獲得中級合格證書，為本書的資料庫建立與分析運用提供了有力的專業支援。

2. 具備實證研究調查能力。為了提高全市法院幹警的整體實證研究能力，H市中級法院於2013年專門邀請了中國實證研究代表學者、四川大學法學院的左為民教授，到該院講授實證研究方法專題。同時，根據筆者的碩士導師、山東大學法學院副院長周長軍教授的提議，H市中級法院又立足全市法院並面向全國政法各界，籌備舉辦一期刑事訴訟法的實證研究研討會。期間，筆者將自己在香港城市大學法律學院學習到的一些研究方法和自己進一步研讀國內外學者的理論和實踐文章所獲取的經驗，通過舉辦專題講座的形式向H市兩級法院的調研骨幹進行傳授。筆者選擇的九名調查人員，均積極參加了以上實證研究的培訓活動。同時，這九名調查人員中有四名承擔了刑事訴訟法實證研究的課題，已經有了初步的成果，所以他們具備一定的實證研究知識和能力。此外，為了讓這些調查人員清晰了解本研究的調查意圖，筆者在開展調查之前通過座談會的形式，與他們詳細交流了本書研究的規劃，並注意在調查過程中不斷地與調查人員保持溝通。

二、附帶民事訴訟範圍和
司法限制之規範與理論

❧❧❧❧❧❧❧❧❧❧❧❧❧❧

附帶民事訴訟範圍的司法限制，是指最高法院通過司法解釋的形式，將刑法和刑事訴訟法規定的各種犯罪造成的物質損失均能通過附帶民事訴訟程序解決的規定，限制為一定範圍的犯罪才能夠提起附帶民事訴訟，從而導致司法解釋與法律規定相互衝突的現象。附帶民事訴訟範圍的司法限制問題，在立法機關與司法機關的相關規範性規定方面，表現為刑法、刑事訴訟法規定與司法解釋在內容上的衝突；在司法機關與法學界的認識方面，則表現為司法機關對該範圍的積極限制傾向，與學者要求擴大該範圍的呼籲之間的衝突。最高法院將附帶民事訴訟範圍進行限制的同時，規定了此類被限制進入附帶民事訴訟案件的替代措施——追繳或責令退賠制度。追繳、責令退賠制度，是指根據刑法、刑事訴訟的司法解釋等規範，偵查、審查起訴和審判機關針對被告人非法佔有他人財物的情況，採取的主動追回收繳尚存於被告人控制的財物，並責令被告人以同等價值的財物，退回賠償已被其揮霍、損毀而不存在的被害人財物的制度。[1] 這項措施本是與附帶民事訴訟制度並存的一項針對被告人適用的公權力，是由國家機關主動提起的，而不同於需要當事人的請求為啟動條件的附帶民事訴訟制度。但是，最高法院的司法解釋，出於減少附帶民事訴訟數量的目的，將該項制度作為附帶民事訴訟的替代措施，規定凡是可以通過追繳、責令退賠方式彌

1　《中華人民共和國刑法》第64條規定和最高法院《關於適用〈中華人民共和國刑事訴訟法〉的解釋》第139條規定。

補的財物損失，一律適用追繳、責令退賠；不能彌補損失的，不得提起附帶民事訴訟，而只能通過民事訴訟解決。這一規定無疑對於附帶民事訴訟範圍產生了一定的影響。本章詳細介紹附帶民事訴訟範圍及其司法限制的法律規定、司法解釋的歷史沿革和現行規範，以及法學界的爭論情況，並提出待探究的問題。這將成為後面幾章運用司法實踐狀況來檢驗司法限制、替代措施的必要性、可行性、實際效果等的規範和理論基礎，並進而為理論的分析論證奠定前提條件。

附帶民事訴訟範圍和司法限制的規範

本部分內容主要闡述中國刑事訴訟法對附帶民事訴訟範圍的規定內容，並介紹最高法院司法解釋對附帶民事訴訟範圍的限制情況。同時，中國刑事訴訟法雖然沒有明文規定追繳與責令退賠制度，但是最高法院在限制附帶民事訴訟範圍的同時，通過會議紀要和司法解釋的形式，將中國刑法規定的該兩項措施規定為附帶民事訴訟的替代措施。因此，本節一併予以闡述。

一、規範的歷史沿革

刑事訴訟基本法從1979年制定之後，雖然歷經三次修訂，但是其中有關附帶民事訴訟範圍的規定沒有變化。可是，司法解釋經過多次修改，對附帶民事訴訟範圍的規範從沒有限制性規定到有限制性規定，並呈現出限制的逐步增多、增嚴的趨勢。

(一) 刑事訴訟法及司法解釋規定物質損失範圍的規範

1979年和1996年《刑事訴訟法》確定了附帶民事訴訟的物質損失範圍，司法解釋亦遵循此規範的附帶民事訴訟範圍的內容。

1. 刑事訴訟法確立物質損失範圍。為實現被害人物質損失求償權，1979年《刑事訴訟法》規定：「被害人由於被告人的犯罪

行為而遭受物質損失的，在刑事訴訟過程中，有權提起附帶民事訴訟。如果是國家財產、集體財產遭受損失的，人民檢察院在提起公訴的時候，可以提起附帶民事訴訟。」[2]此條規定是中國附帶民事訴訟範圍最早的程序性法律淵源。據此可以看出，附帶民事訴訟範圍對物質損失求償權的範圍規定較為廣泛，將損害後果界定在物質損失或財產損失方面，也沒有限定造成物質損失或者財產損失的犯罪行為種類。1996年《刑事訴訟法》[3]修改後，繼續保留了此條規定的內容。

2. 司法解釋嚴格遵循立法含義進行規範。1980年7月16日，最高法院《關於刑事附帶民事訴訟問題的批復》規定：「關於刑事訴訟附帶民事訴訟的問題，根據刑事訴訟法第53條的規定辦理，但應限於附帶賠償物質損失的民事訴訟，不宜擴大附帶其他民事訴訟。」1994年3月21日，最高法院《關於審理刑事案件程序的具體規定》進一步規定：「法院受理刑事案件後，應當告知遭受物質損失的被害人（公民、法人和其他組織），已死亡被害人的近親屬，無行為能力或者限制行為能力被害人的法定代理人，有權提起附帶民事訴訟。有權提起附帶民事訴訟的人放棄訴訟權利的，應當許可。如果是國家財產、集體財產遭受損失，受損失的單位未提起訴訟的，人民檢察院在提起公訴的時候，可以提起附帶民事訴訟。」[4]該條規定不僅強調了之前解釋的附帶民事訴訟物質損失範圍，而且為法院設定了告知被害人方有權利提起附帶民事訴訟的職責。此後，最高法院於1998年通過的《關於執行〈中華人民共

2　1979年《中華人民共和國刑事訴訟法》第53規定的內容；該法是1979年7月1日第五屆全國人民代表大會第二次會議通過，同年7月7日全國人民代表大會常務委員會委員長令第六號公佈，自1980年1月1日起施行。

3　1996年《中華人民共和國刑事訴訟法》，是1996年3月17日第八屆全國人民代表大會第四次會議通過，同年3月17日中華人民共和國主席令第六十四號公佈，自1997年1月1日起施行。

4　最高法院於1994年3月21日制定的《關於審理刑事案件程序的具體規定》第61條的規定。

和國刑事訴訟法〉若干問題的解釋》，繼續沿用了1979刑事訴訟法以及其之前的司法解釋對附帶民事訴訟範圍的規定；但是，該司法解釋將其1994年通過的《關於審理刑事案件程序的具體規定》所規定的，法院受理刑事案件後，應當告知遭受物質損失的被害人等，有權提起附帶民事訴訟的職責，改為可以告知被害人等，有權提起附帶民事訴訟。將法院對告知被害人方有權利提起附帶民事訴訟的職責，由強制性規範變為授權性規範。

（二）會議紀要、司法解釋限制物質損失範圍的規範

　　最高法院自1999年開始通過會議紀要，後於2000年底又通過司法解釋規定對1979年和1996年《刑事訴訟法》所確定的附帶民事訴訟範圍加以限制。

1. 會議紀要率先限制附帶民事訴訟範圍。1999年10月27日，最高法院頒佈了《全國法院維護農村穩定刑事審判工作座談會紀要》，[5]對法院審理附帶民事訴訟案件的受案範圍，做出了較1996年《刑事訴訟法》和其之前的司法解釋所規定更為窄小的範圍界定，即附帶民事訴訟範圍：「應只限於被害人因人身權利受到犯罪行為侵犯和財物被犯罪行為損毀而遭受的物質損失，不包括因犯罪分子非法佔有、處置被害人財產而使其遭受的物質損失。對因犯罪分子非法佔有、處置被害人財產而使其遭受的物質損失，應當根據刑法第64條的規定處理，即應通過追繳贓款贓物、責令退賠的途徑解決。如贓款贓物尚在的，應一律追繳；已被用掉、毀壞或揮霍的，應責令退賠。無法退贓的，在決定刑罰時，應作為酌定從重處罰的情節予以考慮。」

5　最高法院〈關於印發《全國法院維護農村穩定刑事審判工作座談會紀要》的通知〉（法【1999】217號，1999年10月27日），載《最高法院公報》第6期。

2. 司法解釋將會議紀要精神規範化。2000 年，最高法院制定了
《關於刑事附帶民事訴訟範圍問題的規定》，承繼了《全國法
院維護農村穩定刑事審判工作座談會紀要》的精神，對附帶
民事訴訟範圍再次明確予以限制，規定：「因人身權利受到
犯罪侵犯而遭受物質損失或者財物被犯罪分子毀壞而遭受物
質損失的，可以提起附帶民事訴訟。」[6] 該解釋將被害人可
以針對物質損失而提起附帶民事訴訟的犯罪種類，嚴格界定
在兩類犯罪中：一是侵犯人身權利類犯罪，二是毀壞財物類
犯罪。這明顯將附帶民事訴訟範圍，做出較之前刑事訴法及
司法解釋更為狹窄的限制。但是，對於國家財產、集體財產
遭受物質損失的，而由檢察院依據刑事訴訟法提起附帶民事
訴訟的請求範圍問題，該規定沒有做出明文規範。對於何為
被害人因犯罪行為遭受的物質損失，該解釋也予以明確，即
是指被害人因犯罪行為已經遭受的實際損失和必然遭受的損
失。[7]

二、現行規範

2012 年《刑事訴訟法》在附帶民事訴訟範圍的問題上，繼續堅持物
質損失範圍的規定，而最高法院對此的司法解釋則繼承其既往的對物
質損失範圍予以限制的態度。

（一）刑事訴訟法規定物質損失範圍的規範

2012 年《刑事訴訟法》對附帶民事訴訟範圍的規定，並沒有採納最
高法院 2000 年制定的《關於刑事附帶民事訴訟範圍問題的規定》的限制

---

6 最高法院於2000年制定的《關於刑事附帶民事訴訟範圍問題的規定》第1條第1款規定。該規定
　　自當年12月19日施行。

7 最高法院於2000年制定的《關於刑事附帶民事訴訟範圍問題的規定》第3條。

內容，繼續沿用了1979年和1996年《刑事訴訟法》的物質損失範圍的規定，即「被害人由於被告人的犯罪行為而遭受物質損失的，在刑事訴訟過程中，有權提起附帶民事訴訟。被害人死亡或者喪失行為能力的，被害人的法定代理人、近親屬有權提起附帶民事訴訟。如果是國家財產、集體財產遭受損失的，人民檢察院在提起公訴的時候，可以提起附帶民事訴訟。」[8]通過這一規定可以看出，2012年《刑事訴訟法》將附帶民事訴訟範圍的請求主體擴大到已經死亡或者喪失行為能力被害人的法定代理人、近親屬，但附帶民訴訟範圍沒有變化，仍然是被害人由於被告人的犯罪行為而遭受的物質損失。因此，能夠確認中國現行刑事訴訟法規定的附帶民訴訟範圍，即法定附帶民事訴訟範圍是：刑法規定的犯罪行為給被害人造成的物質損失範圍，並沒有犯罪種類的限制性規定。[9]

（二）司法解釋限制物質損失範圍的規範

為了貫徹實施2012年《刑事訴訟法》，最高法院於2012年11月5日通過了《關於適用〈中華人民共和國刑事訴訟法〉的解釋》，該解釋再次重申：「被害人因人身權利受到犯罪侵犯或者財物被犯罪分子毀壞而遭受物質損失的，有權在刑事訴訟過程中提起附帶民事訴訟；」[10]同時，針對國家財產、集體財產遭受損失，而由檢察院提起附帶民事訴訟的請求範圍問題，該解釋也予以限定，規定被告人非法佔有、處置國家財產、集體財產的，應當適用追繳和責令退賠程序，而不適用附帶民事訴訟。[11]通過司法解釋的這些規定，可以看出中國司法機關所

---

8 2012年《刑事訴訟法》第99條的規定。

9 在本書中筆者將刑事訴訟法規定的附帶民事訴訟範圍，稱為法定刑事附帶民事訴訟範圍，或者法定附帶民事訴訟範圍，或者法定訴訟範圍，或者法定範圍。

10 最高法院於2012年11月5日通過的《關於適用〈中華人民共和國刑事訴訟法〉的解釋》第138條第1款的規定。

11 最高法院於2012年11月5日通過的《關於適用〈中華人民共和國刑事訴訟法〉的解釋》第142條的規定。

確認的附帶民訴訟範圍，即司法限定或限制附帶民事訴訟範圍為：[12]
一類是被害人因人身權利受到犯罪侵犯而遭受的物質損失。對於這一
類案件範圍的規定，採用在刑事訴訟法規定的物質損失基礎上，限
制權利性質的方法來限制附帶民事訴訟範圍，將許多與人身權利無關
的侵犯物質損失的犯罪限制在附帶民事訴訟範圍之外。另一類是被害
人財物被犯罪分子毀壞而遭受物質損失的。對於這一類案件範圍的規
定，採用了在刑事訴訟法規定的物質損失基礎上，限制犯罪手段的方
法來限制附帶民事訴訟範圍，將毀壞財物之外的大量的採用非法佔
有、處置手段而侵犯他人財產類的犯罪行為，也同樣限制在附帶民事
訴訟範圍之外。不僅如此，司法解釋還限制了檢察機關提起附帶民事
訴訟的範圍。司法解釋排除了採用非法佔有、處置的手段，而侵犯國
家財產、集體財產犯罪行為的附帶民事訴訟權利。再者，國家和集體
財產權利本身通常是不包括人身權利的，所以，檢察院提起的附帶民
事訴訟範圍一般也就限定在財物被毀壞而遭受的物質損失。這種限制
正如最高法院有關人員編寫的相關叢書所指出的：「2012年《刑訴法解
釋》第138條、第139條、第140條對於附帶民訴訟的範圍進行了更加明
確的限定，將刑事追贓退賠、國家賠償明確排除在附帶民訴訟的範圍
之外，將附帶民事訴訟的範圍明確界定為『被害人因人身權利受到犯罪
侵犯或者財物被犯罪分子毀壞而遭受的物質損失的』。」[13]

司法限制附帶民事訴訟範圍的理論

2000年之前，法學界有關附帶民事訴訟範圍的問題較少有爭論，
筆者沒有查到專門探討此問題的文章和專著，但涉及此範圍的相關著

12　在本書中筆者將最高法院通過司法解釋對刑事訴訟法規定的附帶民事訴訟範圍限定或限制後的
　　範圍，稱之為司法限定或限制刑事附帶民事訴訟範圍，或者司法限定或限制附帶民事訴訟範圍，
　　或司法限定或限制訴訟範圍，或司法限定或限制範圍。

13　南英主編，《刑事審判方法》，法律出版社，2013年3月第一版，第184頁。

作雖然觀點略有不同，但是沒有明顯衝突，也沒有較為深入的探討內容。2000年之後，最高法院制定的有關附帶民事訴訟範圍的司法解釋出台後，法學界對此範圍問題出現了大量的批評與爭鳴的文章。直到2012年《刑事訴訟法》及司法解釋出台，這一批評與爭鳴的狀態仍然沒有停止。

一、支持的理論觀點

持支持司法限制附帶民事訴訟範圍的學者極少，該學者認為，從文本上比較刑事訴訟法與司法解釋的相關規定，司法解釋的確縮小了關於物質損失的範圍，但從司法實際運作情況來看，這種範圍是比較務實和理性的。這個類別已經涵蓋了最主要的兩大類案件，即人身損害和財物毀壞的賠償，能夠滿足絕大部分受害人的基本賠償請求。況且，不能期望在這個程序裏給予民事程序一樣的充分救濟。這一方面是因為解決民事責任只是附帶於解決刑事責任的過程中，即在不明顯增加司法資源投入的情況下，在刑事訴訟中實現民事賠償，這主要是出於訴訟效率的考慮。另一方面，則是由於司法系統中專業分工的限制。由於各級法院的刑事法庭為專業性的法庭，刑庭法官為刑事案件的專家，他們對刑事案件的定性和量刑問題十分精專，但是大多缺乏民事審判經驗，對附帶民事賠償問題也只能儘量簡單處理。因此，侵犯財產型案件中受害人因非法佔有、處置財產而受到的損失能通過追繳或退賠的方式得到一定的填補，這也是法庭在審理刑事案件時，全面查清案件事實的前提下可以順便做到的事。即使不能彌補損失，受害人可以通過另行提起民事訴訟的方式實現更充分、更全面的救濟。所以，在賠償類別上，司法解釋保持了清醒的「自我克制」，僅限定為容易查清、責任明瞭的人身損害賠償和財物被毀壞的情況。[14]

14　康玉梅，〈刑事附帶民事訴訟的賠償範圍探討〉，載《湖北社會科學》，2012年第4期。

二、反對的理論觀點

相對於支持司法限制附帶民事訴訟範圍的文章，反對的文章更多，學者們從不同的角度論證了司法解釋限制附帶民事訴訟範圍的不合理之處以及所存在的各類問題。本部分將對不同的具有代表性的觀點進行綜述，篇幅所限，不一一列舉。

（一）附帶民事訴訟範圍應由民事法律規定

持有該觀點的學者認為，附帶民事訴訟中的物質損失賠償範圍，應由民事法律進行規定，而最高法院《關於刑事附帶民事訴訟範圍問題的規定》將上述規定進行了限制和縮小的解釋，似不盡妥當。其理由為：第一，將導致物質損失的行為限於侵權行為，顯屬不當。一是刑法上的犯罪行為可對應於民法上的違約行為或侵權行為；二是刑法、刑事訴訟法條文均未將可提起附帶民事訴訟的犯罪行為限定為侵權行為；三是在附帶民事訴訟程序中，違約責任與侵權責任發生競合，被害人主張由被告人承擔違約責任，更為有利；四是法院在審理附帶民事訴訟案件時，對違約賠償構成及其數額的判定較之侵權賠償更為容易。第二，將導致物質損失的侵權行為局限於侵犯人身權利和毀壞財物兩種，顯屬不當。一是追繳、責令退賠與附帶事訴訟在性質、內容、適用條件、處理途徑、補償程度等方面有很多的不同，而且追繳、責令退賠方式在實踐中沒有可操作性；二是讓被害人對此另行提起民事訴訟，造成對同一案件重複審理，既不符合訴訟經濟的原則，也不利於案件的及時處理；三是以防止刑事案件的過分遲延為由拒絕將此部分損失得到刑事審判的救濟，不符合刑事訴訟和民事訴訟的合併來體現效率的制度設立初衷。[15]

15　劉璐，〈刑事附帶民事訴訟物質損失賠償範圍研究〉，載《人民檢察》，2003年第6期。

（二）司法限制缺乏合法性或合理性

　　持有司法限制附帶民事訴訟範圍缺乏合法性觀點的學者主張，法院不應當限制附帶民事訴訟受案範圍。該論者分析了法院限制附帶民事訴訟受案範圍的原因，主要基於刑事訴訟法有關附帶民事訴訟規定的外延較大，而提起附帶民事訴訟的案件越來越多，被害人請求賠償的數額越來越大，附帶民事訴訟案件的審理出現許多不一致的情況。同時，該論者指出，限制刑事附帶民事訴訟受理範圍缺乏有力的立法根據。[16]持有司法限制附帶民事訴訟範圍缺乏合理性的學者提出，物質損失範圍予以限制解釋非合理性的疑問。其具體理由為：《刑事訴訟法》明確規定「被害人由於被告人的犯罪行為而遭受物質損失的，在刑事訴訟過程中有權提起附帶民事訴訟。」該條規定將是否提起附帶民事訴訟的選擇權利賦予被害人，並且適用於由於被告人的犯罪行為而遭受物質損失的全部刑事案件；而司法解釋則將可以提起附帶民事訴訟的權利人限制為因人身權利遭受犯罪侵害和財產被犯罪分子毀壞的兩類，這與《刑事訴訟法》的規定內容明顯不一致，嚴重地違背了基本法律的立法本意。[17]

（三）財產型犯罪的返還訴求應納入附帶民事訴訟範圍

　　持有該觀點的學者主張，對於財產型犯罪引起的被害人要求返還財物的訴求，立法、司法解釋及司法實踐均應將其納入附帶民事訴訟的受理範圍。其理由為：第一，附帶民事訴訟制度設立的主要目的，是為了使被害人因犯罪行為遭受損失得到及時有效的救濟，而財產型犯罪所侵犯的被害人財產利益常見且多發，在所有類型犯罪中佔有很大比例，將其排除適用刑事附帶民事訴訟的受理範圍，明顯和設立該

16　李強國，〈法院不應限制刑事附帶民事訴訟受案範圍〉，載《江蘇公安專科學校學報》，2001年5月第15卷第3期。

17　莊乾龍，〈對《最高法院關於刑事附帶民事訴訟範圍問題的規定》若干問題的疑問〉，載《阿壩師範高等專科學校學報》，2011年12月第28卷第4期。

制度的初衷不符。第二，對財產型犯罪的處理，經過刑事程序所確認的損失事實，在很多方面比經過單純的民事訴訟程序所確認的財產損失事實在證據上更加充分和明確，允許被害人就此類案件提出附帶民事訴訟，有助於提高訴訟效率，節約訴訟資源。針對那些損失難以確定，權利義務關係複雜的財產案件，而引起對財產型犯罪提起附帶民事訴訟的質疑，該論者進一步提出：為了防止訴訟的過分拖延和草率結案，可以通過規定排除複雜和權利義務不明確的案件進入附帶民事訴訟的方法來解決。[18]

三、適當限制的理論觀點

持有該觀點的學者主張，縮小附帶民事訴訟審理犯罪行為產生的民事賠償案件範圍，鼓勵被害人或其近親屬提起獨立民事訴訟，協調兩大訴訟交叉時在適用上的關係，完善民事權利的司法救濟途徑。具體包括：第一，賦予當事人程序選擇權。規定犯罪行為所引起的民事賠償請求，可以在刑事訴訟過程中附帶提出，也可以在刑事案件審結後另行提起民事訴訟，還可以在刑事案件未立案時單獨提起民事訴訟。第二，擴大請求賠償損失的範圍。被害人可以就人身傷害或財產被毀而遭受的經濟損失提起附帶民事訴訟，也可以就財物被犯罪分子非法佔有、揮霍而提起賠償請求，還可以對精神損失一併提起賠償。第三，適當限制附帶民事訴訟案件的範圍。對於案情簡單，適宜通過附帶民事訴訟的，則將其納入刑事附帶民事訴訟範圍；對於案情複雜，不適宜通過附帶民事訴訟的案件，則應告知被害人向民事審判庭起訴或者將案件轉交民事審判庭處理。案件簡單與複雜的確定界限為：是否存在刑事被告人以外的應當對被害人承擔民事責任的單位和個人，被害人或其近親屬是否提起精神損害賠償，是否屬於特殊領域

18　楊年生，〈財產型犯罪中刑事附帶民事訴訟的困境及對策芻議〉，載《法制與社會》，2013年10月（下）。

的侵權行為，是否屬於嚴格過錯責任或無過錯責任，是否涉及舉證責任的倒置等情形。[19]

附帶民事訴訟替代措施的規範

中國刑事訴訟法並沒有明文規定追繳與責令退賠措施的條文，而最高法院在限制附帶民事訴訟範圍的同時，通過會議紀要和司法解釋的形式，將中國刑法規定的追繳、責令退賠兩項措施規定為附帶民事訴訟的替代措施。

一、替代措施規範的歷史沿革

中國有關追繳與責令退賠制度規範的法律淵源，最早來源於1979年《刑法》，後被現行刑法所保留和修改、完善。[20]刑事程序法律規範對此項制度予以規定，則主要是通過最高法院、最高檢察院、公安部、財政部、國家工商行政管理局等機關，聯合或者單獨頒發的規範性檔或司法解釋來進行的。

（一）未確定為替代措施的規範

未明確為附帶民事訴訟替代措施的規範，主要是對犯罪所得贓款贓物的追回程序、條件和處理等方面的要求，其規範的形式多樣，包括兩院等多部門的聯合規定、公安部的規定、最高法院的規定以及兩院的聯合規定等。

---

19 陳小強，〈中國現行刑事附帶民事訴訟制度的局限性及其重構〉，載《經濟研究導刊》，2010年第26期。

20 1979年《中華人民共和國刑法》第60條規定：「犯罪分子違法所得的一切財物，應當予以追繳或者責令退賠；違禁品和供犯罪所用的本人財物，應當予以沒收。」中國現行刑法第64條將該條內容修改為：「犯罪分子違法所得的一切財物，應當予以追繳或者責令退賠；對被害人的合法財產，應當及時返還；違禁品和供犯罪所用的本人財物，應當予以沒收。沒收的財物和罰金，一律上繳國庫，不得挪用和自行處理。」

1. 兩院等多部門的聯合規定。最高法院、最高檢察院、公安部、財政部於1965年頒佈的《關於沒收和處理贓款贓物若干問題的暫行規定》，規定：在辦案中已經查明被犯罪分子賣掉的贓物，應當酌情追繳。對買主確實知道是贓物而購買的，應將贓物無償追出並予以沒收或退還原主；對買主確實不知道是贓物，而又找到了失主的，應該由罪犯按出賣價格將原物贖回，並退還原主，或者按贓物的價值賠償損失；如果罪犯確實無力回贖或賠償損失，可以根據買主與失主雙方的具體情況進行調解，妥善處理。[21] 最高法院、最高檢察院、公安部、國家工商行政管理局等四部門於1998年聯合頒佈了《關於依法查處盜竊、搶劫機動車案件的規定》，規定：對明知是贓車而購買的，應將該車輛無償追繳，對違反國家規定而購買車輛，經查證是贓車的，公安機關可以根據刑事訴訟法第110條、114條規定進行追繳和扣押；對不明知是贓車而購買的，結案後予以退還買主。同時還規定：對直接從犯罪分子處追繳的被盜竊、搶劫的機動車輛，經檢驗鑒定並查證屬實後，可依法先行返還失主，在移送案件時附清單、照片及其他證據。在返還失主前，按照贓物管理規定管理，任何單位和個人都不得挪用、損毀或者自行處理。[22]

2. 公安部的規定。公安部於1998年發佈的《公安機關辦理刑事案件程序規定》涉及到贓物的追回、處理問題。關於贓物扣押後如何處理的問題，該規定要求：通知被害人後，超過半年未有人來領取該扣押贓物的，予以沒收，上繳國庫；如有特殊情況，可以酌情延期處理；凡是已經送交財政部門處理的贓

21　1965年12月1日，最高法院、最高檢察院、公安部、財政部頒佈《關於沒收和處理贓款贓物若干問題的暫行規定》第2條第6項的規定。

22　最高法院、最高檢察院、公安部、國家工商行政管理局等四部門於1998年5月8日聯合頒佈的《關於依法查處盜竊、搶劫機動車案件的規定》第12條、第14條的規定。

款贓物，如果失主前來認領，並經查證屬實，由原沒收機關從財政部門提回並予以歸還失主；如原物已經賣掉，應當退還價款。[23] 2012年公安部對《公安機關辦理刑事案件程序規定》重新修訂後予以頒佈，其對查封、扣押財物的處理進一步作出規定：對被害人的合法財產及其孳息權屬明確無爭議，並且涉嫌犯罪事實已經查證屬實的，應當在登記、拍照或者錄影、估價後及時予以返還，並在案件卷宗中注明返還的理由，同時將原物照片、清單和被害人的領取手續存卷備查。查找不到被害人的，或者通知被害人後，無人領取的，應當將有關財產及其孳息隨案移送。[24]

3. 最高法院的解釋及其內設機構的答覆。最高法院研究室於1992年作出《關於對詐騙後抵債的贓款能否判決追繳問題的電話答覆》，該答覆要求：犯罪分子以詐騙手段，非法騙取的贓款，即使用以抵債歸還了債權人的，也應依法予以追繳；贓款贓物的追繳並不限於犯罪分子本人，對犯罪分子轉移、隱匿、抵債的，均應順着贓款贓物的流向，一追到底，即使是享有債權的人善意取得的贓款，也應予以追繳。這一答覆完全排除了對詐騙贓物的善意取得制度的內容。最高法院於1996年公佈的《關於審理詐騙案件具體應用法律的若干問題的解釋》，規定：行為人將財物已用於歸還個人欠款、貨款或其他經濟活動的，如果對方明知是詐騙財物而收取屬惡意取得，應當一律予以追繳；如確屬善意取得，則不再予以追繳。[25] 這確立了對詐騙犯罪中贓物的善意取得不予追繳制度的內

23　1998年5月14日公安部發佈的《公安機關辦理刑事案件程序規定》第219條至222條的規定。

24　2012年公安部修訂後重新頒佈的《公安機關辦理刑事案件程序規定》第229條的規定。該規定於2012年12月3日經公安部部長辦公會議通過，自2013年1月1日起施行。

25　1996年12月最高法院公佈的《關於審理詐騙案件具體應用法律的若干問題的解釋》第11條的規定。

容，否定了最高法院研究室此前所做的善意取得的贓物也要予以追繳的答覆意見。

4. 兩院聯合解釋。最高法院、最高檢察院於 2011 年頒發的《最高人民法院、最高人民檢察院關於辦理詐騙刑事案件具體應用法律若干問題的解釋》，對詐騙犯罪贓物用於清償債務的追繳規定了一定的條件，即行為人已將詐騙犯罪所得財物用於清償債務或者轉讓給他人，而具有下列情形之一的，應當依法予以追繳：對方明知是詐騙所得財物而收取的，對方無償取得詐騙所得財物的；對方以明顯低於市場的價格取得詐騙所得財物的；對方取得詐騙所得財物是源於非法債務或者違法犯罪活動的。該解釋對於他人善意取得詐騙所得財物的，明確規定不予追繳。[26]

（二）明確為替代措施的規範

明確為替代措施的規範，是指最高法院通過會議紀要、司法解釋和領導講話等形式，將處理屬於刑事案件贓款贓物的規範規定為附帶民事訴訟的替代措施。

1. 會議紀要。最高法院於 1999 年頒佈的《全國法院維護農村穩定刑事審判工作座談會紀要》，不僅對法院審理附帶民事訴訟案件的受案範圍進行了正面的限制，即「應只限於被害人因人身權利受到犯罪行為侵犯和財物被犯罪行為損毀而遭受的物質損失，不包括因犯罪分子非法佔有、處置被害人財產而使其遭受的物質損失」；同時，該會議紀要首次將刑法和司法解釋等規定的贓款贓物的處理規則——追繳與責令退賠措施明文規定為限制附帶民事訴訟範圍後的替代措施，要求「對因犯罪分子非法佔有、處置被害人財產而使其遭受的物質損失，應當

---

26 2011年最高法院、最高檢察院頒發的《最高人民法院、最高人民檢察院關於辦理詐騙刑事案件具體應用法律若干問題的解釋》（法釋（2011）7號）第10條的規定。

根據刑法第 64 條的規定處理，即應通過追繳贓款贓物、責令退賠的途徑解決。如贓款贓物尚在的，應一律追繳；已被用掉、毀壞或揮霍的，應責令退賠。無法退贓的，在決定刑罰時，應作為酌定從重處罰的情節予以考慮。」[27]

2. 司法解釋。2000 年，最高法院制定的《關於刑事附帶民事訴訟範圍問題的規定》，承繼了《全國法院維護農村穩定刑事審判工作座談會紀要》的精神，對附帶民事訴訟範圍明確限定為「因人身權利受到犯罪侵犯而遭受物質損失或者財物被犯罪分子毀壞而遭受物質損失的可以提起附帶民事訴訟」；[28]同時，還規定了追繳、退賠的內容，即「犯罪分子非法佔有、處置被害人財產而使其遭受物質損失的，法院應當依法予以追繳或者責令退賠。經過追繳或者退賠仍不能彌補損失，被害人向法院民事審判庭另行提起民事訴訟的，法院可以受理。」[29]對經過追繳或者退賠仍不能彌補損失的，允許被害人單獨提起民事訴訟，暗含排除被害人提起附帶民事訴訟之意。但是，法院民事審判庭不是必須受理，而是可以受理，是否受理的決定權還是在法院。

3. 領導講話。2006 年 11 月 8 日，最高法院副院長姜興長在第五次全國刑事審判工作會議上的總結講話[30]的第四個問題中，即「積極做好刑事附帶民事賠償工作」，提出對審理附帶民事

---

27 最高法院《全國法院維護農村穩定刑事審判工作座談會紀要》，1999年10月27日第3條第5項的規定。

28 最高法院於2000年制定的《關於刑事附帶民事訴訟範圍問題的規定》第1條的規定。該規定明確自當年12月19日施行。

29 最高法院於2000年制定的《關於刑事附帶民事訴訟範圍問題的規定》第5條的規定。

30 最高法院副院長姜興長在第五次全國刑事審判工作會議上的總結講話（節錄）：「關於當前刑事審判需要着重抓好的幾項工作」，載中華人民共和國最高法院刑事審判第一、二、三、四、五庭主辦《刑事審判參考》（2006年第5集，總第52集），法律出版社，2007年4月版，第78-86頁。

賠償問題應當明確五項指導原則。這五項指導原則與附帶民事訴訟範圍及其替代措施有關的是：「附帶民事訴訟的賠償範圍，只限於犯罪行為直接造成的物質損失。……對於犯罪分子非法佔有、處置被害人財產而使其遭受物質損失的，法院應當依法予以追繳或者責令退賠，經過追繳或者責令退賠仍不能彌補損失的，被害人及其親屬可以向法院另行提起民事訴訟。」姜興長副院長的上列講話有關附帶民事訴訟範圍及其替代措施問題，與最高法院之前相關的會議紀要、司法解釋的基本內容和精神均是一致的。但其講話沒有進一步談到法院民事審判庭是否仍然具有受理的主動權的問題。

二、替代措施的現行規範

2012 年《刑事訴訟法》對於附帶民事訴訟範圍的規定，繼續堅持一貫的物質損失範圍的態度，也沒有對追繳與責令退賠制度的內容加以規範化。有關追繳與責令退賠的現行規範，仍然存在於中國刑法、相關部門的聯合或單獨規定、司法解釋，以及最高法院有關部門的答覆中；但其作為附帶民事訴訟的替代措施的規範，則體現在最高法院的司法解釋和其內設部門的批復中。

（一）司法解釋規範

關於將追繳或責令退賠制度規定為附帶民事訴訟替代措施的現行司法解釋，主要有適用刑事訴訟法的解釋和執行刑事裁判涉及財產部分的解釋兩部分組成。

1. 適用刑事訴訟法的司法解釋。最高法院於 2012 年通過的《關於適用〈中華人民共和國刑事訴訟法〉的解釋》，規定了附帶民事訴訟的限制範圍，即被害人因人身權利受到犯罪侵犯或者財物被犯罪分子毀壞而遭受物質損失的，有權在刑事訴訟

過程中提起附帶民事訴訟之外，[31] 還完整地規定了追繳與責令退賠制度的內容：被告人非法佔有、處置被害人財產的，應當依法予以追繳或者責令退賠；被害人提起附帶民事訴訟的，法院不予受理；追繳、退賠的情況，可以作為量刑情節考慮。[32] 同時，針對國家財產、集體財產遭受損失，而由檢察院提起附帶民事訴訟的請求範圍問題，該解釋也予以限定，規定被告人非法佔有、處置國家財產、集體財產的，應當適用追繳和責令退賠程序，而不適用附帶民事訴訟。[33] 對於非法佔有、處置被害人財產的行為能否單獨提起民事訴訟的問題，司法解釋刪去了此前司法解釋規定的被害人可以向法院提起民事訴訟的規定。對此問題有不同的理解。支持的觀點認為，司法解釋沒有否定性規定的情況下，被害人可以根據民事訴訟法的規定單獨提起民事訴訟。否定的觀點認為，最高法院2000年12月頒佈的《關於刑事附帶民事訴訟範圍問題的規定》曾規定，「經過追繳或者退賠仍不能彌補損失，被害人向法院民事審判庭另行提起民事訴訟的，法院可以受理。」但是，2013年1月實施的刑事訴訟法司法解釋並未沿用上述規定，所以被害人不能單獨提起民事訴訟解決其未能彌補的損失，而只能通過追繳或責令退賠程序解決。

2. 執行刑事裁判涉及財產部分的司法解釋。2014年最高法院通過的《最高人民法院關於刑事裁判涉財產部分執行的若干規定》，涉及追繳與責令退賠的內容。該規定明確刑事裁判涉及財產部分的執行，是指發生法律效力的刑事裁判主文確定

31　2012年11月5日最高法院通過的《關於適用〈中華人民共和國刑事訴訟法〉的解釋》第138條第1款的規定。

32　2012年11月5日最高法院通過的《關於適用〈中華人民共和國刑事訴訟法〉的解釋》第139條的規定。

33　2012年11月5日最高法院通過的《關於適用〈中華人民共和國刑事訴訟法〉的解釋》第142條的規定。

的，包括責令退賠和其他應當由法院執行的相關事項等。[34]
同時要求，刑事裁判涉及財產部分的裁判內容，應當明確、
具體，涉案財物或者被害人人數眾多，不宜在判決主文中詳
細列明的，可以概括敘明並另附清單；判決追繳或者責令退
賠的，應當明確追繳或者退賠的金額或財物的名稱、數量等
相關情況。[35]結合這兩條規定的內容，可以確認追繳與責令
退賠判決的執行程序已經納入該解釋範圍。這解決了多年追
繳與責令退賠由何機關負責執行的爭議問題。關於追繳與責
令退賠的立案問題，該規定要求由法院刑事審判部門及時將
刑事裁判涉及財產部分移送立案部門，立案部門審查符合要
求的，應當立案並移送執行機構。[36]對於贓款贓物及其收
益，該規定要求法院應當一併予以追繳；被執行人將贓款贓
物投資或者置業的，對因此而形成的財產及其收益，法院應
當予以追繳；被執行人將贓款贓物與其他合法財產共同投資
或者置業的，對因此而形成的財產中與贓款贓物對應的份額
及其收益，法院應予以追繳；對於被害人的損失，應當按照
刑事裁判認定的實際損失予以發還或者賠償。[37]關於被執
行人將刑事裁判認定的贓款贓物的涉案財物用於清償債務、
轉讓或者設置其他權利負擔，該規定要求具有下列情形之一
的，法院應當予以追繳：第三人明知是涉案財物而接受的，
第三人無償或者以明顯低於市場的價格取得涉案財物的，第

34　2014年9月1日由最高法院審判委員會第1,625次會議通過，並自2014年11月6日起施行的《最高人
民法院關於刑事裁判涉財產部分執行的若干規定》第1條第2項和第5項的規定。

35　2014年9月1日由最高法院審判委員會第1,625次會議通過，並自2014年11月6日起施行的《最高人
民法院關於刑事裁判涉財產部分執行的若干規定》第6條第1款和第3款的規定。

36　2014年9月1日由最高法院審判委員會第1,625次會議通過，並自2014年11月6日起施行的《最高人
民法院關於刑事裁判涉財產部分執行的若干規定》第7條的規定。

37　2014年9月1日由最高法院審判委員會第1,625次會議通過，並自2014年11月6日起施行的《最高人
民法院關於刑事裁判涉財產部分執行的若干規定》第10條的規定。

三人通過非法債務清償或者違法犯罪活動取得涉案財物的，第三人通過其他惡意方式取得涉案財物的。而對於第三人善意取得涉案財物的，執行程序中不予以追繳；如果作為原所有人的被害人對該涉案財物主張權利的，法院應當告知其通過訴訟程序處理。[38]作為涉案財物原所有人的被害人對該涉案財物主張權利要通過訴訟程序處理，顯然不是通過附帶民事訴訟程序進行，因為到刑事裁判涉及財產部分的執行程序時，該案的刑事訴訟程序早已經結束；那麼，只能是通過民事訴訟程序，以涉案財物的善意取得第三人為被告，非法處置該涉案財物的犯罪分子為第三人來解決。

(二) 最高法院研究室的相關批復

2013年最高法院研究室對河南省高級法院《關於適用刑法第64條有關問題的批復》指出：根據刑法第64條和《最高法院關於適用〈中華人民共和國刑事訴訟法〉的解釋》第138條、第139條的規定，被告人非法佔有、處置被害人財產的，應當依法予以追繳或者責令退賠。據此，追繳或者責令退賠的具體內容，應當在判決主文中寫明；其中，判決前已經發還被害人的財產，應當注明。被害人提起附帶民事訴訟，或者另行提起民事訴訟請求返還被非法佔有、處置的財產的，法院不予受理。[39]該批復將之前最高法院有關適用刑事訴訟法的司法解釋沒有明確的問題，給出明確的答案：即法院適用追繳或責令退賠措施是強制性義務，且必須在判決書主文中表明對非法佔有、處置被害人財產的追繳或責令退賠內容；而被害人就追繳或責令退賠判決的事項，提起附帶民事訴訟或者另行提起民事訴訟，法院不予以受理。當然，該解釋不允許被害人就追繳或責令退賠判決事項提起民事訴訟的

38　2014年9月1日由最高法院審判委員會第1625次會議通過，並自2014年11月6日起施行的《最高人民法院關於刑事裁判涉財產部分執行的若干規定》第11條的規定。

39　最高法院研究室《關於適用刑法第六十四條有關問題的批復》（法【2013】229號）。

意見，很快被最高法院2014年通過的《最高人民法院關於刑事裁判涉財產部分執行的若干規定》第11條規定的，被害人對善意取得非法佔有、處置涉案財物的第三人進行訴訟程序解決的內容所否定。對此批復意見法院內部也有不同的觀點。[40]從法律規範性檔的效力上看，最高法院研究室的批復顯然不具有法律效力，對下級法院的審判也不具有拘束力，但是，由於其通常為最高法院司法解釋的擬辦部門，他們的觀點顯然對下級法院的法律適用具有一定的權威性和影響力。所以，司法實踐和法學研究過程中，都不能忽視了該批復的觀點。

附帶民事訴訟替代措施的理論

1999年10月27日，最高法院頒發的《全國法院維護農村穩定刑事審判工作座談會紀要》縮小了附帶民事訴訟範圍，將其限定於被害人因人身權利受到犯罪行為侵犯和財物被犯罪行為損毀而遭受的物質損失；而對因犯罪分子非法佔有、處置被害人財產而使其遭受的物質損失，則規定通過追繳贓款贓物、責令退賠違法所的途徑解決。此後，歷次相關司法解釋均貫徹了此次會議的精神。對此，法學界沒有發出支持的聲音，而是提出了許多不同的意見。

一、缺乏立法根據，有程序上的弊端

持該觀點的學者認為，現階段中國法院通行的做法是限制附帶民事訴訟的受理範圍，即將附帶民事訴訟案件受理範圍限於：被害人因人身權利受到犯罪行為侵犯而遭受的物質損失和財物被犯罪行為損毀而遭受的物質損失；不包括因犯罪分子非法佔有、處置被害人財產而

40　《最高人民法院關於在審理民事糾紛案件中涉及刑事犯罪若干問題的規定》（徵求意見稿）。討論中有人認為：該批復內容與《最高人民法院關於刑事附帶民事訴訟範圍問題的規定》（法釋【2000】47號）第5條規定不一致，雖是個案答覆，並不是司法解釋，但出台後帶來了適用上的歧義。

使其遭受的物質損失。對後者造成的物質損失，通過刑法規定的追繳或責令退賠的途徑返還給被害人，並將被告人的退賠情況，作為量刑的酌定情節考慮。該論者指出，這一做法超越了法律的規定，在司法實踐中將造成混亂局面，損害了被害人的合法權益，與刑事附帶民事訴訟制度的立法宗旨相悖。其理由為：第一、限制附帶民事訴訟受理範圍缺乏有力的立法根據。法院的立論根據是刑法第64條的規定：「犯罪分子違法所得的一切財物，應當予以追繳或者責令退賠；對被害人的合法財產，應當及時返還，違禁品和供犯罪所用的本人財物，應當予以沒收……」。這涉及對被害人物質損失的救濟問題，而法院認為，在貪污、盜竊、詐騙等犯罪案件中，追繳贓款、贓物及責令退賠是司法機關的職責，不需要被害人或公訴機關提出申請，而由法院直接判決，因此，被害人不能提起附帶民事訴訟。該論者認為，司法機關依法追繳贓款贓物並不能代替被害人提起附帶民事訴訟。刑法規定追繳或責令退賠，並沒有剝奪遭受物質損失的公民和單位提起附帶民事訴訟的權利。因為刑事訴訟法只把因犯罪行為遭受物質損失作為提起附帶民事訴訟的訴訟標的要件，而沒有把某些案件的物質損失賠償排除於附帶民事訴訟之外。此外，追繳、責令退賠是一項司法行政性質的強制措施，不能作為對被告人和被害人之間民事責任的最終解決方式。第二，用追繳、責令退賠的方式來保護被害人的合法權益，有程序上難以克服的弊端。一是法院只能判決責令被告人本人退賠，而不能直接判決被告人以外的負有賠償責任的人員退賠。二是被害人不參與附帶民事訴訟活動，導致法院在認定退賠數額上往往不準確。三是附帶民事訴訟可以通過調解方式解決，而根據刑法第64條的規定，則只能強制判決。四是根據刑法所作的責令退賠的判決，存在一系列未能明確的問題。包括何人可以提起強制執行程序，被害人能否以該判決為根據申請強制執行，被害人對責令退賠的數額有異議能否提出上訴，公安司法機關沒有履行追繳、責令退賠職責而給被害人造成損失應承擔何種責任，追繳、責令退賠不能達到彌補被害人損失的而被害人有無其他救濟措施。此外，還不利於保護被害人的合法權益；而設

立附帶民事訴訟制度的國家、地區,其附帶民事訴訟受理範圍均比較寬泛。[41]

二、不能保證被害人的權利

　　持該觀點的學者認為,司法解釋將因犯罪分子非法佔有、處置財產而使被害人遭受物質損失的,納入到追繳、責令退賠措施中,雖然可以彌補被害人的損失,但是對於追繳、退賠仍然不足以彌補損失的,卻規定不能提起附帶民事訴訟,而只能另行向法院提起民事訴訟的做法,會導致以下問題:第一,不能充分保證被害人的合法權利。追繳的前提是贓物尚存在,但如果贓物因已被揮霍、滅失等原因,導致被告人及其親屬不積極退賠或無能力退賠,那麼,被害人的損失賠償就難以通過此項措施來實現。再則,追繳、退賠只能解決被害人的實際損失的問題,並不能解決被害人的必然損失的賠償問題。另外,被害人提起附帶民事訴訟不需要繳納訴訟費用,而另行提起民事訴訟則需要繳納訴訟費,這無疑在增加被害人經濟負擔的同時,又造成同屬犯罪行為所導致的訴訟卻需要採取不同解決方式的不公正現象。第二,有造成被害人不能有效行使訴權的可能性。司法解釋規定對於追繳、退賠仍然不能彌補損失,被害人因此而向法院另行提起民事訴訟的,法院可以受理。司法解釋對此情況採取授權式規範模式,即法院可以受理也可以不受理,而沒有必須受理的義務。至於何種情形予以受理,何種情形不予以受理,以及不予以受理的後果如何,被害人可以採取何種救濟措施,司法解釋均沒有明確規定。如果法院對被害人此種民事訴訟不予以受理,則被害人的物質損失就無法獲得補償。[42]

41　李強國,〈法院不應限制刑事附帶民事訴訟受案範圍〉,載《江蘇公安專科學校學報》,2001年5月第15卷第3期。

42　莊乾龍,〈對《最高法院關於刑事附帶民事訴訟範圍問題的規定》若干問題的疑問〉,載《阿壩師範高等專科學校學報》,2011年12月第28卷第4期。

三、不符合法律，有悖於法理，不利保護被害人

持該觀點的學者認為，最高法院於2000年通過的《關於刑事附帶民事訴訟範圍問題的規定》明確要求：「經過追繳或者退賠仍不能彌補損失，被害人向法院民事審判庭另行提起民事訴訟的，法院可以受理。」該規定結束了中國司法實踐中長期以來對財產犯罪案件被害人的損失不得提起民事訴訟，只能通過追贓來解決的做法。但被害人對財產被犯罪分子非法佔有、處置而遭受的物質損失仍無權提起附帶民事訴訟，該規定不符合現行法律規定，在實踐中也不利於充分保護被害人利益。具體理由為：第一，不符合法律規定。司法解釋對犯罪行為作了限制性規定，僅局限在侵犯人身權利的犯罪及財物被毀壞的犯罪這樣狹窄的範圍內，明顯剝奪了其他刑事案件被害人選擇附帶民事訴訟的權利，嚴重違背了中國刑事訴訟法第77條「被害人由於被告人的犯罪行為而遭受物質損失的，在刑事訴訟過程中有權提起附帶民事訴訟」的明確規定。儘管中國刑法第64條規定：「犯罪分子違法所得的一切財物，應當予以追繳或者責令退賠；對被害人的合法財產，應及時返還。」但此條和刑事訴訟法77條規定並不衝突。因為追繳、退賠、返還和被害人提起附帶民事訴訟是兩種性質不同、內容各異的救濟方法。前者屬司法機關必須履行的職責，而後者乃法律賦予被害人的一種訴訟權利，二者並行不悖，互不矛盾。可見，最高院以刑法第64條為理由，限制甚至剝奪其他財產犯罪案件被害人選擇刑事附帶民事訴訟的權利，是極其錯誤的。第二，有悖於法理。從理論上講，被害人要求犯罪行為人承擔民事責任有刑事附帶民事訴訟、單獨提起民事訴訟兩種訴訟模式。被害人可以選擇最有利於自己的一種模式行使權利，也可以放棄此權利。法院應當充分尊重被害人的選擇，不能以任何理由予以限制或剝奪，更不能用追贓的辦法替代被害人的附帶民事訴訟權利。從性質上講，追贓是司法機關對被害人損失實施救濟的職責和義務，司法機關不得拒絕履行；而附帶民事訴訟是被害人依法享有的訴訟權利，被害人可以放棄該項權利。從目的來看，追贓是為使被非法佔有的財產恢復到原佔有狀態，退賠是使被非法處置的財產得到價

值上的補償;而被害人附帶民事訴訟的目的是為了讓被告人賠償全部損失,包括已經遭受的實際損失和必然遭受的損失。二者雖同為救濟途徑,但它們之間是有差異的,作用也是不同的,不能相互替代。第三,不利於更有效、更全面地保護被害人。一是追繳對被害人的損失為一種及時的救濟方法。但其前提是贓物尚客觀存在,如果贓物已被轉移、揮霍、滅失,被告人及其親屬又不積極配合退賠,或無能力退賠,則賠償損失就會落空。況且追繳、退賠解決的是物歸原主、照價賠償等直接損失的問題,不能解決被害人的間接損失問題。二是最高法院雖已規定經過追繳或退賠仍然不能彌補損失的,被害人可以另行提起民事訴訟,但從實踐效果看,遠不如在追究刑事責任的同時對民事部分合併審理和判決。另行起訴導致法院對同一犯罪事實重新審理,既浪費訴訟資源,也影響辦案效果,還造成被害人訟累。三是刑事、民事合併審理,被告人及其親屬為了減輕刑事處罰,會充分考慮賠償問題。如果刑事部分先行判決,被害人對民事部分再另行起訴,被告人及其親屬會產生拒賠心理,且判決後也難以執行。四是被害人另行起訴,必須向法院預交一定數量的訴訟費,增加了被害人的經濟負擔。[43]

四、適用替代措施則不能附帶民事訴訟是不合理的

持該觀點的學者認為,對於犯罪分子非法佔有、處置的被害人財產,法院應當根據刑法的規定予以追繳或者責令退賠,不能再通過附帶民事訴訟途徑得到補償的觀點是不合理的。其理由為:第一,對犯罪分子違法所得的一切財物予以追繳或者責令退賠與提起附帶事訴訟性質不同、內容各異,不能相互替代。追繳和責令退賠是一項司法強制措施,其出發點和歸屬是剝奪犯罪分子的違法所得,不讓其在經濟

43　褚玉龍,〈對最高法院《關於刑事附帶民事訴訟範圍問題的規定》的質疑〉,載《律師世界》,2001年第4期。

上獲益；提起附帶民事訴訟是被害人的一種訴訟權利，其目的在於請求被告人賠償損失。第二，司法機關追繳或責令退賠後仍不能彌補的損失，讓被害人對此提起普通民事訴訟，必然造成對同一案件重複審理，不符合訴訟經濟的原則，也不利於案件的及時處理。第三，在財產被犯罪分子非法佔有、處置的情況下，被害人無權提起附帶民事訴訟，不利於全面、及時、有效地保護被害人。第四，以防止刑事案件的過分遲延為由拒絕將此部分損失得到刑事審判的救濟，不符合設立附帶民事訴訟制度之初衷。因為單從刑事訴訟的角度來看是增加了負擔，但從刑事訴訟和民事訴訟的合併來看，則是效率的體現。[44]

需要探究的問題

通過以上法律規範和理論爭論的闡述和梳理，對於司法解釋限制附帶民事訴訟範圍及其替代措施規範的內容與歷史演變，以及理論上的不同觀點有了較為清晰的認識。但是，對於這一做法的實踐效果如何，還需要進行實證的研究。為此，筆者從中尋找出若干有待考證的具體問題，試圖通過H市兩級法院審理的附帶民事訴訟案件和涉及適用追繳、責令退賠措施的案件具體數量、比率、案例，以及法官、律師等人員的觀點等情況，來檢驗這些問題的真偽。

一、司法限制附帶民事訴訟範圍的理由與必要性

最高法院態度鮮明地堅持限制附帶民事訴訟範圍，那麼，支持其態度的理由是什麼？目前沒有找到最高法院的官方文件予以證實這個問題，但是，通過學者的文章以及最高法院法官編撰的相關書籍中的觀點，對此能夠有所瞭解。支援最高法院限制附帶民事訴訟範圍的理由，可以分為三種：一是認為刑事訴訟法規定的附帶民事訴訟

---

44 劉璐，〈刑事附帶民事訴訟物質損失賠償範圍研究〉，載《人民檢察》，2003年第6期。

範圍過於寬泛，案件數量增多，不利於及時審判。正如有的學者所說的，法院限制附帶民事訴訟受案範圍的原因，主要基於刑事訴訟法有關附帶民事訴訟規定的外延較大，而提起附帶民事訴訟的越來越多，請求賠償數額越來越大，附帶民事訴訟案件的審理出現許多不一致的情況。[45]二是認為附帶民事訴訟範圍過寬，各種複雜類型的案件出現，刑事法官難以審判。有的學者提出，刑事法官大多缺乏民事審判經驗，對附帶民事賠償問題也只能儘量簡單處理。[46]三是刑事訴訟法和刑法的規定較為寬泛，易引起適用上的分歧。持該種觀點的為最高法院的法官認為：「根據刑事訴訟法和刑法的規定，凡是因犯罪行為給被害人造成物質損失的，被害人均可提起附帶民事訴訟。這種規定過於籠統，未明確可提起附帶民事訴訟的案件範圍，易引起適用上的分歧。實踐中，多數法院將附帶民事訴訟的案件範圍限定為傷害案件及侵犯財產的案件。也有的法院認為強姦、侮辱、誹謗等其他刑事案件也可以提起附帶民事訴訟」。[47]學者和最高法院的法官提出的這些理由，是否足以構成對附帶民事訴訟範圍限制的必要性條件，對此，筆者認為需要考察以下幾個方面問題：一是司法實踐中附帶民事訴訟案件數量是否因法定附帶民事訴訟的過寬而導致不斷增長。主要考察附帶民事訴訟案件的應然性和實然性狀況，以及司法限制附帶民事訴訟範圍前的二十年中是否出現附帶民事訴訟案件劇增的現象，探究有無限制的必要性。二是當事人及其法律關係的複雜案件。主要考察是否存在大量複雜而難以進行附帶民事訴訟審判，或者大量適用法律會產生分歧的案件，以此探究有無大量實體法律關係和程序法律關係複雜的案件，是否具有適當限制附帶民事訴訟範圍的必要。

45　李強國，〈法院不應限制刑事附帶民事訴訟受案範圍〉，載《江蘇公安專科學校學報》，2001年5月第15卷第3期。

46　康玉梅，〈刑事附帶民事訴訟的賠償範圍探討〉，載《湖北社會科學》，2012年第4期。

47　張軍主編，《新刑事訴訟法法官培訓教材》，法律出版社，2012年6月第一版，第234頁。

二、司法限制附帶民事訴訟範圍的過程與可行性

根據限制規範歷史沿革的脈絡，可以看到最高法院對於附帶民事訴訟範圍限制的形成過程，是在刑事訴訟法規定的相對寬泛範圍經過長時間實踐後，首先通過審判工作會議紀要的形式進行司法機關內部限制，然後在實際限制一段時間後才進一步規範為司法解釋的形式；此後，隨着刑事訴訟法的修改，最高法院也重新頒佈新的司法解釋予以限制。通過這一限制的形成過程，能夠顯示出最高法院堅持限制附帶民事訴訟範圍的態度：即其認為對附帶民事訴訟範圍的限制是有成效的，達到預期效果的，所以應當繼續堅持該項規定。這可以通過最高法院對附帶民事訴訟範圍限制的過程得出這一判斷。首先，最高法院採用了沒有法律效力的會議紀要形式，下發各級法院並要求予以貫徹執行。[48] 這說明此時的最高法院是想通過各級法院的司法實踐來檢驗一下該項限制的效果，並沒有十分肯定這種做法的可行性。其次，最高法院很快在會議紀要之後的一年多就通過了正式具有法律效力的司法解釋，將會議紀要規定的限制內容規範化，顯示出最高法院在一年多的各級法院實踐的基礎上，確認該制度具有可行性。對此，支持該做法的學者認為，司法解釋的確縮小了關於物質損失的範圍，但從司法實際運作情況來看，這種範圍是比較務實和理性的，且該範圍的類別已經涵蓋了最主要的兩大類案件，即人身損害和財物毀壞的賠償，能夠滿足絕大部分被害人的基本賠償請求。[49] 再次，刑事訴訟法修改後，最高法院重新出台司法解釋繼續堅持限制附帶民事訴訟範圍的做法，表明其確信該限制的做法經過十三年的實踐應當予以肯定，雖然立法並沒有採納之一做法。最高法院限制附帶民事訴訟範圍的以上做法是否正確，筆者認為還需要對司法實踐的實際運行情況進行考察來判斷。需要考察的問題主要有：一是不同法院之間附帶民事訴訟

48　最高法院〈關於印發《全國法院維護農村穩定刑事審判工作座談會紀要》的通知〉（法【1999】
　　217號，1999年10月27日），載《最高法院公報》，第6期。

49　康玉梅，〈刑事附帶民事訴訟的賠償範圍探討〉，載《湖北社會科學》，2012年第4期。

應然性範圍或實然性範圍的案件情況。主要考察中級法院與基層法院之間，區、縣基層法院之間附帶民事訴訟應然性範圍或實然性範圍的案件情況，以及所涉及的犯罪類別情況，以此探究不同法院之間附帶民事訴訟應然性與實然性的差異，和對司法限制附帶民事訴訟範圍的需求狀況。二是不同年度附帶民事訴訟應然性或實然性範圍案件的實際變化情況。主要考察不同年度附帶民事訴訟應然性與實然性範圍的案件，以及所涉及犯罪類別的變化情況，以此探究司法限制是否可行，以及司法限制的案件類型是否需要限制。

三、替代措施實施的狀況

最高法院的司法解釋限制附帶民事訴訟範圍，並規定追繳或責令退賠措施替代附帶民事訴訟，那麼，考察限制附帶民事訴訟的可行性等問題，就必須考察替代措施發揮作用的整體狀況。為此，需要探究的有如下幾個問題：一是附帶民事訴訟與追繳、責令退賠的適用情況。主要考察造成物質損失結果而具有法定提起附帶民事訴訟可能性的案件中，除了附帶民事訴訟賠償的適用之外，司法機關主動適用追繳與責令退賠措施的案件情況，以及附帶民事訴訟與追繳、責令退賠措施適用效果的比較，以此來探究替代措施與附帶民事訴訟，何者更有利於保護被害人的權益。二是追繳、責令退賠的實施與犯罪種類以及具體罪名之間的關係。主要考察追繳與責令退賠措施適用的犯罪案件種類，在侵犯人身權利的犯罪、侵犯財產權利的犯罪、侵犯人身權利和財產權利的犯罪和侵犯其他權利的犯罪四種不同種類，以及不同具體罪名的案件中的分佈情況，以此瞭解其實施的實際效果是否能夠全面實現彌補被害人所遭受物質損失的結果。三是追繳、責令退賠實施階段與實施效果。主要考察追繳或者責令退賠措施的實施，具體是在刑事訴訟的偵查階段，或者審查起訴階段，或者是審判階段的實施情況，以及刑事訴訟不同階段的實施與追繳或者責令退賠措施實施效果的關係，以此探求被告人違法所得的追回或退賠實際情況。

四、替代措施實施不能的救濟與執行

　　從理論上或者實踐中都能夠發現，財產類犯罪而適用追繳或責令退賠措施的案件被告人，通常多數為經濟拮据而無固定收入的人員，客觀上就導致追繳或責令退賠措施無法完全得以實現。如果不能夠通過追繳或責令退賠措施實現被害人權益，那麼，就要考察被害人是否能夠有效地通過其他途徑獲得救濟。或者說，司法解釋以及最高法院研究室批復意見所要求的判決追繳或責令退賠，是否能夠在實踐中得以落實，以及判決的執行情況如何。具體而言，有這麼幾個問題：一是未能追繳與退賠案件的被害人索賠或提起附帶民事訴訟的情況。主要是考察經過偵查機關、審查起訴機關和審判機關的追繳或責令退賠之後，被告人的違法所得予以全部追繳或責令退賠、部分追繳或者責令退賠、或者沒有追繳或退賠，被害人向偵查機關、審查起訴機關和審判機關提出索賠的案件數量、比率等情況，或者提起附帶民事訴訟的情況。二是未能追繳與退賠違法所得案件的判決情況。主要考察經過偵查機關、審查起訴機關和審判機關的追繳或責令退賠後，針對大部分追繳與退賠、小部分追繳與退賠和沒有追繳與退賠三種情況，法院是否判決繼續追繳與責令退賠。三是追繳或責令退賠判決的執行情況。主要考察法院受理和法院執行人員執行該類案件判決的情況，以此可以獲知沒有能夠實際追繳或責令退賠違法所得的案件，法院判決後是否能夠順利進入執行程序，以及該判決是否能夠得以有效執行。

五、替代措施對權利和激勵賠償功能的影響

　　最高法院的司法解釋限制附帶民事訴訟範圍，將部分法律規定可以提起附帶民事訴訟的被害人排除在附帶民事訴訟之外，規定以追繳或責令退賠作為替代措施來解決這部分被害人的物質損失賠償請求，並將追繳或退賠情況納入量刑情節考慮，以此激勵被告人方能夠積極賠償被害人的物質損失。最高法院的良好意願是否能夠在實踐中得以實現，則是需要司法實踐的檢驗。為此，筆者認為需要對被害人在追

繳或責令退賠的公權力行使過程中的訴訟權利保障情況，以及追繳或責令退賠情節對被告人的賠償激勵功能作用發揮情況進行考察。具體來說，有以下幾個問題：一是追繳與責令退賠審判程序中的被害人訴訟權利保障。主要考察法院審判的追繳或責令退賠的案件中，開庭之前法院是否通知被害人出庭，被害人是否參加了庭審，法院做出的追繳或責令退賠判決是否送達被害人的情況。二是追繳與責令退賠情況作為對被告人量刑的情節，其鼓勵被告人彌補被害人物質損失作用的發揮狀況如何。主要考察法院判決時，對於全部追繳或責令退賠、大部分追繳或責令退賠、小部分追繳或責令退賠、沒有追繳或責令退賠的被告人，在裁量刑罰過程中有沒有充分考慮該情節對於刑罰適用所應當起到的從重、從輕、減輕或者免除處罰的作用，從而達到鞭策、鼓勵被告人積極賠償被害人物質損失的功能。

三、附帶民事訴訟之應然與實然

刑事案件是否存在被害人的物質損失結果，是法院判斷是否將其作為附帶民事訴訟案件受理的條件之一。所謂物質損失，是指由犯罪行為引起的，被害人因人身權利、財產權利遭受侵害已經受到的經濟損失和必然遭受的經濟損失。[1]具體包括：一是犯罪行為侵犯財產所有權而使被害人遭受的直接物質損失，如盜竊、詐騙、搶奪、侵佔、毀壞的財物損失等；二是犯罪行為侵犯人身權利致使被害人身體傷害、殘疾所造成的醫療費、護理費、誤工費、殘疾者生活補助費等損失，造成被害人死亡的喪葬費等損失。由於中國幾部刑事訴訟法均規定，被害人由於被告人的犯罪行為而遭受物質損失的，在刑事訴訟過程中，有權提起附帶民事訴訟；所以，研究法院受理的刑事案件中究竟存在多少已經造成物質損失的結果，以及其所涉及犯罪類別和具體罪名的情況，對於探究提起附帶民事訴訟的應然性或者可能性的案件數量情況和對附帶民事訴訟範圍進行司法限制的必要性，均具有積極的意義。所謂提起附帶民事訴訟的案件，是指當事人在法院刑事訴訟過程中，就遭受犯罪侵犯而導致的物質損失結果向法院提出，要求犯罪行為人及其負有賠償責任的人予以賠償的訴訟請求，而法院審查後予以受理的案件。法院受理的這類案件體現的是附帶民事訴訟的實然性狀況，其在抽查的 H 市兩級法院審理的案件中的數量分佈，和涉及犯罪類別及其具體罪名等情況，可以反映出司法實踐中具有附帶民事訴訟應然性或者可能性的案件，究竟有多少會實際成為附帶民事訴訟的實然性案件。

1　祝銘山主編，《中國刑事訴訟法教程》，中國政法大學出版社，1998年2月第一版，第182頁。

附帶民事訴訟之應然與實然

所謂附帶民事訴訟之應然，是指法院受理的刑事案件中，存在被告人的犯罪行為造成了被害人的物質損失結果，而具有提起附帶民事訴訟可能性案件的狀況。所謂附帶民事訴訟之實然，是指法院受理的被告人的犯罪行為造成了被害人的物質損失結果，而具有提起附帶民事訴訟可能性的刑事案件中，被害人向法院實際提起附帶民事訴訟的狀況。本節將抽查的 H 市兩級法院的全部案件作為研究的樣本，將是否造成物質損失案件與是否提起附帶民事訴訟案件情況進行交叉分組下的頻數分析，[2] 找出其中的規律性表現，探求司法實踐中附帶民事訴訟的可能狀況和實際狀況（見圖3.1和表3.1）。

一、附帶民事訴訟之應然

造成物質損失結果案件數量的實際狀況，屬於中國刑事訴訟法規定的提起附帶民事訴訟案件數量的應然狀態；而沒有造成物質損失結果案件數量的實際狀況，則表明實踐中存在的不具有附帶民事訴訟可能性或者應然性案件的數量情況。本部分主要考察樣本案件中被告人的行為給被害人造成物質損失結果和沒有給被害人造成物質損失結果的案件數量情況。被告人的行為導致被害人物質損失結果，是被害人得以提起附帶民事訴訟的一個重要條件，而法院受理的案件中存在被指控犯罪行為造成被害人物質損失結果的案件越多，則客觀上被害人提起附帶民事訴訟的可能性也就越大，法院受理的附帶民事訴訟案件也就會越多。據此，考察法院受理的案件中給被害人造成物質損失結果的案件數量情況，對於掌握附帶民事訴訟潛在請求權利的數量，並進而為確定法院可能承受的附帶民事訴訟範圍提供數量支持。

2　薛薇編著，《基於SPSS的資料分析》，中國人民大學出版社，2014年第三版，第83頁。編著者認為：「交叉分組下的頻數分析又稱列聯表分析，它包括兩大基本任務：第一，根據收集到的樣本資料編制交叉列聯表；第二，在交叉列聯表的基礎上，對兩兩變數間是否存在一定的相關性進行分析。」

圖 3.1 造成物質損失案件是否提起附帶民事訴訟情況比例圖

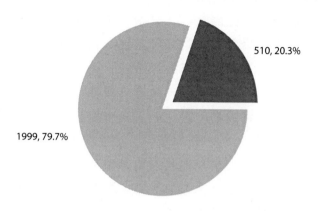

510, 20.3%

1999, 79.7%

■ 提起附刊事附帶民事訴訟　　　■ 沒有提起附刊事附帶民事訴訟

表 3.1 是否造成物質損失案件與是否提起附帶民事訴訟案件交叉表 [3]

			提起附帶民事訴訟		
			是	否	總計
造成物質損失案件	是	計數	510	1,999	2,509
		在造成物質損失內的%	20.3%	79.7%	100.0%
		在提起附帶民事訴訟內的%	100.0%	88.0%	90.2%
		佔總數的%	18.3%	71.9%	90.2%
	否	計數	0	272	272
		在造成物質損失內的%	0.0%	100.0%	100.0%
		在提起附帶民事訴訟內的%	0.0%	12.0%	9.8%
		佔總數的%	0.0%	9.8%	9.8%
總計		計數	510	2,271	2,781
		在造成物質損失內的%	18.3%	81.7%	100.0%
		在提起附帶民事訴訟內的%	100.0%	100.0%	100.0%
		佔總數的%	18.3%	81.7%	100.0%

3　表中資料為抽查的H市兩級法院1980年、1996年、1997年、1999年、2001年、2003年、2004年、2011年、2012年、2013年和2014年上半年,適用一審程序審理的案件,均以件為統計單位。

（一）應然性案件較非應然性案件的數量多且比率高

附帶民事訴訟應然性的案件，是指法院受理的刑事案件被告人的犯罪行為造成被害人物質損失結果，而被害人具有提起附帶民事可能性的案件。[4]不具有附帶民事訴訟應然性的案件，或者稱附帶民事訴訟非應然性的案件，是指法院受理的刑事案件被告人的犯罪行為沒有實際造成被害人的物質損失結果，而不具有提起附帶民事可能性的案件。[5]筆者對 H 市兩級法院抽查的有效案件樣本數量為 2,781 件，其中：造成被害人物質損失結果而具有附帶民事訴訟應然性的案件總數量為 2,509 件，佔該市法院被抽查的全部案件總數量的比率為 90.2%；而沒有造成被害人物質損失結果而不具有附帶民事訴訟應然性的案件數量僅為 272 件，佔該市法院被抽查的全部案件總數量的比率為 9.8%；前者較後者的案件數量多出高達 2,237 件，佔該市法院被抽查的全部案件總數量 2,781 件的比率高出 80.4%。

（二）應然性案件未成為實然性案件的數量多且比率高

附帶民事訴訟應然性案件成為實然性案件，是指法院受理刑事案件被告人的犯罪行為造成被害人物質損失結果，被害人就該物質損失結果而實際向受理該刑事案件的法院提起附帶民事訴訟賠償請求，且該法院經過審查並予以受理的案件。H 市兩級法院審理的造成被害人物質損失結果而具有提起附帶民事訴訟可能性的案件總數量為 2,509 件，其中沒有實際提起附帶民事訴訟的案件數量為 1,999 件，即這些具有附帶民事訴訟應然性的案件並沒有成為附帶民事訴訟實然性案件，其佔該市法院審理的造成物質損失結果而具有附帶民事訴訟應然性案

4　本書對此簡稱造成物質損失的案件，或者造成物質損失結果的案件，或者具有提起附帶民事訴訟可能性的案件。

5　本書對此簡稱沒有造成物質損失的案件，或者沒有造成物質損失結果的案件，或者不具有提起附帶民事訴訟可能性的案件。

件總數量的比率為79.7%，佔該市法院審理的造成物質損失結果和未造成物質損失結果而沒有提起附帶民事訴訟的案件總數量2,271的比率為88.0%，佔該市法院被抽查的全部案件總數量2,781件的比率為71.9%。

二、附帶民事訴訟之實然

被告人的犯罪行為造成被害人的物質損失結果，產生了大量具有提起附帶民事訴訟可能性的案件，而這些附帶民事訴訟應然性案件多數並沒有成為實然性案件；那麼，成為實然性案件的情況如何，則是本部分要考究的內容。附帶民事訴訟應然性案件成為附帶民訴訟實然性案件的數量和其所佔抽查案件數量的比率，可以在一定程度上反映出法院審判的刑事案件中實際有多少附帶民訴訟的情況；而該類案件數量與其所佔造成物質損失結果案件的比率，則能夠體現出提起附帶民事訴訟的實然性與應然性的關係。也就是說，這能夠體現司法實踐中提起附帶民事訴訟的實際案件數量，與具有提起附帶民事訴訟可能性案件數量的相互狀況。

（一）實然性案件在全部案件中的數量少且比率低

附帶民事訴訟實然性案件，是指法院受理的被告人犯罪行為造成被害人物質損失，被害人實際向該法院提起附帶民事訴訟請求，法院予以受理的案件。H市兩級法院審理的一審刑事案件被抽查的案件總數量2,781件中，被害人向法院提出賠償請求而成為附帶民事訴訟實然性案件的數量為510件，佔該市法院被抽查案件總數量2,781件的比率為18.3%；較被害人沒有提起附帶民事訴訟的案件數量2,271件少了1,761件，較被害人沒有提起附帶民事訴訟案件數量所佔該市法院被抽查案件總數量的比率81.7%低了63.4%。由此可見，H市兩級法院審理的一審刑事案件中，被害人提起附帶民事訴訟而成為實然性的案件數量或比率，少於和低於沒有提起附帶民事訴訟的案件數量或比率。

（二）實然性案件從應然性案件轉化而成的數量少且比率低

H市兩級法院審理的一審造成物質損失結果而具有附帶民事訴訟應然性的刑事案件總數量2,509件中，被害人向法院提出賠償請求而成為附帶民事訴訟實然性案件的數量有510件，佔該市法院審理一審造成物質損失結果而具有附帶民事訴訟應然性的刑事案件總數量的比率為20.3%；該案件數量和比率情況，與該市法院審理的造成物質損失結果而沒有提起附帶民事訴訟的案件數量1,999件相比少了1,489件；與該市法院審理的造成物質損失結果而沒有提起附帶民事訴訟案件數量，所佔該市法院審理的具有附帶民事訴訟應然性案件總數量的比率79.7%降低了59.4%。

此外，H市兩級法院審理的一審刑事案件中，沒有造成物質損失結果的案件數量為272件，佔全部被抽查案件總數量的9.8%，均未提起附帶民事訴訟。

綜合以上一、二兩方面的考察情況，可以發現H市兩級法院被抽查的案件中，具有提起附帶民事訴訟可能性的案件數量比率居於高位，而不具有附帶民事訴訟可能性的案件數量比率較低；但這些具有附帶民事訴訟可能性的案件，真正轉化成為實然性的案件數量比率也居於低位。同時，還可以發現H市兩級法院被抽查的造成物質損失結果而具有附帶民事訴訟可能性的大量刑事案件中，只有較少部分實際提起了附帶民事訴訟；而沒有造成物質損失結果的案件，則沒有一件提起附帶民事訴訟。也就是說，造成物質損失結果的案件具有附帶民事訴訟可能性或者應然性，但這些數量繁多的具有附帶民事訴訟可能性或者應然性的案件，並沒有實際成為附帶民事訴訟實然性案件，被害人並沒有提起附帶民事訴訟；而沒有造成物質損失結果的案件，則顯然不具有附帶民事訴訟可能性或者應然性，更談不上成為附帶民事訴訟實然性的問題。

圖3.2 有無造成物質損失案件涉犯罪類別數量圖

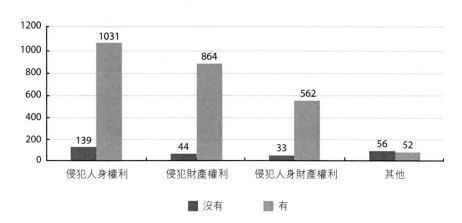

附帶民事訴訟之應然所涉犯罪類別

為了本書的研究需要，根據犯罪行為侵犯權利的不同為標準，筆者對所調查的H市兩級法院審理的案件進行了分類，分為侵犯人身權利的犯罪類別、侵犯財產權利的犯罪類別、侵犯人身權利和財產權利的犯罪類別，以及侵犯其他權利的犯罪類別。附帶民事訴訟應然性案件所涉犯罪類別，是考察造成物質損失結果而具有附帶民事訴訟可能性或者應然性案件所涉及侵犯人身權利犯罪、侵犯財產權利犯罪、侵犯人身權利和財產權利犯罪，以及侵犯其他權利犯罪等類別的情況。與之相對應的為附帶民事訴訟非應然性案件所涉犯罪類別，是考察沒有造成物質損失結果而不具有提起附帶民事訴訟可能性或者應然性案件，所涉及侵犯人身權利犯罪、侵犯財產權利犯罪、侵犯人身權利和財產權利犯罪，以及侵犯其他權利犯罪類別的情況。為了弄清楚造成物質損失結果而具有提起附帶民事訴訟可能性案件中，哪些是司法解釋限制其提起附帶民事訴訟的案件類別，就有必要研究其中各個犯罪類別的不同情況（見圖3.2、表3.2）。

表3.2 有無造成物質損失案件涉犯罪類別交叉表[6]

| | | | 造成物質損失 | | 總計 |
			有	沒有	
犯罪類別	侵犯人身權利	計數	1,031	139	1,170
		在犯罪種類內的%	88.1%	11.9%	100.0%
		在造成物質損失內的%	41.1%	51.1%	42.1%
		佔總計的%	37.1%	5.0%	42.1%
	侵犯財產權利	計數	864	44	908
		在犯罪種類內的%	95.2%	4.8%	100.0%
		在造成物質損失內的%	34.4%	16.2%	32.7%
		佔總計的%	31.1%	1.6%	32.7%
	侵犯人身、財產權利	計數	562	33	595
		在犯罪種類內的%	94.5%	5.5%	100.0%
		在造成物質損失內的%	22.4%	12.1%	21.4%
		佔總計的%	20.2%	1.2%	21.4%
	侵犯其他權利	計數	52	56	108
		在犯罪種類內的%	48.1%	51.9%	100.0%
		在造成物質損失內的%	2.1%	20.6%	3.9%
		佔總計的%	1.9%	2.0%	3.9%
總計		計數	2,509	272	2,781
		在犯罪種類內的%	90.2%	9.8%	100.0%
		在造成物質損失內的%	100.0%	100.0%	100.0%
		佔總計的%	90.2%	9.8%	100.0%

一、侵犯人身權利犯罪類別居首位

通過對H市兩級法院審理的一審刑事案件的考察，發現造成物質損失結果而具有附帶民事訴訟應然性的案件總數量2,509件中，涉及侵犯人身權利犯罪類別的案件數量和多項比率居於首位。在該市兩級法院審理的造成物質損失結果的案件中，涉及侵犯人身權利犯罪類別的案件數量為1,031件，佔該市法院審理的侵犯人身權利犯罪類別的造成和

6　表中數據為H市兩級法院1980年、1996年、1997年、1999年、2001年、2003年、2004年、2011年、2012年、2013年和2014年上半年，適用一審程序審理的案件，均以件為統計單位。

沒有造成物質損失結果的案件總數量1,170件的比率為88.1%，佔該市法院審理的造成物質損失結果的案件總數量2,509件的比率為41.1%，佔該市法院審理的全部案件總數量2,781件的比率為37.1%。除其所佔侵犯人身權利犯罪的造成和沒有造成物質損失結果的案件總數量比率，居於各種類型犯罪案件比率的第三位之外，其他案件數量及比率均居第一高位。

相比之下，在沒有造成物質損失結果的案件中，侵犯人身權利犯罪案件數量和多項比率也居於非應然性案件的首位。H市兩級法院審理的沒有造成物質損失結果的犯罪案件中，涉及侵犯人身權利犯罪案件數量為139件，佔該市法院審理所涉侵犯人身權利犯罪的造成和沒有造成物質損失結果的總數量1,170件的比率為11.9%，佔該市法院審理的沒有造成物質損失結果的案件總數量272件的比率為51.1%，佔該市法院審理的全部案件總數量比率為5.0%。除其所佔涉侵犯人身權利犯罪的造成和沒有造成物質損失結果的總數量比率，低於侵犯其他權利犯罪的比率而居於第二位之外，其他案件數量和比率均居於第一位。

二、侵犯財產權利犯罪類別居次位

通過對H市兩級法院審理的一審刑事案件的考察，發現造成物質損失結果而具有附帶民事訴訟應然性的案件總數量2,509件中，涉及侵犯財產權利犯罪案件數量和多項比率居於次位。該市兩級法院審理的造成物質損失結果的案件中，涉及侵犯財產權利犯罪類別的案件數量為864件，佔該市法院審理的侵犯財產權利犯罪造成和沒有造成物質損失結果的案件總數量908件的比率為95.2%，佔該市法院審理的造成物質損失結果的案件總數量比率為34.4%，佔該市法院審理的全部案件總數量比率為31.1%。除其所佔侵犯財產權利犯罪造成和沒有造成物質損失結果的案件總數量比率，居於各種類犯罪案件比率的第一高位之外，其他兩項比率和案件數量均居侵犯人身權利犯罪類別之下，但居於其他各犯罪類別之上。

相比之下，在沒有造成物質損失結果的案件中，侵犯財產權利犯罪類別的數量和比率居於非應然性案件的第三位。該市兩級法院審理的沒有造成物質損失結果的犯罪案件中，涉及侵犯財產權利犯罪類別的案件數量為44件，佔該市法院審理涉及侵犯財產權利犯罪類別的造成和沒有造成物質損失結果的案件總數量908件的比率為4.8%，佔該市法院審理的沒有造成物質損失結果的案件總數量比率為16.2%，佔該市法院審理的全部案件總數量比率為1.6%。除其所佔涉及侵犯財產權利犯罪類別的造成和沒有造成物質損失結果總數的比率，低於另外三種犯罪類別的案件比率而居於第四位之外，其他案件數量和比率均居於第三位。

三、侵犯人身權利和財產權利犯罪類別居三位

通過對H市兩級法院審理的一審刑事案件的考察，發現存在造成物質損失結果的案件，涉及侵犯人身權利和財產權利犯罪案件數量和多項比率居於應然性案件的第三位。該市兩級法院審理的造成物質損失結果的案件中，涉及侵犯人身權利和財產權利犯罪類別的案件數量為562件，佔該市法院審理所涉該類別犯罪的造成和沒有造成物質損失結果的案件總數量595件的比率為94.5%，佔該市法院審理的造成物質損失結果的案件總數量比率為22.4%，佔該市法院審理的全部案件總數量比率為20.2%。除其所佔侵犯人身權利和財產權利犯罪類別的造成和沒有造成物質損失結果的案件總數量比率，居於各種類犯罪類別案件比率的第二高位之外，其他兩項比率和案件數量均居前兩種類犯罪的案件之下，但居於侵犯其他權利犯罪類別的案件之上。

相比之下，在沒有造成物質損失結果的案件中，涉及侵犯人身權利和財產權利犯罪類別的案件數量和多項比率居於非應然性案件的末位。該市兩級法院審理的沒有造成物質損失結果的案件中，涉及侵犯人身權利和財產權利犯罪類別的案件數量為33件，佔該市法院審理所涉該犯罪類別的造成和沒有造成物質損失結果的案件總數量595件的

比率為5.5%，佔該市法院審理的沒有造成物質損失結果的案件總數量比率為12.1%，佔該市法院審理的全部案件總數量的比率為1.2%。除其所佔涉及該犯罪類別的造成和沒有造成物質損失結果的案件總數的比率，高於侵犯財產權利犯罪類別案件的比率居於第三位之外，其他案件數量和比率均居於最後一位。

四、侵犯其他權利犯罪類別居末位

通過對H市兩級法院審理的一審刑事案件的考察，發現存在造成物質損失結果的案件，涉及侵犯其他權利犯罪類別的案件數量和比率居於應然性案件的末位。該市兩級法院審理的造成物質損失結果的案件中，涉及侵犯其他權利犯罪類別的案件數量為52件，佔該市法院審理該類別犯罪造成和沒有造成物質損失結果的案件總數量108件的比率為48.1%，佔該市法院審理的造成物質損失結果的案件總數量比率為2.1%，佔該市法院審理的全部案件總數量的比率為1.9%。其案件數量和各項比率均居前三種類犯罪的案件之下。

相比之下，在沒有造成物質損失結果的案件中，涉及侵犯其他權利犯罪類別的案件數量和多項比率居於非應然性案件的次位。該市兩級法院審理的沒有造成物質損失結果的犯罪案件中，涉及侵犯其他權利犯罪類別的案件數量為56件，佔該市法院審理的該類別犯罪造成和沒有造成物質損失結果的案件總數量108件的比率為51.9%，佔該市法院審理的沒有造成物質損失結果的案件總數量比率為20.6%，佔該市法院審理的全部案件總數量比率為2.0%。除其所佔涉及侵犯其他權利犯罪類別造成和沒有造成物質損失結果總數量比率，高於其他三種犯罪類別的案件居於第一位之外，其他案件數量和比率均居於第二位。

綜合以上一到四個方面的考察，可以發現H市兩級法院審理的附帶民訴訟應然性案件與非應然性案件，涉及的犯罪類別均為四個種類，但是，兩者涉及犯罪類別的數量多少、比率高低的順序是不完全相同的。附帶民事訴訟應然性案件所涉犯罪種類的數量、比率的位序，分

別為侵犯人身權利犯罪、侵犯財產權利犯罪、侵犯人身權利和財產權利犯罪，以及侵犯其他權利犯罪；而附帶民事訴訟非應然性案件所涉犯罪種類的數量位序排列略有不同，只是侵犯其他權利的犯罪案件數量提到了第二位，居於侵犯人身權利犯罪之後和侵犯財產權利之前。據此可見，附帶民事訴訟應然性案件，主要涉及侵犯人身權利犯罪、侵犯財產權利犯罪、侵犯人身權利和財產權利犯罪三個類別的案件更多一些；而附帶民事訴訟非應然性案件，則主要涉及侵犯人身權利犯罪類別的案件更多，而涉及其他犯罪種類的案件相對較少。

附帶民事訴訟之實然與非實然所涉犯罪類別

前面考察了H市兩級法院附帶民事訴訟應然性案件，以及其所涉犯罪類別的詳細情況和實然性案件在整個抽查案件中的數量及其佔據比率等基本的情況。在此基礎之上，本節將對該市法院提起和沒有提起附帶民事訴訟案件所涉及的不同犯罪類別，以及提起附帶民事訴訟所涉及具體罪名的數量和比率情況，展開進一步探究，以此揭示實踐中何種類犯罪案件更易被當事人提起附帶民事訴訟。由於提起附帶民事訴訟所涉及的具體罪名較多，如果逐一罪名均進行SPSS資料分析，那麼會導致分析的表格十分龐大，並且資料分散，而且對於司法解釋限制附帶民事訴訟的犯罪類型研究也沒有更大的意義。所以，在這裏筆者仍然是將犯罪種類劃分為侵犯人身權利的犯罪、侵犯財產權利的犯罪、侵犯人身權利和財產權利的犯罪，以及侵犯其他權利的犯罪四種類別。對於其中侵犯人身權利犯罪類別、侵犯人身權利和財產權利的犯罪類別，由於其提起附帶民事訴訟的案件數量比率居高，且後者中是因財產權利或者是人身權利遭受侵犯而提起附帶民事訴訟的難以分清，故對該兩類犯罪類別進行了具體罪名的研究（見圖3.3、表3.3）。

圖 3.3　是否提起附帶民事訴訟案件涉犯罪類別數量圖

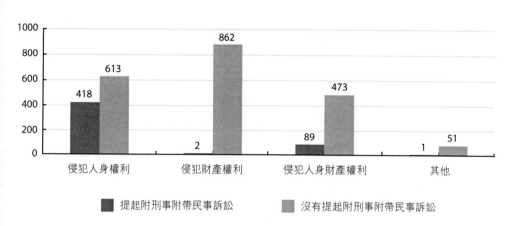

一、侵犯人身權利犯罪類別居首位

　　通過對 H 市兩級法院審理的造成物質損失結果而具有附帶民事訴訟應然性案件的考察，發現涉及侵犯人身權利犯罪類別而提起附帶民事訴訟的案件，其數量和所佔比率均明顯居於附帶民事訴訟實然性案件的第一位。該市兩級法院審理的造成物質損失結果的案件總數量中，涉及侵犯人身權利犯罪類別的案件總數量為 1,031 件；其中提起附帶民事訴訟的案件數量為 418 件，佔其所涉侵犯人身權利犯罪類別造成物質損失結果的案件總數量比率為 40.5%，佔所有犯罪類別造成物質損失結果而提起附帶民事訴訟案件總數量 510 件的比率為 82.0%，所佔造成物質損失結果的案件總數量 2,509 件的比率為 16.7%。該犯罪類別的數量比率均為四類別犯罪的第一位。

表3.3 是否提起附帶民事訴訟案件涉犯罪類別交叉表[7]

			造成物質損失		總計
			有	沒有	
犯罪類別	侵犯人身權利	計數	418	613	1,031
		在犯罪種類內的%	40.5%	59.5%	100.0%
		在提起附帶民事訴訟內的%	82.0%	30.7%	41.1%
		佔總計的%	16.7%	24.4%	41.1%
	侵犯財產權利	計數	2	862	864
		在犯罪種類內的%	0.2%	99.8%	100.0%
		在提起附帶民事訴訟內的%	0.4%	43.1%	34.4%
		佔總計的%	0.1%	34.4%	34.4%
	侵犯人身、財產權利	計數	89	473	562
		在犯罪種類內的%	15.8%	84.2%	100.0%
		在提起附帶民事訴訟內的%	17.5%	23.7%	22.4%
		佔總計的%	3.5%	18.9%	22.4%
	侵犯其他權利	計數	1	51	52
		在犯罪種類內的%	1.9%	98.1%	100.0%
		在提起附帶民事訴訟內的%	0.2%	2.6%	2.1%
		佔總計的%	0%	2.0%	2.1%
總計		計數	510	1999	2,509
		在犯罪種類內的%	20.3%	79.7%	100.0%
		在提起附帶民事訴訟內的%	100.0%	100.0%	100.0%
		佔總計的%	20.3%	79.7%	100.0%

7　表中數據為抽查的H市兩級法院1980年、1996年、1997年、1999年、2001年、2003年、2004年、2011年、2012年、2013年和2014年上半年，適用一審程序審理造成物質損失結果的案件，均以件為統計單位。

　　相比之下，在造成物質損失結果而具有附帶民事訴訟應然性，但並沒有實際提起附帶民事訴訟的案件中，涉及侵犯人身權利犯罪類別的案件，數量和所佔比率則居於附帶民事訴訟非實然性案件的第二位。該市兩級法院審理的造成物質損失結果的案件，涉及侵犯人身權利犯罪類別而沒有提起附帶民事訴訟的案件數量為 613 件，佔所涉侵犯人身權利犯罪類別造成物質損失結果的案件總數量比率為 59.5%，所佔各類犯罪造成物質損失結果而沒有提起附帶民事訴訟案件總數量 1,999 件的比率為 30.7%，所佔造成物質損失結果的案件總數量 2,509 件的比率為 24.4%。除其所佔涉侵犯人身權利犯罪類別造成物質損失結果的案件數量比率，低於涉侵犯人身權利和財產權利犯罪類別、侵犯其他權利犯罪類別的比率之外，其他案件數量比率均為該四種犯罪類別的第二位。

二、侵犯人身權利和財產權利犯罪類別居次位

　　通過對 H 市兩級法院審理的造成物質損失結果而具有附帶民事訴訟應然性案件的考察，發現涉及侵犯人身權利和財產權利犯罪類別而提起附帶民事訴訟的案件，其數量和比率均居於附帶民事訴訟實然性案件的第二位。該市兩級法院審理的涉及侵犯人身權利和財產權利犯罪類別造成物質損失結果的案件總數量 562 件中，提起附帶民事訴訟的案件數量為 89 件，所佔造成物質損失結果所涉侵犯人身權利和財產權利犯罪類別的案件總數量比率為 15.8%，所佔所有犯罪類別提起附帶民事訴訟案件總數量比率為 17.5%，所佔造成物質損失案件總數量比率為 3.5%。由此可見，該犯罪類別的數量比率，與其他三種犯罪類別相比均位居第二位。

　　相比之下，在造成物質損失結果而具有附帶民事訴訟應然性，但並沒有提起附帶民事訴訟的案件中，涉及侵犯人身權利和財產權利犯罪類別的案件數量和比率居於附帶民事訴訟非實然性案件的第三位。

該市兩級法院審理的涉及侵犯人身權利和財產權利犯罪類別，而造成物質損失結果的案件總數量中，沒有提起附帶民事訴訟的案件數量為473件，所佔造成物質損失結果涉侵犯人身權利和財產權利犯罪類別的案件比率為84.2%，佔所有犯罪類別沒有提起附帶民事訴訟案件總數量比率為23.7%，所佔造成物質損失案件總數量比率為18.9%。除其所佔造成物質損失結果涉及侵犯人身權利和財產權利犯罪類別的案件比率，高於涉及侵犯人身權利犯罪類別之外，其他數量比率均位居第三位次。

三、侵犯財產權利犯罪類別居三位

通過對H市兩級法院審理的造成物質損失結果而具有附帶民事訴訟應然性案件的考察，發現涉及侵犯財產權利犯罪類別的案件，其提起附帶民事訴訟的數量和比率居實然性案件的第三位次。該市兩級法院審理的涉及侵犯財產權利犯罪類別，造成物質損失結果的案件總數量864件中，提起附帶民事訴訟的案件數量僅為2件，所佔造成物質損失結果涉侵犯財產權利犯罪類別的案件數量比率為0.2%，佔所有犯罪類別提起附帶民事訴訟案件總數量比率為0.4%，所佔造成物質損失結果的案件總數量比率為0.1%。

相比之下，在造成物質損失結果而具有附帶民事訴訟應然性，但並沒有提起附帶民事訴訟的案件中，涉及侵犯財產權利犯罪類別的案件數量和比率居於附帶民事訴訟非實然性案件的第一位。該市兩級法院審理的涉及侵犯財產權利犯罪類別造成物質損失案件總數量中，沒有提起附帶民事訴訟的案件數量為862件，所佔造成物質損失結果涉侵犯財產權利犯罪類別的案件比率為99.8%，佔所有犯罪類別沒有提起附帶民事訴訟案件總數量比率為43.1%，所佔造成物質損失結果的案件總數量比率為34.4%。

四、侵犯其他權利犯罪類別居末位

通過對H市兩級法院審理的造成物質損失結果而具有附帶民事訴訟應然性案件的考察，發現涉及侵犯其他權利犯罪類別而提起附帶民事訴訟的案件，其數量和比率均居於附帶民事訴訟實然性案件的末位。該市兩級法院審理的涉及侵犯其他權利犯罪類別而造成物質損失結果的案件總數量52件中，提起附帶民事訴訟的案件數量僅為一件，所佔造成物質損失結果涉侵犯其他犯罪類別案件總數量比率為1.9%，所佔所有犯罪類別提起附帶民事訴訟案件總數量比例為0.2%，所佔造成物質損失結果案件總數量比率為0.0004%。

相比之下，在造成物質損失結果而具有附帶民事訴訟應然性，但並沒有提起附帶民事訴訟的案件中，涉及侵犯其他權利犯罪類別的案件，其數量和比率居於附帶民事訴訟非實然性案件的末位。該市兩級法院審理的涉及侵犯其他權利犯罪類別，而造成物質損失結果的案件總數量52件中，沒有提起附帶民事訴訟的案件數量為51件，所佔造成物質損失結果涉侵犯其他權利犯罪類別的案件總數量比率為98.1%，所佔所有犯罪類別沒有提起附帶民事訴訟案件總數量比率為2.6%，所佔造成物質損失結果的案件總數量比率為2.0%。除其所佔造成物質損失結果涉侵犯其他權利犯罪類別的案件比率，高於涉及侵犯人身權利犯罪類別、侵犯人身權利和財產權利犯罪類別兩類之外，其他數量比率均居於第四位。

五、實然性案件所涉具體罪名

通過前四部分的研究內容可以看出，附帶民事訴訟實然性案件主要集中在侵犯人身權利犯罪、侵犯人身權利和財產權利犯罪兩個類別。而這兩個類別犯罪涉及哪些具體的罪名，則有待進一步的調查，

並據此弄清實踐中附帶民訴訟實然性案件所涉及具體犯罪行為的分佈狀況。

（一）侵犯人身權利犯罪類別涉故意殺人罪、故意傷害罪居多

H市兩級法院審理的涉及侵犯人身權利犯罪類別而提起附帶民訴訟的案件總數量418件中，故意殺人罪的案件數量為159件，佔所涉侵犯人身權利犯罪類別而提起附帶民事訴訟案件總數量比率為38.0%；故意傷害罪的案件數量為242件，佔所涉侵犯人身權利犯罪類別而提起附帶民事訴訟案件總數量比率為57.9%；其他犯罪為綁架罪、強姦罪等，共有案件數量為17件，佔所涉侵犯人身權利犯罪類別而提起附帶民事訴訟案件總數量比率為4.1%。由此可見，故意殺人罪和故意傷害罪兩者的案件數量佔據H市兩級法院審理的該類案件總數的比率為95.9%，居於絕對多數（見表3.4）。

（二）侵犯人身權利和財產權利犯罪類別涉交通肇事罪、搶劫罪和尋釁滋事罪居多

H市兩級法院審理的涉及侵犯人身權利和財產權利犯罪類別而提起附帶民事訴訟的案件總數量89件中，交通肇事罪的案件數量為37件，佔所涉侵犯人身權利和財產權利犯罪類別而提起附帶民事訴訟案件總數量比率為41.6%；搶劫罪的案件數量為20件，佔所涉侵犯人身權利和財產權利犯罪類別而提起附帶民事訴訟案件總數量比率為22.5%；尋釁滋事罪的案件數量為14件，佔所涉侵犯人身權利和財產權利犯罪類別而提起附帶民事訴訟案件總數量比率為15.7%；其他犯罪為放火罪、盜竊罪、故意殺人罪、故意傷害罪、搶劫罪、綁架罪等，共有案件數量為18件，佔所涉侵犯人身權利和財產權利犯罪類別而提起附帶民事訴訟案件總數量比率為20.1%。可見，交通肇事罪、搶劫罪和尋釁滋事罪的案件數量比率佔據H市兩級法院審理的該類別案件的總數量比率為79.8%，較其他十一餘個罪名明顯居於多數（見表3.5）。

表 3.4 侵犯人身權利犯罪類別提起附帶民事訴訟的罪名頻率表【8】

		頻率	百分比	有效百分比	累積百分比
有效	故意殺人	159	13.6	38.0	38.0
	故意傷害	242	20.7	57.9	95.9
	綁架	2	0.2	0.5	96.4
	強姦	3	0.3	0.7	97.1
	其他	10	0.9	2.4	99.5
	故意殺人、強姦	2	0.2	0.5	100.0
	總計	418	35.7	100.0	
缺失	系統	752	64.3		
總計		1,170	100.0		

表 3.5 侵犯人身和財產權利犯罪類別提起附帶民事訴訟的罪名頻率表【9】

		頻率	百分比	有效百分比	累積百分比
有效	故意殺人	3	0.5	3.4	3.4
	故意傷害	3	0.5	3.4	6.7
	交通肇事	37	6.2	41.6	48.3
	搶劫	20	3.4	22.5	70.8
	放火	2	0.3	2.2	73.0
	尋釁滋事	14	2.4	15.7	88.8
	其他	3	0.5	3.4	92.1
	故意殺人尋釁滋事	1	0.2	1.1	93.3
	故意殺人強姦	1	0.2	1.1	94.4
	故意傷害搶劫	1	0.2	1.1	95.5
	搶劫強姦	1	0.2	1.1	96.6
	盜竊放火	1	0.2	1.1	97.8
	盜竊綁架	1	0.2	1.1	98.9
	故意殺人搶劫綁架	1	0.2	1.1	100.0
	總計	89	15.0	100.0	
缺失	系統	506	85.0		
總計		595	100.0		

8　表中有效資料為抽取的 H 市兩級法院審理的一審因侵犯人身權利犯罪而提起附帶民事訴訟的案件，均以件為統計單位。其中的綁架罪兩件均為沒有能夠獲取財物的犯罪，故統計在侵犯人身權利犯罪類別中。

9　表中數據為抽取的 H 市兩級法院審理的一審因侵犯人身權利和財產權利犯罪而提起附帶民事訴訟的案件，均以件為統計單位。表中所涉故意殺人、故意傷害等案，均因被告人實施殺人或傷害行為，同時實施毀壞財物行為；而盜竊和放火，盜竊和綁架案，則因實施放火、綁架致人傷亡和毀壞財物行為；兩者均以侵人身和財產權而附帶民事訴訟，故統計在該表中。

綜合以上一至五個方面所述，H市兩級法院審理的附帶民訴訟應然性案件中，轉化為附帶民事訴訟實然性案件後，其所涉及的犯罪類別主要是侵犯人身權利犯罪類別、侵犯人身權利和財產權利犯罪類別；而附帶民事訴訟非實然性案件所涉及的犯罪類別較為廣泛，包括侵犯人身權利犯罪類別、侵犯財產權利犯罪類別、侵犯人身權利和財產權利犯罪類別以及侵犯其他權利犯罪類別，且各類別犯罪案件數量和比率均高於提起附帶民事訴實然性案件。這反映出司法實踐中附帶民事訴訟應然性案件大量存在，而真正轉為附帶民事訴訟實然性案件的數量較少。同時，也發現附帶民事訴訟實然性案件，主要集中在故意殺人罪、故意傷害罪、交通肇事罪、搶劫罪和尋釁滋事罪五個罪名上。

侵財類別犯罪未附帶民事訴訟的原因

通過前面三節的考察可以發現，涉及侵犯財產權利犯罪類別而造成物質損失結果的案件大量存在，其案件數量為864件，佔附帶民事訴訟應然性案件總數量的比率為34.4%；而成為附帶民事訴訟實然性案件則僅僅只有兩件，佔附帶民訴訟應然性案件總數量比率為0.1%，佔附帶民訴訟實然性案件數量比率為0.4%。[10] 由此引發的問題是，大量涉及侵犯財產權利犯罪類別的附帶民事訴訟應然性案件，沒有成為附帶民事訴訟實然性案件的原因是什麼？為此，筆者製作了相關問題的調查問卷，[11] 並發送被調查的97名法官、90名律師和25名其他法律服

10　見本章表3.3：「是否提起附帶民事訴訟案件涉犯罪類別交叉表」。

11　該內容來自筆者製作的〈附帶民事訴訟調查問卷〉。由於侵犯財產權利犯罪類別的案件數量多，且跨越年度長，難以實現對當事人、承辦法官等人員的逐人逐案的詳細調查，因此，只能對現有辦理過附帶民事訴訟案件的法官、律師和其他法律服務工作者進行問卷調查，獲得他們對此問題的定性意見，然後對該意見進行量化分析。筆者設計的題目內容為：「二、請您閱讀以下問題，在同意的一項或幾項中做出選擇，並在字母上劃「：1、盜竊、詐騙等非法佔有型犯罪的被害人沒有或者極少提起附帶民事訴訟，造成該現象的原因是以下哪一項？ A·被害人沒有主張該項權利的意識；B·法院沒有通知被害人參加訴訟；C·法院不受理被害人的起訴；D·通過追繳、責令退賠已經解決被害人的賠償問題。」

圖3.4 侵犯財產權利犯罪案件附帶民事訴訟少的原因調查情況交叉表

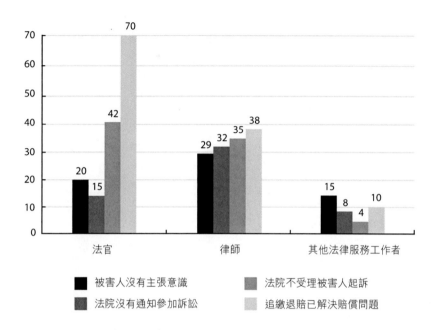

務工作者。根據問卷調查的情況，發現該類案件中的盜竊、詐騙等非法佔有型犯罪成為附帶民事訴訟實然性案件少的原因，既有制度性的原因，也有當事人和司法機關的原因（見圖3.4、表3.6）。

一、制度的原因

　　所謂制度的原因，是指中國法律規範中有關刑事訴訟制度的內容規定，使得大量的涉及侵犯財產權利犯罪類別中的非法佔有型犯罪案件不能或者沒有成為附帶民事訴訟實然性案件。根據本調查發現，該制度性原因包括兩個方面，一是刑事訴訟其他制度解決了這部分案件被害人的賠償問題，因而其沒有提起附帶民訴訟的必要性；二是刑事訴訟制度的缺失或者瑕疵，導致被害人無法或者難以行使附帶民事訴訟權利。

表3.6 侵犯財產權利犯罪案件附帶民事訴訟少的原因調查情況交叉表[12]

			法律職業			總計
			法官	律師法官	其他法律服務工作者	
原因	被害人缺乏主張意識	計數	20	29	15	64
		在原因內的%	31.3%	45.3%	23.4%	
		在法律職業內的%	13.6%	21.6%	40.5%	
		佔總額的%	6.3%	9.1%	4.7%	20.1%
	法院不通知參加訴訟	計數	15	32	8	55
		在原因內的%	27.3%	58.2%	14.5%	
		在法律職業內的%	10.2%	23.9%	21.6%	
		佔總額的%	4.7%	10.1%	2.5%	17.3%
	法院不受理被害人起訴	計數	42	35	4	81
		在原因內的%	51.9%	43.2%	4.9%	
		在法律職業內的%	28.6%	26.1%	10.8%	
		佔總額的%	13.2%	11.0%	1.3%	25.5%
	追繳或退賠已解決賠償	計數	70	38	10	118
		在原因內的%	59.3%	32.2%	8.5%	
		在法律職業內的%	47.6%	28.4%	27.0%	
		佔總額的%	22.0%	11.9%	3.1%	37.1%
總計		計數	147	134	37	318
		佔總額的%	46.2%	42.1%	11.6%	100.0%

（一）替代措施已解決賠償問題

所謂替代措施已解決賠償問題，指在刑事訴訟過程中司法機關通過追繳與責令退賠措施的實施，完成了刑事案件被害人所遭受犯罪侵犯而導致的物質損失的賠償問題。通過本研究的調查，發現被調查的318人次中有118人次選擇該項原因選項，佔全部被調查人次的比率高達37.7%，居四項調查原因之首。首先，持該觀點的法官人次數量及所佔各項比率均超過各個選題的相應數量和比率。調查問卷顯示，有70

---

12 該表中內容來自《附帶民事訴訟範圍的調查問卷》，其中的計數以人次為單位。每一位參加調查問卷的填寫者，可以根據自己的認識在一個答案選項到四個答案之間任意選擇，既可以單項，也可以雙選或多選，但其每選擇一個答案選項則計入一人次。

人次的法官選擇該項原因，所佔選擇該項原因總人次的比率為59.3%，佔法官被調查的總數量147人次的比率為47.6%，佔法官、律師和其他法律服務工作者被調查的總人次比率為22.0%。其次，持該觀點的律師佔被調查的律師人次的數量比率最高。調查問卷顯示，有38人次的律師選擇該項原因，所佔選擇該項原因總人次的比率為32.2%，佔律師被調查總數量134人次的比率為28.4%，佔法官、律師和其他法律服務工作者被調查總人次的比率為11.9%。第三，持該觀點的其他法律服務工作者佔被調查的該類人次的數量比率為第二位。調查問卷顯示，有10人次的其他法律服務工作者選擇該項原因，所佔選擇該項原因總人次的比率為8.5%，佔其他法律服務工作者被調查總數量37人次的比率為27.0%，佔法官、律師和其他法律服務工作者被調查總人次的比率為3.1%。

（二）法院不受理被害人起訴

所謂法院不受理被害人起訴，是指侵犯財產權利犯罪類別中非法佔有型犯罪案件被害人，就該物質損失向法院提起附帶民事訴訟，法院基於法律規範的禁止理由而不予受理。[13]通過本研究的調查，發現被調查的總人次中有81人次選擇該項原因選項，佔被調查總人次的比率達25.5%，居四項原因的第二位。首先，持該觀點的法官人次數量比率居四個原因的第二位。調查問卷顯示，有42人次的法官選擇該項原因，所佔選擇該項原因總人次的比率為51.9%，佔法官參與調查總人次的比率為28.6%，佔法官、律師和其他法律服務工作者被調查總人次的比率為13.2%。其次，持該觀點的律師佔被調查的律師總人次的數量比率居第二位。調查問卷顯示，有35人次的律師選擇該項原因，所佔選擇該項原因總人次的比率為43.2%，佔律師被調查總人次的比率

13　法院不受理侵犯財產權利犯罪類別的非法佔有型犯罪案件被害人提起附帶民事訴訟，既是一個法律制度的規範問題，也可能是一個規範司法實踐問題，但由於司法解釋限制此種類型案件進入附帶民訴範圍。因此，本研究將此歸類於法律制度問題進行研究。也就是說，法院不受理該類案件是歸因於法律制度的禁止。

為26.1%，佔法官、律師和其他法律服務工作者被調查總人次的比率為11.0%。第三，持該觀點的其他法律服務工作者佔被調查的該類總人次的數量比率為第四位。調查問卷顯示，有4人次的其他法律服務工作者選擇了該項原因，所佔選擇該項原因總人次的比率為4.9%，佔其他法律服務工作者被調查總人次的比率為10.8%，佔法官、律師和其他法律服務工作者被調查總人次的比率為1.3%。

二、當事人與司法機關的原因

所謂當事人與司法機關的原因，是指法律規範賦予當事人權利和司法機關職責，但是，由於他們怠於行使權利或職責的緣由，而導致涉及侵犯財產權利犯罪類別的案件不能成為附帶民事訴訟實然性案件。包括被害人缺乏主張權利的意識和法院不通知被害人參加訴訟兩種原因。

（一）被害人缺乏權利意識

所謂被害人缺乏主張權利的意識，是指涉及侵犯財產權利犯罪類別案件的被害人，沒有意識到自己可以通過附帶民事訴訟來要求犯罪行為人賠償損失，或者雖然意識到具有該項權利但卻怠於行使該項權利。通過本研究的調查，發現被調查的總人次中有64人次選擇該項原因，佔被調查總人次的比率為20.1%，居四項原因的第三位。首先，持該觀點的法官人次數量比率均居四項原因的第三位。調查問卷顯示，有20人次的法官選擇該項原因，所佔選擇該項原因總人次的比率為31.3%，佔法官被調查總人次的比率為13.6%，佔法官、律師和其他法律服務工作者被調查總人次的比率為6.3%。其次，持該觀點的律師佔被調查律師總人次的數量比率最低。調查問卷顯示，有29人次的律師選擇該項原因，所佔選擇該項原因總人次的比率為45.5%，佔律師被調查總人次的比率為21.6%，佔法官、律師和其他法律服務工作者被調查總人次的比率為9.1%。第三，持該觀點的其他法律服務工作者佔被調

查的該類人員總人次的比率為第一位。調查問卷顯示，有15人次的其他法律服務工作者選擇該項原因，所佔選擇該項原因總人次的比率為23.4%，佔其他法律服務工作者被調查總人次的比率為40.5%，佔法官、律師和其他法律服務工作者被調查總人次的比率為4.7%。

（二）法院不通知被害人參加訴訟

所謂法院不通知被害人參加訴訟，是指法院審理涉及侵犯財產權利犯罪類別的非法佔有型犯罪案件時，不通知作為當事人之一的被害人參加刑事訴訟，導致該類別案件沒有成為附帶民事訴訟實然性案件。通過本研究的調查，發現被調查的總人次中有55人次選擇了該項原因，佔被調查總人次的比率為17.3%，居四項原因的第四位。首先，持該觀點的法官人次數量比率居四項原因的第四位。調查問卷顯示，有15人次的法官選擇該項原因，所佔選擇該項原因總人次的比率為27.3%，佔法官被調查總人次的比率為10.2%，佔法官、律師和其他法律服務工作者被調查總人次的比率為4.7%。其次，持該觀點的律師佔被調查律師總人次的數量比率居第三位。調查問卷顯示，有32人次的律師選擇該項原因，所佔選擇該項原因總人次的比率為58.2，佔律師被調查總人次的比率為23.9%，佔法官、律師和其他法律服務工作者被調查總人次的比率為10.1%。第三，持該觀點的其他法律服務工作者佔被調查的該類人員總人次的數量比率為第三位。調查問卷顯示，有8人次的其他法律服務工作者選擇該項原因，所佔選擇該項原因總人次的比率為14.5%，佔其他法律服務工作者被調查總人次的比率為21.6%，佔法官、律師和其他法律服務工作者被調查總人次的比率為2.5%。

綜合以上一、二方面所述，H市被調查的法官、律師和其他法律服務工作者認為，導致侵犯財產權利犯罪類別的非法佔有型犯罪案件，沒有從附帶民訴訟應然性案件成為實然性案件的原因，依次分別為：一是追繳或退賠已解決賠償問題，二是法院不受理被害人起訴，三是被害人缺乏主張權利的意識，四是法院不通知被害人參加訴訟。

本章小結：司法限制的應然性與無需限制的實然性

有學者認為：「僅從法律條文之義來看，實踐中掌握的附帶民事訴訟案件範圍過窄而不是過寬。但如果過於擴大附帶民事訴訟的案件範圍，也有不切實際甚至動搖刑事訴訟和民事訴訟界限根基之危險。因此，附帶民事訴訟的案件範圍，應當掌握在一個合理的度。」[14] 該學者所提附帶民事訴訟範圍的合理度，筆者將其理解為以難度和工作量不超過刑事案件審判的主要地位為限。具體而言，一是附帶民事訴訟案件總數量不宜超過刑事案件總數量的50%以上；二是每一件附帶民事訴訟案件的工作量也不宜超過刑事案件本身工作量的50%以上。否則，附帶民事訴訟的工作量會過大，則會影響刑事案件的審判。每件案件的工作量問題後面將會涉及，現在先討論整個刑事案件總數量中附帶民事訴訟案件的數量問題。

一、司法限制附帶民事訴訟範圍的應然性

司法實踐中的絕大多數刑事案件，根據刑事訴訟法規定的附帶民事訴訟範圍均具有提起附帶民事訴訟的可能性；而司法解釋將其中部分犯罪案件限制在附帶民事訴訟範圍之外，這從應然性角度看，具有減少附帶民事訴訟應然性案件成為實然性案件數量的可能性。

（一）法定範圍致使多數案件有附帶民事訴訟的可能性

根據中國刑事訴訟法的規定，被害人由於被告人的犯罪行為而遭受物質損失的，在刑事訴訟過程中，有權提起附帶民事訴訟。[15] 該條規定的內容，決定附帶民事訴訟的條件有四個方面：第一，被告人的行為構成犯罪，這是提起附帶民事訴訟的前提條件；第二，被告

14　邵世星、劉選著，《刑事附帶民事訴訟疑難問題研究》，中國檢察出版社，2002年5月第一版，第36頁。

15　《中華人民共和國刑事訴訟法》第99條第1款的規定。

人的犯罪行為對被害人所造成的損失,必須是被害人的物質損失;第三,被害人的物質損失必須是由被告人的犯罪行為造成的,即被害人的物質損失與被告人的犯罪行為之間存在因果關係;第四,附帶民事訴訟的提起,只能在刑事訴訟過程中提出。[16]由此可以認為,附帶民事訴訟的案件範圍,就是指被害人因被告人的犯罪行為而遭受物質損失的案件。所謂被害人因犯罪行為遭受的物質損失,是指被害人因犯罪行為遭受的實際損失和必然遭受的損失。其中,已經遭受的實際損失是指因遭受損害而實際支出的各項費用,如醫藥費、交通費、喪葬費;而必然遭受的損失是指與犯罪行為存在內在的、必然的聯繫的間接損失,如誤工費,對於可能得到的利益或要通過一定努力才可得到的利益,不能納入賠償範圍。[17]

　　根據法律規定的被害人遭受犯罪行為侵害的物質損失附帶民事訴訟範圍的精神,從理論上來說,刑事案件中凡是被告人犯罪行為造成了公民個人或者有關公司、企業等法人或其他組織物質損失的,被害公民個人或單位均有提起附帶民事訴訟的可能性。通過前面第一節「附帶民事訴訟之應然與實然」的考察可以發現的現象是:H市兩級法院自1980年到2014年上半年審理的一審刑事案件,被抽取的2,781件案件中,造成物質損失結果而具有提起附帶民事訴訟可能性的案件數量是2,509件,佔整個被抽取案件總數量的比率為90.2%。[18]也就是說,H市兩級法院審理的一審刑事案件中,被害人遭受犯罪行為侵害導致物質損失結果而具有附帶民事訴訟應然性的案件,其數量和比率佔有絕對多數和絕對高的比率。因此,根據刑事訴訟法有關物質損失的附帶民事訴訟受理範圍的規定,H市兩級法院抽查的案件中,有90.2%的絕

16　郎勝主編,《中華人民共和國刑事訴訟法修改與適用》,新華出版社,2012年4月第一版,第208頁。

17　南英主編,《刑事審判方法》,法律出版社,2013年3月第一版,第184頁。

18　見本章的表3.1、圖3.1:〈是否造成物質損失案件與是否提起附帶民事訴訟案件交叉表〉、〈造成物質損失案件是否提起附帶民事訴訟情況比例圖〉。

大多數案件具有提起附帶民事訴訟的可能性，僅有9.8%的少數案件沒有提起附帶民事訴訟的可能性。

（二）司法限制有減少附帶民事訴訟的可能性

最高法院於2012年通過的《關於適用〈中華人民共和國刑事訴訟法〉的解釋》，明確規定，被害人因人身權利受到犯罪侵犯或者財物被犯罪分子毀壞而遭受物質損失的，有權在刑事訴訟過程中提起附帶民事訴訟。[19]據此可以看出，中國刑事訴訟法規定的附帶民事訴訟範圍被司法解釋限制在更小的範圍：即一類為被害人人身權利受到犯罪侵犯而遭受物質損失的案件；另一類為被害人財物被犯罪分子毀壞而遭受物質損失的案件。也就是説，司法限制的附帶民訴訟範圍主要涉及兩類犯罪，一類為侵犯人身權利犯罪，一類為侵犯財產權利的部分犯罪。顯而易見，司法解釋限制附帶民訴訟範圍的意圖，主要是為了減少附帶民事訴訟案件的提起數量，以確保刑事案件的順利審判。那麼，司法實踐中法定附帶民事訴訟應然性案件，能夠有多少可能通過司法解釋的限制而排除在附帶民事訴訟實然性案件的範圍之外呢？

首先，本章第三節「附帶民事訴訟之實然與非實然所涉犯罪類別」對法定附帶民事訴訟應然性案件所涉的犯罪類別進行了考察，發現H市兩級法院審理的該類案件所涉犯罪類別，包括侵犯人身權利的犯罪類別、侵犯財產權利的犯罪類別、侵犯人身權利和財產權利的犯罪類別、和侵犯其他權利的犯罪類別。其中：符合司法解釋規定的附帶民訴訟範圍第一類的——即被害人人身權利受到犯罪侵犯而遭受物質損失的案件，為涉及侵犯人身權利犯罪類別而造成物質損失結果的案件，其數量為1,031件，佔該市兩級法院審理的造成物質損失結果案件總數量的比率為41.1%；同樣可以歸屬為該類的案件，為涉及侵犯人身權利和財產權利犯罪類別的案件，其總數量為562件，佔該市兩級法

19　最高法院於2012年11月5日通過的《關於適用〈中華人民共和國刑事訴訟法〉的解釋》第138條第1款的規定。

院審理的造成物質損失結果案件總數量的比率為22.4%；以上兩類案件合計數量佔該市兩級法院審理的造成物質損失案件總數量的比率為63.5%。[20] 可以說，這兩類別案件基本上屬於司法解釋規定允許進入附帶民事訴訟範圍的案件，也就是說，大約六成多些造成物質損失結果的案件，成為司法解釋限制附帶民事訴訟範圍後應然性案件的主要部分。

其次，符合司法解釋規定的附帶民事訴訟範圍的第二種類型的為毀壞財物類犯罪案件——即被害人的財物被犯罪分子毀壞而遭受物質損失的案件，屬於本研究所作的四種犯罪分類中的侵犯財產權利犯罪類別和侵犯人身權利和財產權利犯罪類別[21] 中的部分案件。通過本章第三節「附帶民事訴訟之實然與非實然所涉犯罪類別」的考察，發現H市兩級法院審理的涉及侵犯財產權利犯罪類別造成物質損失結果的案件數量為864件，佔該市兩級法院審理的造成物質損失結果案件總數量的比率為34.4%；[22] 但是，其中真正能夠成為司法解釋規定的附帶民訴訟範圍第二類型案件的，只有故意毀壞財物罪和破壞生產經營罪等極少數罪名，而這些罪名的案件數量極少，比率極低。根據本研究的調查，H市兩級法院審理的涉及侵犯財產權利犯罪類別造成物質損失結果的案件中，故意毀壞財物罪共九件、破壞生產經營罪兩件，佔該市兩級法院審理的涉及侵犯財產權利犯罪類別造成物質損失結果案件總數量比率為1.27%；扣除該十一件案件後，尚有98.73%的侵犯財產權利犯罪不屬於被害人財物被犯罪分子毀壞而遭受物質損失結果的案件。[23] 也就是說，該類別犯罪案件中的絕大多數，會被限制在司法解釋規定的附帶民事訴訟範圍之外。同時，調查還顯示，涉及侵犯其他權利犯

20　見本章的表3.2：〈有無造成物質損失案件涉犯罪類別交叉表〉。

21　由於侵犯人身權利和財產權利犯罪類別的案件中，雖然會有部分是非法佔有或處置被害人財物的犯罪，但因為這部分案件與侵犯人身權利犯罪混合在一起，所以有關這部分案件的附帶民事訴訟問題可以與侵犯人身權利犯罪部分一併研究，這裏就不單獨對其進行討論。

22　見本章的表3.3：〈是否提起附帶民事訴訟案件涉犯罪類別交叉表〉。

23　見「案件分析一覽表（三）」中對H市兩級法院被抽取案件調查的統計資料。

罪類別造成物質損失結果的案件數量為52件，佔該市兩級法院審理的造成物質損失結果的案件總數量比率為2.1%，而該類別的案件不符合司法解釋規定的附帶民事訴訟範圍的兩類案件要求，也被司法解釋排除在附帶民訴訟範圍之外。[24] 據此可以說，大約三成以上的侵犯財產權利犯罪類別和侵犯其他權利犯罪類別而造成物質損失結果的案件，被司法解釋阻擋在附帶民事訴訟範圍之外。

綜上，按照司法解釋對附帶民事訴訟範圍加以限制的案件類型，結合調查結果顯示的內容來看，H市兩級法院審理的造成物質損失結果的案件中，有63.94%的案件可以提起附帶民事訴訟；但有36.06%的涉及侵犯財產權利犯罪類別和涉及侵犯其他權利犯罪類別的案件，應該被排除在附帶民事訴訟範圍之外。所以，司法解釋限制附帶民事訴訟範圍，具有減少附帶民事訴訟案件數量的可能性。

二、無需司法限制附帶民訴訟範圍的實然性

通過前面的分析，發現司法實踐中存在絕大多數的刑事案件，根據刑事訴訟法的規定可能提起附帶民事訴訟；同時，也存在較多數量的刑事案件根據司法解釋的規定可能提起附帶民事訴訟。但是，這些較多數的案件或者大多數的案件，是否實際提起附帶民事訴訟，以及其沒有提起附帶民事訴訟的原因等，則是探究對附帶民事訴訟範圍進行司法限制之實然效果，及其必要性所要考慮的問題。

（一）法定範圍未致大量附帶民事訴訟實然性案件

根據本書第二章有關法定和限定附帶民事訴訟範圍的規範梳理，可以看到，法定附帶民事訴訟範圍相對司法解釋的限制範圍而言，具有一定的寬泛度。因此，從理論上推論，司法解釋未限制附帶民事訴

---

24 見本章表3.3：「是否提起附帶民事訴訟案件涉犯罪類別交叉表」。

訟範圍之前，可能出現大量符合法定範圍的案件進入訴訟，從而影響刑事案件的審判效率。但是，對本調查的相關資料進行分析發現，實踐中附帶民訴訟應然性案件，多數並不會成為附帶民訴訟實然性案件。也就是說，多數具有附帶民事訴訟可能性的案件，並沒有實際提起附帶民事訴訟。

通過本章第一節「附帶民事訴訟之應然與實然」的考察情況可以發現，H市兩級法院審理的附帶民訴訟應然性案件總數量為2,509件，佔據其審理的一審刑事案件被抽取總數量2,781件的比率為90.2%；但是，真正成為附帶民事訴訟實然案件的也只有510件，佔附帶民事訴訟應然性案件總數量的比率為20.3%的；而佔其比率為79.7%的附帶民事訴訟應然性案件，並沒有實際成為附帶民事訴訟的實然性案件。[25]同時，再看本章第三節「附帶民事訴訟之實然與非實然所涉犯罪類別」的考察情況還發現，附帶民事訴訟應然性案件成為實然性案件的，其所涉及的犯罪類別佔絕對數量的是侵犯人身權利犯罪類別、侵犯人身權利和財產權利犯罪類別。雖然這兩種犯罪類別為附帶民事訴訟實然性案件數量最多的，但其成為附帶民事訴訟實然性案件數量比率，也低於沒有成為附帶民訴訟實然性的案件數量比率。其中：H市兩級法院審理的涉及侵犯人身權利犯罪類別造成物質損失結果而具有附帶民事訴訟應然性的案件總數量為1,031件，實際提起附帶民事訴訟的案件數量為418件，佔該類案件總數量的比率為40.5%；而沒有提起附帶民事訴訟的案件數量為613件，佔該類案件總數量的比率為59.5%；後者較前者案件數量多195件，比率高出19%。該市兩級法院審理的涉及侵犯人身權利和財產權利犯罪造成物質損失結果而具有附帶民事訴訟應然性的案件總數量為562件，實際提起附帶民事訴訟的案件數量為89件，佔該類案件總數量的比率為15.8%；而沒有提起附帶民事訴訟的案件數量為473件，佔該類案件總數量的比率為84.2%；後者較前者案件數量多384件，比率高出68.4%。綜合起來看，該兩種犯罪類別具有附帶民事訴

25　見本章表3.1：「是否造成物質損失案件與是否提起附帶民事訴訟案件交叉表」。

訟應然性的案件總數量1,593件中，沒有成為附帶民事訴訟實然性案件的，也就是沒有實際提起附帶民訴訟的案件數量1,086件，較實際提起附帶民事訴訟的案件數量507件多了579件，所佔兩類案件總數量的比率後者較前者也高出36.34%。[26] 可見，不論是從案件總數量上看，還是從司法解釋規定的附帶民事訴訟應然性案件數量上看，司法實踐中真正成為附帶民事訴訟實然性案件的數量均在少數。此外，還發現，實際成為附帶民事訴訟實然性案件的，其所涉及的侵犯人身權利犯罪類別，則主要集中在故意殺人罪、故意傷害罪兩種具體罪名上；而所涉及的侵犯人身權利和財產權利犯罪類別，則主要集中在交通肇事罪、搶劫罪和尋釁滋事罪三種具體罪名上；而其他罪名則涉及極少的案件數量。這一現象說明，真正成為附帶民事訴訟實然性案件，其所涉及的罪名數量也是有限的；而涉及許多罪名的其他附帶民事訴訟應然性案件，並沒有成為附帶民事訴訟實然性案件。

由此可以認為，司法實踐中真正進入附帶民事訴訟程序的案件，絕大多數為刑事訴訟法和司法解釋共同認可的附帶民事訴訟範圍的案件，而不是刑事訴訟法確定的較為寬泛的附帶民事訴訟範圍而超出了司法解釋限制範圍的案件。所以，法定附帶民事訴訟範圍沒有實際導致大量附帶民事訴訟實然性案件的發生。

（二）司法限制範圍的實然效果有限

司法解釋限制附帶民事訴訟範圍的用意，是為了禁止一部分案件進入附帶民事訴訟範圍，以此達到減少進入附帶民事訴訟範圍的案件數量，進而確保刑事訴訟的效率。但其所選擇限制的案件類別，恰恰是實踐中較少成為附帶民事訴訟實然案件的犯罪類別，且司法實踐中有多種限制該類案件進入附帶民事訴訟的因素存在，所以其實施司法限制的效果也是有限的。

26　見本章表3.3：「是否提起附帶民事訴訟案件涉犯罪類別交叉表」。

　　首先，司法解釋開始限制附帶民事訴訟範圍之前，只有極少數被限制類別的案件成為附帶民事訴訟實然性案件。中國1979年《刑事訴訟法》規定的法定附帶民訴訟範圍，從1980年開始實施之始，直到最高法院於1999年和2000年分別制定的相關會議紀要和司法解釋[27]對該範圍予以限制為止，該法定附帶民事訴訟範圍在司法實踐中始終具有實際的法律約束力。在此期間，司法解釋之後予以限制的案件類型，並沒有出現大量湧入附帶民事訴訟程序而必須加以限制的情形。相反，根據H市兩級法院審理的一審刑事案件情況看，從1980年到1999年10月27日之間，司法解釋意圖限制的涉及侵犯財產權利犯罪類別中的大部分案件、涉及侵犯其他權利犯罪類別的案件，真正成為附帶民事訴訟實然性案件的，僅僅只有涉及侵犯財產權利犯罪類別的詐騙罪一件、涉及侵犯其他權利犯罪類別的信用卡詐騙罪一件，共計兩件案件，佔H市兩級法院審理的附帶民事訴訟的案件總數量的比率為0.4%，佔該市法院審理的造成物質損失結果而具有提起附帶民事訴訟可能性的案件總數量的比率為0.1%。而這兩件案件的審理，均在司法解釋尚未禁止其進行附帶民事訴訟期間，所以其處理的結果，可以反映出法院對於此類案件是按照法定附帶民事訴訟程序進行的。其中，H市中級法院1999年10月14日審判的詐騙罪案件，雖然受理了被害人的附帶民事訴訟請求，也通知其作為附帶民事訴訟原告人到庭參加訴訟，但是因被告人劉某某被宣告無罪，而判決被告人劉某某不承擔民事賠償責

27　相關會議紀要和司法解釋，是指最高法院於1999年10月27日頒佈的《全國法院維護農村穩定刑事審判工作座談會紀要》和於2000年制定《關於刑事附帶民事訴訟範圍問題的規定》。

任。[28] M區法院1999年8月3日審判的信用卡詐騙罪案件，雖然被害人向檢察機關提交了附帶民事訴訟狀，但法院在刑事案件開庭時並沒有通知被害人到庭參加訴訟，也沒有將其列為附帶民事訴訟原告人，只是在判決確認的犯罪事實中認定了被害人所遭受的物質損失，但判決書主文並沒有對被害人的賠償訴求進行處理。[29] 刑事判決之後，法院又促使附帶民事原告人與附帶民事被告人達成賠償的調解協定。[30] 由此可見，司法解釋還沒有開始限制附帶民事訴訟範圍之前，法院雖然也受理涉及侵犯財產犯罪類別案件的附帶民事訴訟請求，但是，該類別犯罪附帶民事訴訟應然性案件真正成為實然性案件，確實只是極少數。

其次，司法限制附帶民事訴訟範圍之後，阻止被限制犯罪類別的案件成為附帶民訴訟實然性案件的原因是多方面的。前面論證了司法限制附帶民事訴訟範圍之前，並沒有較多的意圖限制案件成為附帶民事訴訟實然性案件。那麼，司法解釋限制附帶民事訴訟範圍後，從H市兩級法院審理的涉及侵犯財產權利犯罪類別、侵犯其他權利犯罪類別的案件情況看，這兩種為司法解釋有所限制的案件中，只有2003年的

28　詐騙罪案件詳見S省H市中級法院（1999）H刑二初字第5號刑事附帶民事訴訟判決書。該判決書理由部分法院認為：附帶民事訴訟原告人與被告人劉某某約定了收購大蒜的規格、價格及付款方式，租賃冷庫收儲大蒜並開具發票，雙方構成了買賣關係。由於被告人沒有按約定的時間、數額支付貨款，屬於民事違約行為，被告人在他人引見、介紹時冒用單位名義，以經理身份並稱備有冷庫、資金雄厚，有出口指標等，屬民事欺詐行為。據此，認定被告人以非法佔有為目的，騙取公民合法財物的證據不足，尚不能認定被告人劉某某構成詐騙罪。……由於被告人劉某某不構成犯罪，附帶民事訴訟原告人所造成的經濟損失不應以刑事附帶民事訴訟請求賠償的途徑解決，而應按民事法律關係調查處理。……

29　信用卡詐騙罪案件詳見H市法院（現M區法院）（1999）M刑初字第219號案卷：一、刑事附帶民事訴狀。該訴狀記載的內容為，原告人中國工商銀行H地區中心支行要求被告人郭某某返還透支本金及利息。二、S省H市法院（1999）H刑初字第219號刑事判決書。該判決書只有公訴機關H市檢察院（現M區檢察院）、被告人郭某某，沒有附帶民事訴訟原告人及其訴訟請求內容；判決書認定被告人郭某某於1996年2月到3月間，利用自己的信用卡在工商銀行儲蓄所惡意透支18筆金額18584餘元，供其揮霍。此後，經發卡銀行催繳後，被告人拒不歸還透支本金和利息，造成銀行損失49788餘元；法院認為被告人郭某某構成信用卡詐騙罪，應當根據刑法規定處罰，故以被告人郭某某犯信用卡詐騙罪，判處其有期徒刑二年，並處罰金5萬元。

30　見S省H市法院（現M區法院）（1999）H刑初字第219號刑事附帶民事調解書。

一件破壞生產經營罪的案件提起了附帶民事訴訟。[31]而這一件案件還屬於司法解釋允許進入附帶民事訴訟範圍的犯罪。由此可見，司法解釋對附帶民事訴訟範圍的限制發揮了作用。但通過本章第四節「侵財類別犯罪未附帶民事訴訟的原因」對H市的部分法官、律師和其他法律工作者的調查，可以發現，1999年10月27日最高法院限制附帶民事訴訟範圍的會議紀要頒發之後，沒有一件司法限制的犯罪案件成為附帶民事訴訟實然案件，其原因是多種因素共同作用的結果，而最高法院會議紀要或司法解釋限制因素只是其中影響較小的因素之一。被調查者中，認為「法院不受理被害人的起訴」的，作為涉及侵犯財產權利犯罪類別案件提起附帶民事訴訟少的原因之一，雖居四項因素的第二位，但也只佔全部被調查人次的比率達25.5%。被調查者認為「追繳或退賠已解決賠償問題」的，作為涉及侵犯財產權利犯罪類別案件提起附帶民事訴訟少的原因之一，佔全部被調查人次的比率高達37.7%，居四項因素之首。被調查者認為「被害人沒有主張權利」的，作為涉及侵犯財產權利犯罪類別案件提起附帶民事訴訟少的原因之一，佔全部被調查人次的比率為20.1%，居四項因素之第三位。被調查者認為「法院沒有通知被害人參加訴訟」的，作為涉及侵犯財產權利犯罪類別案件提起附帶民事訴訟少的原因之一，佔全部被調查人次的比率為17.3%，居四項因素之第四位。由此可見，最高法院會議紀要或司法解釋限制附帶民事訴訟範圍的規定，落實到司法實踐中的表現為「法院不受理被害人的起訴」，而此種情況作為提起附帶民事訴訟少的因素之一的認可率僅為25.5%，尚有其他三項因素還佔據74.5%的認可率。[32]由此可以判定，司法解釋限制附帶民事訴訟範圍，並不是涉及侵犯財產權利犯罪類別

31　破壞生產經營罪的案件情況詳見C縣法院（2003）C刑初字第108號刑事案件卷宗。此案件被害人向C縣法院提起附帶民事訴訟，請求賠償經濟損失5,000元；審理中，被告人賠償被害人經濟損失1,800元，C縣法院刑事判決書確認了該事實，並據此對被告人酌情從輕處罰；同時，該刑事判決主文中沒有涉及附帶民事訴訟部分。

32　見本章表3.6、圖3.6：「法官、律師等對侵犯財產權利犯罪案件附帶民事訴訟少原因的觀點交叉列表」、「法官、律師等對侵犯財產權利犯罪案件附帶民事訴訟少原因的觀點交叉數量圖」。

提起附帶民事訴訟少的主要因素；而涉及侵犯財產權利犯罪類別造成物質損失結果的案件數量，佔據司法解釋規定附帶民事訴訟範圍之外的案件數量比率約為 94.3%，[33] 據此可見，影響財產權利犯罪類別案件提起附帶民事訴訟的緣由，基本上可以推及司法限制附帶民訴訟範圍之外，涉及侵犯其他犯罪類別的案件。

綜合本節所述，可以得出的結論是：從應然性的角度來說，法定附帶民事訴訟範圍決定了絕大多數案件具有附帶民訴訟的可能性，而司法解釋縮小了法定附帶民訴訟範圍，具有減少附帶民訴訟案件數量的可能性。但從實然性的角度講，法定附帶民訴訟範圍的實施，並未出現附帶民事訴訟應然性變成實然性的大量案件；而該現象的產生是多種因素造成的，其中司法限制只是原因之一，且效果也是有限的。因此，大量附帶民事訴訟案件並沒有從應然性轉化為實然性，所以，司法限制附帶民事訴訟範圍的必要性缺乏案件數量的客觀資料支援。

33　見本書本章表3.3：「是否提起附帶民事訴訟案件涉犯罪類別交叉表」：侵犯財產權利犯罪造成物質損失案件數量864件＋侵犯其他權利犯罪造成物質損失案件數量52件＝司法限制範圍之外的案件總數量916件（含9件故意毀壞財物罪、2件破壞生產經營罪）；侵犯財產權利犯罪造成物質損失案件數量864件／司法限制範圍之外的案件總數量916件＝侵犯財產權利犯罪造成物質損失案件數量佔司法限制範圍之外案件總數量的比率94.3%。

四、不同法院附帶民事訴訟之
應然與實然

❧ ❧ ❧ ❧ ❧ ❧ ❧ ❧ ❧ ❧ ❧ ❧ ❧ ❧ ❧ ❧

　　本章主要考察造成物質損失結果案件與附帶民事訴訟案件，以及兩者所涉及的犯罪類別，在不同級別法院和不同基層法院之間的分佈規律。通過對該分佈規律的發現，進一步探討司法限制對於不同級別法院和不同地域法院的積極作用或消極作用。雖然本調查在對H市兩級法院進行案件抽查時，採用了不完全相同的三類方法。[1]但是，由於對四個基層法院分別採用了不同的兩種方式，其相互之間可以彌補抽查方法上的不足。M區法院和C縣法院的資料，由於來自可能造成物質損失結果的案件，所以其造成物質損失結果及提起附帶民事訴訟的數量和比率都可能會高一些；而Y區法院和J縣法院的資料，由於來自隨機抽取，所以其造成物質損失結果及提起附帶民事訴訟的案件數量和比率可能會低一些。H市中級法院的資料來自全部案件，而且為逐案調查，因此其反映的情況更加符合實際。

1　關於本調查抽取案卷的方法，原計劃是對每一個被調查的法院每一年度的全部案卷都要查看，但實際執行中由於數量大、時間緊，所以本書對抽取方法有所調整，分為三種情況：1、對H市中級法院每一抽取年度的全部案卷都進行了查看；2、對M區法院、C縣法院的抽取方法，是按照案由分兩類案件進行抽取：一是有可能提起附帶民事訴訟的侵犯人身權利、財產權利的全部案件；二是有可能存在追繳、責令退賠情形的全部侵財類案件；3、對Y縣法院、J縣法院的抽取方法，是在應抽取年度內對全部案卷進行隨機抽取50件，個別年度實際案件不足50件的，則以最終統計的實際數量為准；在隨機抽取方法上按時間分割隨機抽取，即一年中分12個月抽取，每個月根據案件數量多少間隔1–2件抽取1件。

不同法院附帶民事訴訟之應然與非應然

本節考察的是造成物質損失結果而具有附帶民事訴訟可能性的案件，與沒有造成物質損失結果而不具有附帶民事訴訟可能性的案件，其在H市不同級別的法院和不同地域的法院之間的案件數量和比率狀況，從而探知該市法院具備或不具備附帶民事訴訟條件的案件分佈規律。其中，造成物質損失結果和沒有造成物質損失結果案件在不同級別法院的分佈，是考察H市中級法院與作為一個整體的其四個縣區法院審判的一審刑事案件中，附帶民事訴訟應然性案件與非應然性案件的分佈規律。造成物質損失結果和沒有造成物質損失結果案件在不同地域法院的分佈，則是考察H市四個不同縣區基層法院審判的一審刑事案件中，附帶民事訴訟應然性和非應然性案件的分佈規律（見圖4.1、表4.1）。

一、不同級別法院附帶民事訴訟之應然與非應然

不同級別的中級法院與基層法院附帶民事訴訟之應然狀況，表現為中級法院審理的造成物質損失結果而具有附帶民事訴訟可能性案件，其數量明顯多於基層法院；所佔審理的造成和沒有造成物質損失結果案件總數量的比率上，中級法院的比率略高於各基層法院的平均比率。首先，從數量上看，H市中級法院審判的一審刑事案件中，造成物質損失結果的案件數量為639件，分別多於M區法院該類案件數量730件、C縣法院該類案件數量333件、Y縣法院該類案件數量411件、J縣法院該類案件數量396件。其次，從比率上看，H市中級法院審判的一審刑事案件中，造成物質損失結果的案件數量佔其造成和沒有造成物質損失結果案件總數量的比率為91.4%，較C縣法院的該同類比率87.9%高出3.5%，較Y縣法院的該同類比率81.2%高出10.2%，較M區法院的該同類比率95.1%低了3.7%，較J縣法院的該同類比率92.3%低了0.9%；但是，H市中級法院的比率與各區縣基層法院的同類平均比率89.13%相比，高出了2.27%。

圖4.1 有無造成物質損失案件數量圖

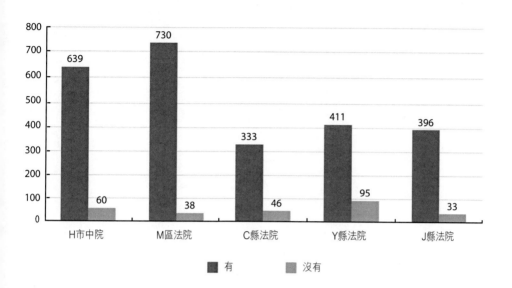

有 沒有

　　與此相對應，不同級別的中級法院與基層法院附帶民事訴訟之非應然狀況，表現為中法院審理的沒有造成物質損失結果刑事案件，其數量多於基層法院，而所佔被抽查的造成和沒有造成物質損失結果刑事案件總數量的比率上，則略低於基層法院的平均比率。首先，從數量上看，H市中級法院審判的一審刑事案件中，沒有造成物質損失結果的案件數量為60件；而四個基層法院審判的一審刑事案件中，沒有造成物質損失結果的案件數量共計212件，其中M區法院為38件、C縣法院為46件、Y縣法院為95件、J縣法院為33件，平均每個基層法院53件；中級法院的該類案件數量較基層法院的平均數量多出7件。其次，從比率上看，H市中級法院審判的一審刑事案件中，沒有造成物質損失結果的案件佔其造成和沒有造成物質損失結果案件總數量的比率為8.6%，與M區法院的該類比率4.9%、C縣法院的該類比率12.1%、Y縣法院的該類比率18.8%和J縣法院的該類比率7.7%的平均比率10.88%相比，低了2.28%。

表4.1 有無造成物質損失案件與級別、地域交叉表[2]

級別與地域			造成物質損失		總計
			有	沒有	
級別與地域	H市中院	計數	639	60	699
		在級別與地域內的%	91.4%	8.6%	100.0%
		在造成物質損失內的%	25.5%	22.1%	25.1%
		佔總計的%	23.0%	2.2%	25.1%
	M區法院	計數	730	38	768
		在級別與地域內的%	95.1%	4.9%	100.0%
		在造成物質損失內的%	29.1%	14.0%	27.6%
		佔總計的%	26.2%	1.4%	27.6%
	C縣法院	計數	333	46	379
		在級別與地域內的%	87.9%	12.1%	100.0%
		在造成物質損失內的%	13.3%	16.9%	13.6%
		佔總計的%	12.0%	1.7%	13.6%
	Y縣法院	計數	411	95	506
		在級別與地域內的%	81.2%	18.8%	100.0%
		在造成物質損失內的%	16.4%	34.9%	18.2%
		佔總計的%	14.8%	3.4%	18.2%
	J縣法院	計數	396	33	429
		在級別與地域內的%	92.3%	7.7%	100.0%
		在造成物質損失內的%	15.8%	12.1%	15.4%
		佔總計的%	14.2%	1.2%	15.4%
總計		計數	2,509	272	2,781
		在級別與地域內的%	90.2%	9.8%	100.0%
		在造成物質損失內的%	100.0%	100.0%	100.0%
		佔總計的%	90.2%	9.8%	100.0%

二、不同地域法院附帶民事訴訟之應然與非應然

不同地域的區基層法院與縣基層法院之間附帶民事訴訟之應然狀況，表現為區基層法院審理的造成物質損失結果的一審刑事案件，其數量明顯多於各個縣基層法院的數量，而所佔造成和沒有造成物質損失結果的案件總數量比率也高於各個縣基層法院的該項比率。首先，從數量上看，M區法院審判的一審刑事案件中，造成物質損失結果的案

2　表中數據為H市兩級法院1980年、1996年、1997年、1999年、2001年、2003年、2004年、2011年、2012年、2013年和2014年上半年，適用一審程序審理的案件，均以件為統計單位。

件數量為730件,分別高於C縣法院的333件、Y縣法院的411件和J縣法院的396件。其次,從比率上看,M區法院審理的一審刑事案件中,造成物質損失的案件數量佔其造成和沒有造成物質損失結果的案件總數量比率為95.1%,分別高於C縣法院的該類比率87.9%、Y縣法院的該類比率81.2%和J縣法院的該類比率92.3%。

與此相對應,不同地域基層法院之間附帶民事訴訟非應然狀況,表現為區基層法院審理的一審刑事案件中,沒有物質損失結果的案件數量明顯少於縣基層法院的數量,而其所佔造成和沒有造成物質損失結果的案件總數量比率,也低於縣基層法院的該比率。首先,從數量上看,M區法院審判的一審刑事案件中,沒有造成物質損失結果案件數量為38件,較C縣法院的該項案件數量46件、Y縣法院的該項案件數量95件均少,雖然較J縣法院的該項案件數量33件多,但較三個縣法院的該項案件平均數量57件少了11件。其次,從比率上看,M區法院審理的一審刑事案件中,沒有造成物質損失結果案件佔其造成和沒有造成物質損失結果案件總數量比率為4.9%,分別低於C縣法院的該類比率12.1%、Y縣法院的該類比率18.8%和J縣法院的該類比率7.7%。

綜合以上一、二方面,可以發現中級法院審理的具有附帶民事訴訟可能性或者應然性案件的數量明顯多於基層法院,而其在被抽查的案件總數量中所佔比率則略高於各個基層法院的平均比率;區基層法院審理的附帶民事訴訟可能性或者應然性案件的數量明顯多於縣基層法院該數量,而其在被抽查案件總數量中所佔比率也高於縣基層法院該比率。

不同法院附帶民事訴訟之實然與非實然

不同法院的附帶民事訴訟實然範圍,是指法院審理的造成物質損失結果案件而實際提起附帶民事訴訟的數量比率的情況,在中級法院同基層法院之間,區和縣基層法院相互之間進行的比較。本節要探究的問題是,中級法院審理的多數量、高比率的造成物質損失結果的案件,其實際提起附帶民事訴訟的案件數量、比率情況,和沒有實際提

圖4.2 是否提起刑事附帶民訴訟案件數量圖

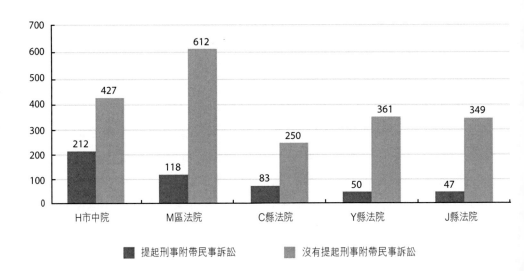

起附帶民事訴訟的案件數量、比率情況，及其同各個基層法院相比較的情況。同時，還要探究區基層法院審理的多數量、高比率的造成物質損失結果的案件，其實際提起附帶民事訴訟的案件數量、比率情況和沒有實際提起附帶民事訴訟的案件數量、比率情況及其同縣基層法院相比較的情況。通過這些數量、比率的比較研究，可以發現附帶民事訴訟應然性及非應然案件，在不同級別的地方法院，和不同地域的同級基層法院之間的實際狀況（見圖4.2和表4.2）。

一、不同級別法院附帶民事訴訟之實然與非實然

不同級別的中級法院與基層法院的附帶民事訴訟實然狀況，表現為H市中級法院審理的因造成物質損失結果而提起附帶民事訴訟的案件，與其所屬的四個基層法院審理的該類案件相比較，在數量上或者比率上均處於明顯多數或者高位。首先，從案件數量上比較，H市中級法院審理的提起附帶民事訴訟案件數量為212件，較M區法院的該類案件數量118件多出94件，較C縣法院的該類案件數量83件多出129件，較Y縣法院的該類案件數量50件多出162件，較J縣法院的該類案件數

量47件多出165件。其次,從比率上看, H市中級法院審理的提起附帶民事訴訟案件佔其審理造成物質損失結果的案件總數量比率為33.2%,較M區法院的該項同類比率16.2%高出17%,較C縣法院的該項同類比率24.9%高出8.3%,較Y縣法院的該項同類比率12.2%高出21%,較J縣法院的該項同類比率11.9%高出21.3%。

表4.2 是否提起附帶民事訴訟案件與級別、地域交叉表 [3]

			提起附帶民事訴訟		總計
			是	否	
級別與地域	H市中院	計數	212	427	639
		在級別與地域內的%	33.2%	66.8%	100.0%
		在提起附帶民事訴訟內的%	41.6%	21.4%	25.5%
		佔總計的%	8.4%	17.0%	25.5%
	M區法院	計數	118	612	730
		在級別與地域內的%	16.2%	83.8%	100.0%
		在提起附帶民事訴訟內的%	23.1%	30.6%	29.1%
		佔總計的%	4.7%	24.4%	29.1%
	C縣法院	計數	83	250	333
		在級別與地域內的%	24.9%	75.1%	100.0%
		在提起附帶民事訴訟內的%	16.3%	12.5%	13.3%
		佔總計的%	3.3%	10.0%	13.3%
	Y縣法院	計數	50	361	411
		在級別與地域內的%	12.2%	87.8%	100.0%
		在提起附帶民事訴訟內的%	9.8%	18.1%	16.4%
		佔總計的%	2.0%	14.4%	16.4%
	J縣法院	計數	47	349	396
		在級別與地域內的%	11.9%	88.1%	100.0%
		在提起附帶民事訴訟內的%	9.2%	17.5%	15.8%
總計		計數	510	1,999	2,509
		在級別與地域內的%	20.3%	79.7%	100.0%
		在提起附帶民事訴訟內的%	100.0%	100.0%	100.0%
		佔總計的%	20.3%	79.7%	100.0%

---

3 表中數據為抽查的H市兩級法院1980年、1996年、1997年、1999年、2001年、2003年、2004年、2011年、2012年、2013年和2014年上半年,適用一審程序審理造成物質損失的案件,均以件為統計單位。

與此相對應，不同級別的中級法院與基層法院的附帶民事訴訟非實然狀況，表現為H市中級法院審理的造成物質損失結果而沒有附帶民事訴訟的案件數量，多於其所轄四個基層法院的平均數量；其該類案件所佔其審理的造成物質損失案件數量的比率低於基層法院。首先，從案件數量上比較，H市中級法院審理的造成物質損失結果而沒有提起附帶民事訴訟案件數量為427件，較M區法院的該同類案件數量612件少了185件，較C縣法院的該同類案件數量250件多出177件，較Y縣法院的該同類案件數量361件多出66件，較J縣法院的該同類案件數量349件多出78件；較四個基層法院該同類案件平均數量393件多出34件。其次，從比率上看，H市中級法院審理的沒有提起附帶民事訴訟案件數量佔其審理的造成物質損失結果的案件數量比率為66.8%，較M區法院的該項同類比率83.8%低了17%，較C縣法院的該項同類比率75.1%低了8.3%，較Y縣法院的該項同類比率87.8%低了21%，較J縣法院的該項同類比率88.1%低了21.3%。

二、不同地域法院附帶民事訴訟之實然與非實然

不同地域的區基層法院與縣基層法院附帶民事訴訟實然狀況，表現為M區法院審理的因造成物質損失結果而提起附帶民事訴訟的案件，與其他縣基層法院相比較，在數量上明顯多於其他縣法院，在相關比率上略低於與其他縣法院。首先，從案件數量上比較，M區法院審理的提起附帶民事訴訟一審案件數量為118件，較C縣法院審理的該類案件數量83件多出35件，較Y縣法院審理的該類案件數量50件多出68件，較J縣法院審理的該類案件數量47件多出71件。其次，從比率上比較，M區法院審理的附帶民事訴訟案件數量佔其審理的造成物質損失結果的案件總數量730件的比率為16.2%，雖然較C縣法院審理的該項案件比率24.9%低了8.7%，但較Y縣法院審理的該項案件比率12.2%高出4%，較J縣法院審理的該項案件比率11.9%高出4.3%；但與三個縣法院該項平均比率16.3%略低了0.1%。

　　與此相對應，不同地域區基層法院與縣基層法院附帶民事訴訟非實然狀況，表現為 M 區法院審理的因造成物質損失結果而沒有提起附帶民事訴訟的案件，與其他縣法院相比較，在數量上明顯多於其他縣法院，在相關比率上總體高於其他縣法院。首先，從案件數量上比較，M 區法院審理的造成物質損失結果而沒有提起附帶民事訴訟一審案件數量為 612 件，較 C 縣法院審理的該類案件數量 250 件多出 362 件，較 Y 縣法院審理的該類案件數量 361 件多出 251 件，較 J 縣法院審理的該類案件數量 349 件多出 263 件。其次，從比率上比較，M 區法院審理的造成物質損失結果而沒有提起附帶民事訴訟案件數量，佔其審理的造成物質損失結果的案件總數量比率為 83.8%，雖然較 Y 縣法院審理的該同類案件比率 87.8% 低了 4.0%，較 J 縣法院審理的該同類案件比率 88.1% 低了 4.3%，但較 C 縣法院審理的該同類案件比率 75.1% 高出 8.7%；與三個縣法院該同類案件平均比率 83.67% 相比高出 0.13%。

　　綜合以上一、二方面所述，可以發現中級法院審理的附帶民事訴訟實然性案件數量和比率，均明顯多於和高於基層法院；區基層法院審理附帶民事訴訟實然性案件數量，明顯多於縣基層法院的，而所佔附帶民事訴訟應然性案件的數量比率，則略低於縣基層法院的。

不同法院附帶民事訴訟之應然所涉犯罪

　　本節考察的內容，是造成物質損失結果可能提起附帶民事訴訟的案件所涉及的犯罪類別，包括侵犯人身權利犯罪、侵犯財產權利犯罪、侵犯人身權利和財產權利犯罪、以及侵犯其他權利犯罪，在中級法院與基層法院之間、以及不同的基層法院之間的分佈規律。通過這些規律的考察，可以發現不同級別、不同地域的法院，不同犯罪類別各自具有多少造成物質損失結果而可能提起附帶民事訴訟案件數量，以及各自所佔的比率情況，從而揭示附帶民事訴訟應然性案件所涉及的犯罪類別（見圖 4.3 和表 4.3）。

圖4.3 造成物質損失案件涉犯罪種類地域、級別分佈數量圖

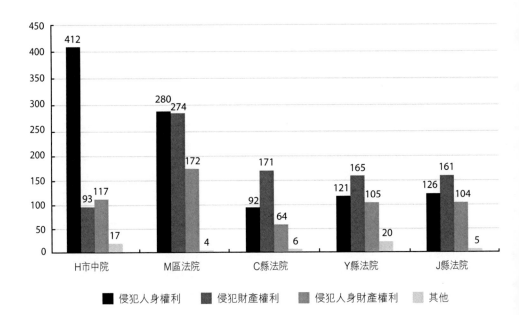

一、不同級別法院所審案件涉犯罪類別

　　不同級別的中級法院與基層法院附帶民事訴訟之應然所涉犯罪，是指H市中級法院與其所轄四個基層法院審理的造成物質損失結果而可能提起附帶民事訴訟的案件，在所涉及的侵犯人身權利犯罪、侵犯財產權利犯罪、侵犯人身權利和財產權利犯罪，以及侵犯其他權利犯罪等類別上，數量比率的不同表現情況。

（一）中級法院所審侵犯人身權利犯罪案件數量比率顯居前位

　　不同級別法院附帶民事訴訟應然性案件所涉侵犯人身權利犯罪，表現在中級法院審理的造成物質損失結果的案件中，涉及侵犯人身權利犯罪類別的案件與基層法院相比，數量為多和相關比率為高。首先，從案件的數量的比較上，H市中級法院審理的造成物質損失結果的一審案件中，侵犯人身權利犯罪的案件數量為412件，較 M 區法院審理的該類案件數量280件多出132件，較 C 縣法院審理的該類案件數量

92件多出188件，較Y縣法院審理的該類案件數量121件多出159件，較J縣法院審理的該類案件數量126件多出154件。其次，從比率的比較上，H市中級法院審理該類案件數量佔其審理的造成物質損失結果的案件總數量639件的比率為64.5%，較M區法院的該項同類比率38.4%高出36.1%，較C縣法院的該項同類比率27.6%高出36.9%，較Y縣法院的該項同類比率29.4%高出35.1%，較J縣法院的該項同類比率31.8%高出32.7%。

表4.3 造成物質損失案件涉犯罪種類與級別、地域分佈交叉表[4]

			級別與地域					總計
			H市中院	M區法院	C縣法院	Y縣法院	J縣法院	
犯罪種類	侵犯人身權利	計數	412	280	92	121	126	1,031
		在犯罪種類內的%	40.0%	27.2%	8.9%	11.7%	12.2%	100.0%
		在級別與地域內的%	64.5%	38.4%	27.6%	29.4%	31.8%	41.1%
		佔總數的%	16.4%	11.2%	3.7%	4.8%	5.0%	41.1%
	侵犯財產權利	計數	93	274	171	165	161	864
		在犯罪種類內的%	10.8%	31.7%	19.8%	19.1%	18.6%	100.0%
		在級別與地域內的%	14.6%	37.5%	51.4%	40.1%	40.7%	34.4%
		佔總數的%	3.7%	10.9%	6.8%	6.6%	6.4%	34.4%
	侵犯人身、財產權利	計數	117	172	64	105	104	562
		在犯罪種類內的%	20.8%	30.6%	11.4%	18.7%	18.5%	100.0%
		在級別與地域內的%	18.3%	23.6%	19.2%	25.5%	26.3%	22.4%
		佔總數的%	4.7%	6.9%	2.6%	4.2%	4.1%	22.4%
	侵犯其他權利	計數	17	4	6	20	5	52
		在犯罪種類內的%	32.7%	7.7%	11.5%	38.5%	9.6%	100.0%
		在級別與地域內的%	2.7%	0.5%	1.8%	4.9%	1.3%	2.1%
		佔總數的%	0.7%	0.2%	0.2%	0.8%	0.2%	2.1%
總計		計數	639	730	333	411	396	2,509
		在犯罪種類內的%	25.5%	29.1%	13.3%	16.4%	15.8%	100.0%
		在級別與地域內的%	100.0%	100.0%	100.0%	100.0%	100.0%	100.0%
		佔總數的%	25.5%	29.1%	13.3%	16.4%	15.8%	100.0%

4　表中數據為H市兩級法院1980年、1996年、1997年、1999年、2001年、2003年、2004年、2011年、2012年、2013年和2014年上半年，適用一審程序審理的造成物質損失結果的案件，均以件為統計單位。

（二）中級法院所審侵犯財產權利犯罪案件數量比率顯居後位

不同級別法院附帶民事訴訟應然性案件所涉侵犯財產權利犯罪，表現為基層法院審理的造成物質損失結果的案件中，涉及侵犯財產權利犯罪與中級法院相比，案件數量多、比率均高。首先，從數量的比較上，H市兩級法院審判的造成物質損失結果一審案件中，涉及侵犯財產權利犯罪類別的案件總數量為864件；其中，M區法院的該類案件數量為274件，C縣法院的該類案件數量為171件，Y縣法院的該類案件數量為165件，J縣法院的該類案件數量為161件，均較H市中級法院審理的該類案件數量93件多。其次，從比率的比較上，M區法院審理的該案件數量佔其審理的造成物質損失結果案件總數量比率為37.5%，C縣法院的該案件數量佔其審理的造成物質損失案件總數量比率為51.4%，Y縣法院的該案件數量佔其審理的造成物質損失案件總數量的比率為40.1%，J縣法院的該案件數量佔其審理的造成物質損失案件總數量的比率為40.7%，均較H市中級法院該項比率14.6%為高。

（三）中級法院所審侵犯人身和財產權利犯罪案件數多率低

不同級別法院附帶民事訴訟應然性案件所涉侵犯人身權利和財產權利犯罪，表現在中級法院審理的造成物質損失結果的案件中，涉及侵犯人身權利和財產權利犯罪類別的案件與基層法院相比，數量為多和相關比率略低。首先，從案件的數量上比較，H市中級法院審理的造成物質損失結果的一審案件中，侵犯人身權利和財產權利犯罪類別的案件數量為117件，較M區法院審理的該類案件數量172件少了55件，較C縣法院審理的該類案件數量64件多出53件，較Y縣法院審理的該類案件數量105件多出12件，較J縣法院審理的該類案件數量104件多出11件；較四個基層法院審理的該類案件平均數量111.25件多出5.75件。其次，從比率的比較上，H市中級法院審理該類案件數量佔該法院審理的造成物質損失結果案件總數量比率為18.3%，較M區法院的該項比率23.6%低了5.3%，較C縣法院的該項比率19.2%低了0.9%，較Y縣法院的該項比率25.5%低了7.2%，較J縣法院的該項比率26.3%低了8.0%。

（四）中級法院所審侵犯其他權利犯罪案件數多率略高

不同級別法院附帶民事訴訟應然性案件所涉侵犯其他權利犯罪類別，表現在中級法院審理的造成物質損失結果的案件中，涉及侵犯其他權利犯罪類別的案件與基層法院相比，數量為多和相關比率略高。首先，從案件的數量的比較上，H市中級法院審理的造成物質損失的一審案件中，涉及侵犯其他權利犯罪類別的案件數量為17件，較M區法院審理的該類案件數量4件多出13件，較C縣法院審理的該類案件數量6件多出11件，較Y縣法院審理的該類案件數量20件少了3件，較J縣法院審理的該類案件數量5件多出12件；較四個基層法院審理的該類案件平均數量8.75件多出8.25件。其次，從比率的比較上，H市中級法院審理該類案件數量佔該法院審理的造成物質損失結果案件總數量的比率為2.7%，較M區法院的該項同類比率0.5%高出2.2%，較C縣法院的該項同類比率1.8%高出0.9%，較Y縣法院的該項同類比率4.9%低了2.2%，較J縣法院的該項同類比率1.3%高出1.4%；較四個基層法院該項同類平均比率2.15%高出0.53%。

二、不同地域法院所審案件涉犯罪類別

不同地域法院附帶民事訴訟應然性案件所涉犯罪，是指區基層法院與縣基層法院審理的造成物質損失結果而可能提起附帶民事訴訟案件數量和比率，在涉及侵犯人身權利犯罪、侵犯財產權利犯罪、侵犯人身權利和財產權利犯罪，以及侵犯其他權利犯罪類別上的不同分別情況。

（一）區基層法院所審侵犯人身權利犯罪案件數量比率居前位

不同地域法院附帶民事訴訟應然性案件所涉侵犯人身權利犯罪，表現為區基層法院審理的造成物質損失結果的案件中，涉及侵犯人身權利犯罪類別的案件數量比率均居於縣基層法院之前。首先，從案件數量的比較上，M區法院審判的造成物質損失結果的案件中，涉及侵犯

人身權利犯罪類別的案件數量為280件，較C縣法院審判該類案件數量92件多出188件，較Y縣法院審判該類案件數量121件多出159件，較J縣法院審判該類案件數量126件多出154件。其次，從比率的比較上，M區法院審理該類案件數量佔該法院審理的造成物質損失結果案件總數量的比率為38.4%，較C縣法院的該項同類比率27.6%高出10.8%，較Y縣法院的該項同類比率29.4%高出9.0%，較J縣法院的該項同類比率31.8%高出6.6%。

（二）區基層法院所審侵犯財產權利犯罪案件數量多比率低

不同地域法院附帶民事訴訟應然性案件所涉侵犯財產權利犯罪，表現為區基層法院審理的造成物質損失結果的案件中，涉及侵犯財產權利犯罪的案件數量較縣基層法院為多，但比率較縣基層法院為低。首先，從案件數量的比較上，M區法院審理的造成物質損失結果的案件中，涉及侵犯財產權利犯罪案件數量274件，較C縣法院審判該類案件數量171件多出103件，較Y縣法院審判該類案件數量165件多出109件，較J縣法院審判該類案件數量161件多出113件。其次，從比率的比較上，M區法院審理該類案件數量佔該法院審理的造成物質損失結果案件總數量的比率為37.5%，較C縣法院的該項同類比率51.4%低了13.9%，較Y縣法院的該項同類比率40.1%低了2.6%，較J縣法院的該項同類比率40.7%低了3.2%。

（三）區基層法院所審侵犯人身和財產權利犯罪案數量多比率略低

不同地域法院附帶民事訴訟應然性案件所涉侵犯人身權利和財產權利犯罪，表現為區基層法院審理的造成物質損失結果的案件中，涉及侵犯人身權利和財產權利犯罪類別的案件數量較縣基層法院為多，但比率略低於縣基層法院。首先，從案件數量的比較上，M區法院審理的造成物質損失結果的案件中，涉及侵犯人身權利和財產權利犯罪類別的案件數量172件，較C縣法院審理該類案件數量64件多出108件，

較Y縣法院審理該類案件數量105件多出67件，較J縣法院審理該類案件數量104件多出68件。其次，從比率的比較上，M區法院審理該類案件數量佔該法院審理的造成物質損失結果的案件總數量比率為23.6%，較C縣法院的該項同類比率19.2%高出4.4%，較Y縣法院的該項同類比率25.5%低了1.9%，較J縣法院的該項同類比率26.3%低了2.7%；較三個縣基層法院該項同類平均比率23.67%低了0.01%。

（四）區基層法院所審侵犯其他權利犯罪案件數量比率居後位

不同地域法院附帶民事訴訟應然性案件所涉侵犯其他權利犯罪，表現為區基層法院審理的造成物質損失結果的案件中，涉及侵犯其他權利犯罪類別的案件數量比率均居縣基層法院之後。首先，從案件數量的比較上，M區法院審理的造成物質損失結果的案件中，涉及侵犯其他權利犯罪類別案件數量4件，較C縣法院審理該類案件數量6件少了2件，較Y縣法院審理該類案件數量20件少了17件，較J縣法院審理該類案件數量5件少了2件。其次，從比率的比較上，M區法院審理該類案件數量佔該法院審理的造成物質損失結果案件總數量的比率為0.5%，較C縣法院的該項同類比率1.8%低了1.3%，較Y縣法院的該項同類比率4.9%低了4.4%，較J縣法院的該項同類比率1.3%低了0.8%。

綜合以上一、二方面所述，可以發現H市中級法院審理的附帶民事訴訟應然性案件中，涉及侵犯人身權利的犯罪類別的數量比率明顯居區縣基層法院之上，而涉及侵犯財產權利類別的犯罪案件數量比率則明顯居區縣基層法院之下；涉及侵犯人身權利和財產權利犯罪、侵犯其他權利犯罪案件類別的案件數量多於區縣基層法院，但比率或低於或略高於區縣基層法院。同時還發現，區基層法院審理的涉及侵犯人身權利犯罪類別的案件數量比率均居縣基層法院之上，而涉及侵犯其他權利犯罪類別的案件數量比率則居縣基層法院之下；涉及侵犯財產權利、侵犯人身權利和財產權利犯罪的案件數量居縣基層法院之上，但比率居縣基層法院之下。

不同法院附帶民事訴訟之實然所涉犯罪

本節要考察的內容，是造成物質損失結果而實際提起附帶民事訴訟案件所涉及的犯罪類別，包括侵犯人身權利犯罪、侵犯財產權利犯罪、侵犯人身權利和財產權利犯罪，以及侵犯其他權利犯罪，在中級法院與基層法院之間和不同的基層法院之間的分佈規律。通過這些規律的考察，可以發現不同級別、不同地域的法院，不同犯罪類別各自具有多少造成物質損失結果而實際提起附帶民事訴訟案件數量，以及各自所佔的比率情況，從而揭示附帶民事訴訟實然性案件所涉及的犯罪類別（見圖4.4和表4.4）。

一、不同級別法院所審案件涉犯罪類別

不同級別法院附帶民事訴訟之實然所涉犯罪，是指中級法院與基層法院審理的造成物質損失結果而實際提起附帶民事訴訟的案件，在涉及侵犯人身權利犯罪、侵犯財產權利犯罪、侵犯人身權利和財產權利犯罪，以及侵犯其他權利犯罪等類別上，其數量比率的表現情況。

圖4.4 附帶民事訴訟案件涉犯罪種類地域、級別分佈數量圖

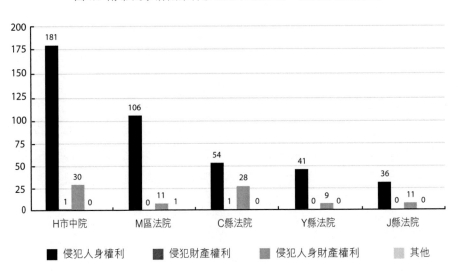

表4.4 附帶民事訴訟案件涉犯罪種類與級別、地域交叉表[5]

		級別與地域					總計
		H市中院	M區法院	C縣法院	Y縣法院	J縣法院	
犯罪種類	侵犯人身權利	計數	181	106	54	41	36	418
		在犯罪種類內的%	43.3%	25.4%	12.9%	9.8%	8.6%	100.0%
		在級別、地域內的%	85.4%	89.8%	65.1%	82.0%	76.6%	82.0%
		佔總數的%	35.5%	20.8%	10.6%	8.0%	7.1%	82.0%
	侵犯財產權利	計數	1	0	1	0	0	2
		在犯罪種類內的%	50.0%	0.0%	50.0%	0.0%	0.0%	100.0%
		在級別、地域內的%	0.5%	0.0%	1.2%	0.0%	0.0%	0.4%
		佔總數的%	0.2%	0.0%	0.2%	0.0%	0.0%	0.4%
	侵犯人身、財產權利	計數	30	11	28	9	11	89
		在犯罪種類內的%	33.7%	12.4%	31.5%	10.1%	12.4%	100.0%
		在級別、地域內的%	14.2%	9.3%	33.7%	18.0%	23.4%	17.5%
		佔總數的%	5.9%	2.2%	5.5%	1.8%	2.2%	17.5%
	侵犯其他權利	計數	0	1	0	0	0	1
		在犯罪種類內的%	0.0%	100.0%	0.0%	0.0%	0.0%	100.0%
		在級別、地域內的%	0.0%	0.8%	0.0%	0.0%	0.0%	0.2%
		佔總數的%	0.0%	0.2%	0.0%	0.0%	0.0%	0.2%
總計		計數	212	118	83	50	47	510
		在犯罪種類內的%	41.6%	23.1%	16.3%	9.8%	9.2%	100.0%
		在級別、地域內的%	100.0%	100.0%	100.0%	100.0%	100.0%	100.0%
		佔總數的%	41.6%	23.1%	16.3%	9.8%	9.2%	100.0%

（一）中級法院所審侵犯人身權利犯罪案件數量多比率高

不同級別法院附帶民事訴訟實然範圍所涉侵犯人身權利犯罪的情況，表現為 H 市中級法院審理的附帶民事訴訟案件中，涉及侵犯人身權利犯罪類別的案件數量比率，明顯多於和高於其四個基層法院。首先，從案件數量上看，H市中級法院審理涉及侵犯人身權利犯罪類別的

5　表中數據為H市兩級法院1980年、1996年、1997年、1999年、2001年、2003年、2004年、2011年、2012年、2013年和2014年上半年，適用一審程序審理的造成物質損失結果的案件並提起附帶民事訴訟的案件，均以件為統計單位。

附帶民事訴訟案件數量為 181 件，其該類案件數量較 M 區法院的同類案件數量 106 件多出 75 件，較 C 縣法院的同類案件數量 54 件多出 127 件，較 Y 縣法院的同類案件數量 41 件多出 140 件，較 J 縣法院的同類案件數量 36 件多出 145 件。其次，從比率上看，H 市中級法院審理涉及侵犯人身權利犯罪類別的附帶民事訴訟案件數量，佔該法院審理的附帶民事訴訟案件總數量 212 件的比率為 85.4%，較 M 區法院的該項同類案件比率 89.8% 低了 4.4%，較 C 縣法院的該項同類案件比率 65.1% 高出 20.3%，較 Y 縣法院的該項同類案件比率 82.0% 高出 3.2%，較 J 縣法院的該項同類案件比率 76.6% 高出 8.8%；較四個區縣基層法院該項同類案件平均比率 78.38% 高出 7.03%。

（二）中級和基層法院所審侵犯財產權利犯罪案件數量比率基本持平

不同級別法院的附帶民事訴訟之實然所涉侵犯財產權利犯罪類別的案件情況，表現為 H 市中級法院與基層法院審理涉及侵犯財產權利犯罪類別的附帶民事訴訟案件數量極少且數量、比率基本持平狀況。首先，從數量上看，H 市中級法院審理的涉及侵犯財產權利犯罪類別的附帶民事訴訟案件數量為一件，而四個基層法院僅有 C 縣法院審理了該類案件一件。其次，從比率上看，H 市中級法院審理涉及侵犯財產權利犯罪類別的附帶民事訴訟案件，佔其審理附帶民事訴訟案件總數量的比率為 0.5%，而與 C 縣法院該項同類比率 1.2% 低了 0.7%，但與四個基層法院該項同類平均比率 0.3% 相比高了 0.2%。

（三）中級法院所審侵犯人身和財產權利犯罪案件數多率低

不同級別法院附帶民事訴訟之實然所涉侵犯人身權利和財產權利犯罪類別的案件情況，表現為 H 市中級法院審理的涉及侵犯人身權利和財產權利犯罪類別的附帶民事訴訟案件，其數量多於於基層法院，其比率低於基層法院。首先，從數量上看，H 市中級法院審理涉及侵犯人身權利和財產權利犯罪類別的附帶民事訴訟案件數量為 30 件，較 M 區法院該同類案件數量 11 件多出 19 件，較 C 縣法院該同類案件數量 28 件

多出2件，較Y縣法院該同類案件數量9件多出21件，較J縣法院該同類案件數量11件多出19件。其次，從比率上看，H市兩級法院審理涉及侵犯人身權利和財產權利犯罪類別的附帶民事訴訟案件數量，佔其所審理的附帶民事訴訟案件總數量比率為14.2%，較M區法院的該項同類比率9.3%高出4.9%，較C縣法院的該項同類比率33.7%少了19.5%，較Y縣法院的該項同類比率18.0%少了3.8%，較J縣法院的該項同類比率23.4%少了9.2%；較四個基層法院的該項同類平均比率21.1%少了6.9%。

此外，H市中級法院沒有審理涉及侵犯其他權利犯罪類別而提起附帶民事訴的案件，只有M區法院審理了1件此類案件。

二、不同地域法院所審案件涉犯罪類別

不同地域法院附帶民事訴訟之實然所涉犯罪類別，是指區基層法院與縣基層法院審理的造成物質損失結果而實際提起附帶民事訴訟案件，在涉及侵犯人身權利犯罪、侵犯財產權利犯罪、侵犯人身權利和財產權利犯罪，以及侵犯其他權利犯罪等類別上，其數量和相關比率的表現情況。

（一）M區基層法院所審侵犯人身權利犯罪案件數量多比率高

不同地域法院的附帶民事訴訟之實然所涉侵犯人身權利犯罪類別的情況，表現為M區法院審理的附帶民事訴訟案件中，涉及侵犯人身權利犯罪類別的案件數量和比率明顯多於和高於其他縣基層法院。首先，從案件數量上比較，M區法院審理的因涉及侵犯人身權利犯罪類別而提起附帶民事訴訟的案件數量為106件，較C縣法院的該同類案件數量54件多出52件，較Y縣法院的該同類案件數量41件多出65件，較J縣法院的該同類案件數量36件多出70件。其次，從比率上比較，M區法院審理涉及侵犯人身權利犯罪類別而提起附帶民事訴訟的案件，佔其審理的附帶民事訴訟案件總數量的比率為89.8%，較C縣法院的該

項同類比率65.1%高出24.7%，較Y縣法院的該項同類比率82.0%高出7.8%，較J縣法院的該項同類比率76.6%高出13.2%。

(二) M區基層法院所審侵犯人身和財產權利犯罪案件數量少比率低

不同地域法院的附帶民事訴訟之實然所涉侵犯人事權利和財產權利犯罪類別的案件情況，表現為M區法院審理的涉及侵犯人身權利和財產權利而附帶民事訴訟的案件，其數量少於其他縣法院，其比率也低於其他縣法院。首先，從數量上看，M區法院審理涉及侵犯人身權利和財產權利而提起附帶民事訴訟的案件數量為11件，較C縣法院該同類案件數量28件少了17件，較Y縣法院的該同類案件數量9件多了2件，與J縣法院的該同類案件數量11件持平；較其他三個縣法院案件的平均數量16件少了5件。其次，從比率上看，M區法院審理涉及侵犯人身權利和財產權利犯罪類別而提起附帶民事訴訟的案件，佔其審理的附帶民事訴訟案件總數量的比率為9.3%，較C縣法院的該項同類比率33.7%低了24.4%，較Y縣法院的該項同類比率18.0%低了8.7%，較J縣法院的該項同類比率23.4%低了14.1%。

此外，不同區域基層法院審理涉及侵犯財產權利犯罪類別、涉及侵犯其他權利犯罪類別而提起附帶民事訴訟的案件情況，表現為數量極少，特點難以顯現。只有M區法院審理了1件涉及侵犯其他權利犯罪類別而提起附帶民事訴訟的案件，其他縣基層法院沒有該類案件。而涉及侵犯財產權利犯罪類別而提起附帶民事訴訟的案件，則只有C縣法院審理了1件，其他基層法院均沒有此類案件。

綜合以上一、二方面所述，可以發現H市兩級法院審理附帶民事訴訟實然性案件中，涉及侵犯人身權利犯罪類別的案件數量比率，中級法院位居於基層法院之前，區基層法院位居於縣基層法院之前；涉及侵犯人身權利和財產權利犯罪類別的案件，中級法院較基層法院而言數量雖多但比率低，區基層法院與縣基層法院相比則居於後位；涉及其他犯罪類別情況差異微弱。

本章小結：司法限制有悖於法院實踐差異

本章前四節的內容，考察了造成物質損失結果的一審刑事案件在不同級別和不同地域法院的分佈規律，以及提起附帶民事訴訟和涉及犯罪類別的狀況。根據這些情況，本節就司法解釋限制附帶民事訴訟範圍，對中國最基本刑事一審管轄法院——中級法院和基層法院的附帶民事訴訟審判的影響，進行分析探討。

一、不同法院的附帶民事訴訟應然性具有差異

不同級別的法院和不同地域的法院，由於在附帶民事訴訟應然性案件的數量多少、比率高低，涉及犯罪的不同類別等方面的狀況存有差異，所以，附帶民事訴訟範圍是否需要進行司法限制，或者需要限制的犯罪類別表現出不同的客觀需求。

（一）不同級別法院的附帶民事訴訟應然性案件涉犯罪類別差異較大

通過本章第一節「不同法院附帶民事訴訟之應然與非應然」的考察，發現H市中級法院審理的造成物質損失結果的案件數量為639件，雖然較其所轄四個基層法院該類案件總數量的平均數量467.5件多出171.5件；但是，由於H市中級法院被調查案件的總數量，多於四個基層法院被調查的平均案件數量，所以，僅僅從數量多尚不足以得出中級法院較基層法院的附帶民事訴訟應然性案件數量更多的結論。可是，進一步研究發現，H市中級法院審判的造成物質損失結果的案件數量，佔其被抽取案件總數量的比率為91.4%，較四個基層法院該項同類平均比率89.13%僅僅高出2.28%。[6]這一現象説明，中級法院和基層法院審理的造成物質損失結果而具有附帶民事訴訟可能性的案件，在其整個刑事一審案件中所佔比率基本相當。也就是説，中級法院和基

6　見本章表4.1：「有無造成物質損失案件與級別、地域交叉表」。

層法院的附帶民事訴訟應然性狀況基本相同，其是否需要司法限制所依據的案件數量比率等客觀情況基本相同。

在此分析的基礎上，對本章第三節「不同法院附帶民事訴訟之應然所涉犯罪」有關H市兩級法院審理的造成物質損失結果涉及犯罪類別案件的考察中，發現兩類較為明顯的現象：一是涉及侵犯人身權利犯罪類別案件中，H市中級法院審理的該類案件數量為412件，較四個基層法院的平均案件數量154.5件多出257.25件；H市中級法院審理該類案件數量佔該法院審理的造成物質損失結果案件總數量的比率為64.5%，較四個基層法院的該項同類平均比率31.8%高出32.7%。二是涉及侵犯財產權利犯罪類別案件中，H市中級法院審判的該類涉及侵犯財產權利類別的案件總數量為93件，較四個基層法院該類案件平均數量192.75件少了99.75件；H市中級法院審理的該類案件佔造成物質損失結果的案件數量比率14.6%，較四個基層法院的該項同類平均比率42.4%低了27.8%。[7]另外，結合H市中級法院審理的造成物質損失涉及侵犯人身權利犯罪類別的案件，與涉及侵犯人身權利和財產權利犯罪類別案件的數量相加，兩者數量之和佔該中級法院審理的全部造成物質損失結果的案件數量比率為82.8%；而四個基層法院的該兩類案件數量相加之和所佔其全部造成物質損失結果的案件數量比率為55.45%。[8]同時，涉及侵犯財產權利犯罪類別案件，與涉及侵犯人身權利和財產權利犯罪類別案件數量相加之和，佔該中級法院審理的全部造成物質損失結果的案件數量比率為32.9%；而四個基層法院的該兩類案件數量相加之

7　見本章表4.3：「造成物質損失案件所涉犯罪種類與級別、地域分佈交叉表」。

8　將涉及侵犯人身權利犯罪類別案件、涉及侵犯財產權利犯罪類別案件，分別與涉及侵犯人身權利和財產權利犯罪類別的案件數量比率相加，並進行比較分析，是因為涉及侵犯人身權利和財產權利犯罪類別案件，既可以劃分到涉及侵犯人身權利犯罪類別中，也可以劃分到侵犯財產權利犯罪類別中。所以，在比較涉及侵犯人身權利犯罪類別、涉及侵犯財產權利犯罪類別，哪類案件更多在實踐中出現、哪類案件更能影響附帶民事訴訟範圍的案件數量時，則應當將涉及侵犯人身權利和財產權利犯罪類別的案件，分別劃歸涉及侵犯人身權利犯罪類別案件或涉及侵犯財產權利犯罪類別的案件後進行分析。

和，佔其審理的造成物質損失結果的案件數量比率為66.05%。[9]這些現象表明，中級法院附帶民事訴訟應然性案件主要集中在涉及侵犯人身權利犯罪類別的案件中，而在涉及侵犯財產權利犯罪類別的案件中表現不突出；相反，基層法院附帶民事訴訟應然性案件主要集中在涉及侵犯財產權利犯罪類別的案件中，而在涉及侵犯人身權利犯罪類別的案件中表現相對不突出。

根據以上情況的分析，可以發現的規律是：中級法院與基層法院審理的具有附帶民事訴訟應然性的案件數量均大量的存在，中級法院此類案件數量更多一些；但中級法院審理的涉及侵犯人身權利犯罪類別，具有更多的可能進入附帶民事訴訟範圍的案件，此種現象更加突出；而基層法院審理的涉及侵犯財產權利犯罪類別的案件，具有更多的可能進入附帶民事訴訟範圍的案件，此種現象更加引人關注。

（二）不同地域基層法院的應然性案件數量與所涉犯罪類別有差異

通過本章第一節「不同法院附帶民事訴訟之應然與非應然」的考察發現，M區法院審理的造成物質損失結果的案件數量為730件，較C縣法院、Y縣法院和J縣法院的該同類案件平均數量380件多出350件；M區法院審理的造成物質損失結果的案件數量，佔其被抽查案件總數量的比率為95.1%，較其他三個縣法院該同類案件平均比率87.13%高出7.97%。[10]這些現象表明，區基層法院相對於縣基層法院而言，前者符合附帶民事訴訟範圍而有可能提起附帶民事訴訟案件數量更多一些、比率更高一些；而後者的數量、比率雖然較前者有一定的差距，但其比率也接近九成。由此可見，單純從附帶民事訴訟應然性案件的數量比率上看，對附帶民事訴訟範圍予以司法限制，是有一定的案件數量基礎的。

---

9   見本章表4.3：「造成物質損失案件涉犯罪種類與級別、地域分佈交叉表」。

10 見本章表4.1：「有無造成物質損失案件與級別、地域交叉表」。

在此基礎之上，再來看本章，可以發現以下兩種現象：一是區基層法院審理的涉及侵犯人身權利犯罪類別而具有附帶民事訴訟應然性的案件，與縣基層法院相比，其案件數量比率上均居於前位。M區法院審理的造成物質損失結果的案件，其涉及侵犯人身權利犯罪的案件數量為280件，較C縣等三個縣法院所審理該同類案件的平均數量113件多出167件；M區法院審理該類案件數量佔該法院審理的造成物質損失結果的案件總數量730件的比率為38.4%，較C縣等三個縣法院的該項同類平均比率29.6%高了8.8%。二是區基層法院審理的所涉侵犯財產權利犯罪類別而具有附帶民事訴訟應然性的案件，與縣基層法院相比，其案件數量居多而比率居後位。M區法院審理的造成物質損失結果的案件，涉及侵犯財產權利犯罪類別的案件數量為275件，較C縣等三個縣法院所審理該同類案件平均數量165.33件多出109.67件；M區法院審理該類案件數量佔該法院審理的造成物質損失結果的案件總數量比率為37.7%，較C縣等三個縣法院的該項同類平均比率43.97%低了6.27%。[11]這些現象與涉及侵犯人身權利和財產權利犯罪類別的案件情況相結合，則可以發現M區法院審理的造成物質損失結果涉及侵犯人身權利犯罪類別的案件[12]數量為452件，佔其審理的造成物質損失結果的案件比率為62%，較C縣等三個縣法院的平均數量204件多出248件，較C縣等三個法院的該同類平均比率52.77%高出9.23%；M區法院審理的造成物質損失結果涉及侵犯財產權利犯罪類別的案件[13]數量為447件，佔其審理的造成物質損失結果的案件比率為61.3%，較C縣等三個縣法院的平均數量165.3件多出281.67件，較C縣等三個縣法院的該

11　見本章表4.3：「造成物質損失案件涉犯罪種類與級別、地域分佈交叉表」。

12　此處涉及侵犯人身權利犯罪類別的案件，包括涉及侵犯人身權利犯罪類別案件、涉及侵犯人身權利和財產權利犯罪類別的案件。

13　此處涉及侵犯財產權利犯罪類別的案件，包括涉及侵犯財產權利犯罪類別的案件、涉及侵犯人身權利和財產權利犯罪類別的案件。

同類平均比率67.64%低了6.34%。[14]這些現象表明，區基層法院與縣基層法院相比，前者審理的涉及侵犯人身權利犯罪類別的附帶民事訴訟應然性的案件，其數量比率均居於後者前位；但其審理的涉及侵犯財產權利犯罪類別的附帶民事訴訟應然性案件，其數量雖較縣基層法院的多，但其比率卻較縣基層法院的低。

根據以上情況的分析，可以發現的規律是：不同地域的區、縣基層法院審理的具有附帶民事訴訟應然性的案件均大量存在，但區基層法院相對於縣基層法院則表現為數量更多一些；在涉及犯罪類別上，區基層法院審理的涉及侵犯人身權利犯罪類別而具有附帶民事訴訟應然性的案件比率更高一些，縣基層法院審理的涉及侵犯財產權利犯罪類別而具有附帶民事訴訟應然性的案件比率更高一些。

二、不同法院的附帶民事訴訟實然性具有差異

前面論證的結果可以看出，假設司法限制附帶民事訴訟範圍具有必要性，那麼，針對造成物質損失結果及其犯罪類別在不同級別和不同地域法院的分佈狀況，應當從應然的角度提出中級法院和基層法院審理的不同類型案件在理論上也需要程度不同的對待。下面所要研究的問題，就是從實然的角度看，司法解釋對附帶民事訴訟範圍的限制對於不同級別或不同地域的法院而言，是否發生有效的作用？也就是，司法解釋對附帶民事訴訟範圍的限制是否滿足了不同級別或不同地域法院的實際需求。

（一）不同級別法院附帶民事訴訟實然性具有差異

通過本章可以發現，不同級別法院的附帶民事訴訟實然性效果表現為，H市中級法院審理的因造成物質損失結果而提起附帶民事訴訟的案件，與其所屬的四個基層法院相比較，其審理的該類案件數量為

14　見本章表4.3：「造成物質損失案件涉犯罪種類與級別、地域分佈交叉表」。

212件，較 M 區等基層法院的案件平均數量 74.5 件多出 137.5 件；H 市中級法院審理的該類案件佔其造成物質損失結果的案件總數量比率為33.2%，較 M 區等基層法院的該項同類平均比率 16.3% 高出 16.9%。[15]此現象表明，審理大量數量且高比率的具有提起附帶民事訴訟可能性案件的 H 市兩級法院，其實際提起附帶民事訴訟案件數量比率，中級法院明顯高於基層法院。這說明審理無期徒刑以上重大刑事案件的中級法院，[16] 其案件提起附帶民事訴訟的概率較審理普通刑事案件的基層法院[17] 要高許多，而司法解釋對於中級法院和基層法院附帶民事訴訟範圍的限制，並沒有考慮該案件疑難程度差異的因素。

再進一步分析本章第四節「不同法院附帶民事訴訟之實然所涉犯罪」的相關資料，可以發現H市中級法院和M區等基層法院審理的，涉及侵犯財產權利犯罪類別而提起附帶民事訴訟的案件各有一件，而涉及侵犯其他權利犯罪類別而提起附帶民事訴訟的案件只有基層法院有一件。如此少的案件數量，對於這兩類犯罪類別基本上沒有比較的價值，但可以反映出中級法院和基層法院的司法實踐，均沒有對此兩類案件的附帶民事訴訟範圍進行限制的客觀需要。同時，還發現 H 市中級法院與 M 區等基層法院在提起附帶民事訴訟案件數量比率上的差異，主要表現在涉及侵犯人身權利犯罪類別、涉及侵犯人身權利和財產權利犯罪類別上。從涉及侵犯人身權利犯罪類別而提起附帶民事訴訟案件數量上比較，H市中級法院審理的該類案件數量為 181 件，較 M 區等基層法院審理的該類案件平均數量 59.25 件多出 121.75 件；從該類案件所佔該法院審理的提起附帶民事訴訟案件總數量的比率上比較，H 市中級法院審理的該類案件數量比率為85.4%，較M區等基層法院該類案

15　見本章表4.2：「是否提起附帶民事訴訟案件與級別、地域交叉表」。

16　《中華人民共和國刑事訴訟法》第20條規定：「中級法院管轄下列第一審刑事案件：（一）危害國家安全、恐怖活動案件；（二）可能判處無期徒刑、死刑的案件。」

17　《中華人民共和國刑事訴訟法》第19條規定：「基層法院管轄第一審普通刑事案件，但是依法由上級法院管轄的除外。」

件數量平均比率78.38%高出7.03%。從涉及侵犯人身權利和財產權利犯罪類別而提起附帶民事訴訟案件數量上比較，H市中級法院審理的該類案件數量為30件，較M區等基層法院審理的該類案件平均數量14.75件多出15.25件；從該類案件所佔該法院審理的提起附帶民事訴訟案件總數量的比率上比較，H市中級法院審理的該類案件數量比率為14.2%，較M區等基層法院該類案件數量平均比率21.1%低了6.9%。[18]以上現象表明，H市中級法院和M區等基層法院審理的附帶民事訴訟案件，幾乎全部為涉及侵犯人身權利犯罪類別。[19]但這並不能完全歸結於為司法解釋限制附帶民事訴訟範圍的結果。因為中級法院和基層法院各自審理1件涉及侵犯財產權利犯罪類別而提起附帶民事訴訟的案件。中級法院審理的這件案件為司法解釋限制之前的案件，[20]而基層法院審理的這件案件為司法解釋限制之後的案件。[21]另外，基層法院還在司法解釋限制附帶民事訴訟範圍出台之前，審理了一件涉及侵犯其他權利犯罪類別而提起附帶民事訴訟的案件，審理的結果是法院主持原、被告人雙方達成賠償調解協定，並製作刑事附帶民事調解書送達雙方簽收後而結案。[22]這些情況說明，在司法解釋對附帶民事訴訟範圍進行限制之前或限制之後，附帶民事訴訟實然效果略有差異；但是，司法解釋沒有限制附帶民事訴訟範圍之前，並沒有存在大量的被限制的非法佔有類的侵犯財產權利犯罪進入附帶民事訴訟程序。

18　見本章表4.4：〈附帶民事訴訟案件涉犯罪種類與地域、級別交叉表〉。

19　此處所說的涉及侵犯人身權利犯罪類別的案件，是指涉及侵犯人身權利犯罪類別的案件、涉及侵犯人身權利和財產權利類別的案件。由於後類案件既侵犯了人身權利，又侵犯了財產權利，而實踐中此類案件單純因侵犯財產權利犯罪而提起附帶民事訴訟的幾乎沒有，往往是因其中人身權利被侵犯而提起的附帶民事訴訟，所以，本書在此將此類犯罪類別包含在涉及侵犯人身權利犯罪類別之中進行研究。其中，H市中級法院的該類案件所佔其審理全部附帶民事訴訟案件的比率為99.6%，M區等基層法院審理的該同類案件比率為99.48%。

20　詐騙罪案件詳見S省H市中級法院（1999）H刑二初字第5號刑事附帶民事訴訟判決書。

21　破壞生產經營罪案件情況詳見C縣法院（2003）C刑初字第108號刑事案件卷宗，此案件符合附帶民事訴訟司法解釋的範圍，屬於毀損財物造成物質損失的範圍。

22　信用卡詐騙罪案件詳見H市法院（現M區法院）（1999）H刑初字第219號案卷。

　　根據以上分析，可以看出：中級法院和基層法院審理大量的具有附帶民事訴訟可能性的案件，只有較少一部分成為附帶民事訴訟實然性案件，而中級法院審理的案件成為的概率明顯高於基層法院的；雖然這一部分進入附帶民事訴訟程序的案件屬於司法解釋允許進入的種類，但是，對於那些涉及侵犯財產權利犯罪類別的案件近乎全部沒有進入附帶民事訴訟程序的現象，並不能完全歸因於司法解釋限制的結果，甚至可以說，司法解釋限制的效果十分有限；否則，沒有辦法解釋限制附帶民事訴訟範圍的司法解釋實施之前，也只是出現的極少數數量的被限制案件進入附帶民事訴訟範圍的現象。同時，司法解釋沒有限制重大複雜案件提起附帶民事訴訟，而對於較為普通案件卻給予與重大複雜案件同等的限制。

(二) 不同地域基層法院附帶民事訴訟實然性略有差異

　　通過本章第二節「不同法院附帶民事訴訟之實然與非實然」的考察情況看，不同地域基層法院的附帶民事訴訟實然效果，表現為 M 區法院審理的因造成物質損失結果而提起附帶民事訴訟的案件，與其他三個縣法院相比較，M 區法院審理的該類案件數量為 118 件，較 C 縣等三個基層法院的案件平均數量 60 件多出 58 件；從其審理的提起附帶民事訴訟的案件所佔其全部造成物質損失結果的案件總數量比率的比較上，M 區法院審理的該類案件的比率為 16.2%，較 C 縣等基層法院的該項同類案件平均比率 16.33% 略低了 0.13%。[23] 這說明區基層法院審理的附帶民事訴訟應然性案件，其轉為實然性案件的概率與縣基層法院基本相同。

　　通過本章可以發現 M 區基層法院與 C 縣等三個基層法院，審理附帶民事訴訟實然性案件的不同特點，表現在涉及侵犯人身權利犯罪類別、涉及侵犯人身權利和財產權利犯罪類別的數量比率差異上。從涉

23　見本章表4.2：「是否提起附帶民事訴訟案件與級別、地域交叉表」。

及侵犯人身權利犯罪類別而提起附帶民事訴訟的案件數量上比較，M區法院審理的該類案件數量為106件，較C縣等三個基層法院審理的該類案件平均數量43.67件多出62件；從該類案件所佔該法院審理的附帶民事訴訟案件總數量的比率上比較，M區法院審理的該類案件數量比率為89.8%，較C縣等三個基層法院該類案件數量平均比率74.56%高出15.24%。從涉及侵犯人身權利和財產權利犯罪類別而提起附帶民事訴訟案件數量上比較，M區法院審理的該類案件數量為11件，較C縣等三個基層法院審理的該類案件平均數量16件多出5件；從該類案件所佔該法院審理的附帶民事訴訟案件總數量的比率上比較，M區法院審理的該類案件數量比率為12.4%，較C縣等三個基層法院該類平均比率25.03%低了12.63%。[24] 此現象說明基層法院審理的附帶民事訴訟實然性案件中，涉及侵犯人身權利犯罪類別的案件，區基層法院比較縣基層法院此類案件數量比率高；而縣基層法院審理的涉及侵犯人身權利和財產權利犯罪類別的案件，比較區基層法院此類案件數量比率高。

通過本章第四節「不同法院附帶民事訴訟之實然所涉犯罪」和第三節「不同法院附帶民事訴訟之應然所涉犯罪」的考察內容相比較，可以發現不同地域的區、縣基層法院審理的附帶民事訴訟實然性案件，佔其所涉同類別犯罪的附帶民事訴訟應然性案件的數量比率是有一定的差異的。M區法院審理的附帶民事訴訟實然性案件，涉及侵犯人身權利犯罪類別、涉及侵犯人身權利和財產權利犯罪類別，其該兩類別案件數量總和為117件，佔其該兩類別附帶民事訴訟應然性案件數量總和452件的比率為25.88%。C縣等三個基層法院審理的附帶民事訴訟實然性案件，涉及侵犯人身權利犯罪類別、涉及侵犯人身權利和財產權利犯罪類別，其該兩類別案件數量總和為179件，佔其該兩類別附帶民事訴訟應然性案件數量總和612件的比率為29.25%。M區法院該項案件數

24　見本章表4.4：「附帶民事訴訟案件涉犯罪種類與地域、級別交叉表」。

量比率較 C 縣等基層法院的同類案件數量比率低了 3.37%。[25] 此現象表明，區基層法院審理的涉及侵犯人身權利犯罪類別，由附帶民事訴訟應然性轉為實然性案件的概率，比較縣基層法院略低一些。

根據以上情況的分析，可以看出，區基層法院與縣基層法院審理的附帶民事訴訟應然性案件，轉為附帶民事訴訟實然性案件的概率基本相當；其所涉及的犯罪類別也基本相同；但區基層法院審理的附帶民事訴訟實然性案件，由其審理的同類附帶民事訴訟應然性案件轉化而來的概率，比較縣基層法院的概率略低。

綜合本節所述，可以得出的結論是：一是中級、基層法院存在着大量具有附帶民事訴訟應然性的案件，長期以來實際成為附帶民事訴訟實然性的案件只是少數；而成為附帶民事訴訟實然性的少數案件中，向中級法院提起的數量遠超過向基層法院提起的。因此，司法解釋限制附帶民事訴訟範圍，並不符合中國最基本的一審管轄法院，即中級法院和基層法院的附帶民事訴訟實然性案件普遍相對較少的審判實踐，也沒有充分考慮中級法院較基層法院附帶民事訴訟實然性案件數量相對多的實際情況。二是中級、基層法院審理的少量附帶民事訴訟實然性案件中，涉及侵犯人身權利犯罪類別的案件數量屬於絕對多數；而涉及侵犯財產權利犯罪類別，或涉及侵犯其他權利犯罪類別的案件數量屬於絕對少數。而司法解釋對於附帶民事訴訟範圍的限制，限制的是司法實踐中附帶民事訴訟實然性案件幾乎為零的犯罪類別，而對於中級法院、基層法院涉及侵犯人身權利犯罪類別的附帶民事訴訟實然性案件並沒有予以關注。同時，中級法院審理的重大複雜的涉及侵犯人身權利犯罪類別的大量案件，沒有得到司法解釋對於該類案件的限制；而基層法院審理的普通的涉及侵犯財產犯罪類別的大量案件，在其還沒有實際較大數量進入附帶民事訴訟程序之前，司法解釋卻刻意予以限制。所以，這種限制顯然不會對附帶民事訴訟實踐產生

25　見本章表 4.4：「附帶民事訴訟案件涉犯罪種類與地域、級別交叉表」；表 4.3：「物質損失案件涉犯罪種類與級別、地域分佈交叉表」。

有效或者正向影響作用。三是不同地域的區、縣基層法院審理的大量附帶民事訴訟應然性案件，區基層法院審理的涉及侵犯人身權利犯罪類別的案件數量比率更高一些，縣基層法院審理的涉及侵犯財產權利犯罪類別的案件數量比率更高一些；同時，兩者均只有少量實際轉為附帶民事訴訟實然性案件，其概率、所涉及的犯罪類別基本相同；但區基層法院審理的附帶民事訴訟應然性案件轉為實然性案件的概率，比較縣基層法院的此項概率略低。不同地域的基層法院之間，其附帶民事訴訟應然性只有少量轉為實然性的共性特點，與其涉及犯罪類別、應然性轉為實然性概率的微弱差別相比，已經不足以否定基層法院並不存在司法解釋限制附帶民事訴訟犯罪的案件資料基礎。

五、不同年度附帶民事訴訟之
應然與實然

❧❧❧❧❧❧❧❧❧❧❧❧❧❧❧❧❧

　　根據司法解釋於 2000 年開始限制附帶民事訴訟範圍的時間為界限，本書對 H 市兩級法院不同年度附帶民事訴訟的應然狀況和實然狀況進行兩個階段的考察研究。第一個階段是從 1980 年到 1999 年，第二個階段是從 2001 年到 2014 年上半年。通過這三十餘年的相關案件數量、比率的增減分佈情況，以及該類案件所涉及犯罪類別的數量、比率增減趨勢的考察，探究最高法院有關限制附帶民事訴訟範圍的司法解釋的實際作用情況。

不同年度附帶民事訴訟之應然

　　不同年度附帶民事訴訟之應然狀況，主要考察 H 市兩級法院被抽查的 11 個年份的案件數量比率，在兩個不同階段的分佈情況，探究其各個年份中造成物質損失結果案件的數量增加或者減少幅度，同時比較分析不同階段、不同年份造成物質損失結果案件與沒有造成物質損失結果案件的比率增長或者下降的趨勢。

一、1980年到1999年附帶民事訴訟之應然

　　H 市兩級法院自 1980 年至 1999 年期間，被抽查的一審刑事案件總數量為 1,031 件，其中造成物質損失結果的案件總數量為 904 件，佔該期間被抽查案件總數量的比率為 87.7%；沒有造成物質損失的案件總數量為 127 件，佔該期間被抽查案件總數量的比率為 12.3%（見表 5.1 和圖 5.1、5.2）。

表5.1 1980–1999有無造成物質損失案件年度分佈交叉表[1]

			造成物質損失		總計
			有	無	
年度	1980	計數	96	37	133
		在年度內的%	72.2%	27.8%	100.0%
		在造成物質損失內的%	10.6%	29.1%	12.9%
		佔總數的%	9.3%	3.6%	12.9%
	1996	計數	328	40	368
		在年度內的%	89.1%	10.9%	100.0%
		在造成物質損失內的%	36.3%	31.5%	35.7%
		佔總數的%	31.8%	3.9%	35.7%
	1997	計數	230	19	249
		在年度內的%	92.4%	7.6%	100.0%
		在造成物質損失內的%	25.4%	15.0%	24.2%
		佔總數的%	22.3%	1.8%	24.2%
	1999	計數	250	31	281
		在年度內的%	89.0%	11.0%	100.0%
		在造成物質損失內的%	27.7%	24.4%	27.3%
		佔總數的%	24.2%	3.0%	27.3%
總計		計數	904	127	1,031
		在年度內的%	87.7%	12.3%	100.0%
		在造成物質損失內的%	100.0%	100.0%	100.0%
		佔總數的%	87.7%	12.3%	100.0%

（一）造成物質損失結果的案件呈現波浪式的增長態勢

H市兩級法院在該階段審理造成物質損失結果的案件中，1980年的案件數量有96件，佔該年份審理被抽查案件總數量133件的比率為72.2%；1996年的案件數量增加到328件，佔該年份審理被抽查案件總數量368件的比率為89.1%；1997年的案件數量為230件，佔該年份審理被抽查案件總數量249件的比率增長為92.4%；1999年的案件數量為250件，佔該年份審理被抽查案件總數量281件的比率為89.0%。

1　表中資料為H市兩級法院適用一審程序的案件，均以件為統計單位。

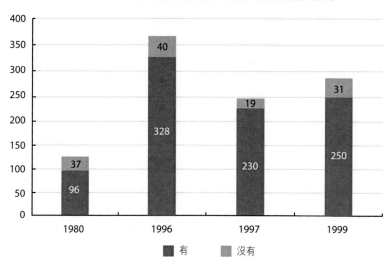

圖5.1 1980–1999有無造成物質損失案件年度數量分佈圖

圖5.2 1980–1999有無造成物質損失案件年度比率分佈圖

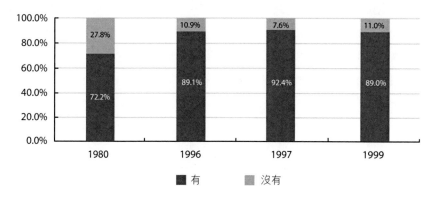

（二）未造成物質損失結果的案件呈現降低趨勢

H市兩級法院在該階段審理未造成物質損失結果的案件中，1980年的案件數量為37件，佔該年份審理被抽查案件總數量133件的比率為27.8%；1996年的案件數量增加到40件，佔該年份審理被抽查案件總數量368件的比率為10.9%；1997年的案件數量為19件，佔該年份審理被抽查案件總數量249件的比率為7.6%；1999年的案件數量為31件，佔該年份審理被抽查案件總數量281件的比率為11.0%。

二、2001年到2014年6月附帶民事訴訟之應然

H市兩級法院自2001年至2014年上半年期間，被抽查的一審刑事案件總數量為1,750件，其中造成物質損失結果的案件總數量為1,605件，佔該期間被抽查案件總數量的比率為91.7%，較前期增長了4.0%；沒有造成物質損失結果的案件總數量為145件，佔該期間被抽查案件總數量的比率為8.3%；較前期降低了4.0%（見圖5.3、5.4和表5.2）。

（一）造成物質損失案件繼續呈現波浪式增長態勢

H市兩級法院在該階段審理的造成物質損失結果的案件中，2001年的案件數量為251件，佔該年份被抽查案件總數量274件的比率為91.6%；2003年的案件數量為224件，佔該年份被抽查案件總數量251件的比率為89.2%；2004年的案件數量為188件，佔該年份被抽查案件總數量204件的比率為92.2%；2011年的案件數量為218件，佔該年份被抽查案件總數量247件的比率為88.3%；2012年的案件數量為217件，佔該年份被抽查案件總數量232件的比率為93.5%；2013年的案件數量為320件，佔該年份被抽查案件總數量340件的比率為94.1%；2014年上半年的案件數量為187件，佔該年份被抽查案件總數量202件的比率為92.6%。

（二）未造成物質損失案件呈現波浪式降低趨勢

H市兩級法院在該階段審理的未造成物質損失結果的案件中，2001年的案件數量為23件，佔該年份被抽查案件總數量274件的比率為8.4%；2003年的案件數量為27件，佔該年份被抽查案件總數量251件的比率為10.8%；2004年的案件數量為16件，佔該年份被抽查案件總數量204件的比率為7.8%；2011年的案件數量為29件，佔該年份被抽查案件總數量247件的比率為11.7%；2012年的案件數量為15件，佔該年份被抽查案件總數量232件的比率為6.5%；2013年的案件數量為20件，佔該年份被抽查案件總數量340件的比率為5.9%；2014年上半年的案件數量為15件，佔該半年被抽查案件總數量202件的比率為7.4%。

表5.2 2001–2014有無造成物質損失案件年度分佈交叉表[2]

			造成物質損失		總計
			有	無	
年度	2001	計數	251	23	274
		在年度內的%	91.6%	8.4%	100.0%
		在造成物質損失內的%	15.6%	15.9%	15.7%
		佔總數的%	14.3%	1.3%	15.7%
	2003	計數	224	27	251
		在年度內的%	89.2%	10.8%	100.0%
		在造成物質損失內的%	14.0%	18.6%	14.3%
		佔總數的%	12.8%	1.5%	14.3%
	2004	計數	188	16	204
		在年度內的%	92.2%	7.8%	100.0%
		在造成物質損失內的%	11.7%	11.0%	11.7%
		佔總數的%	10.7%	0.9%	11.7%
	2011	計數	218	29	247
		在年度內的%	88.3%	11.7%	100.0%
		在造成物質損失內的%	13.6%	20.0%	14.1%
		佔總數的%	12.5%	1.7%	14.1%
	2012	計數	217	15	232
		在年度內的%	93.5%	6.5%	100.0%
		在造成物質損失內的%	13.5%	10.3%	13.3%
		佔總數的%	12.4%	0.9%	13.3%
	2013	計數	320	20	340
		在年度內的%	94.1%	5.9%	100.0%
		在造成物質損失內的%	19.9%	13.8%	19.4%
		佔總數的%	18.3%	1.1%	19.4%
	2014	計數	187	15	202
		在年度內的%	92.6%	7.4%	100.0%
		在造成物質損失內的%	11.7%	10.3%	11.5%
		佔總數的%	10.7%	0.9%	11.5%
總計		計數	1,605	145	1,750
		在年度內的%	91.7%	8.3%	100.0%
		在造成物質損失內的%	100.0%	100.0%	100.0%
		佔總數的%	91.7%	8.3%	100.0%

2　表中資料為 H 市兩級法院適用一審程序審理的案件，均以件為統計單位。

圖5.3 2001–2014有無造成物質損失案件年度數量分佈圖

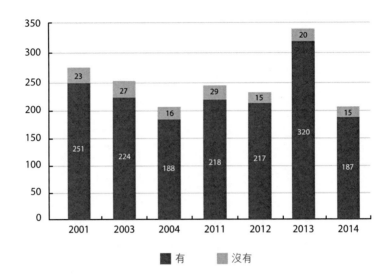

圖5.4 2001–2014有無造成物質損失案件年度比率分佈圖

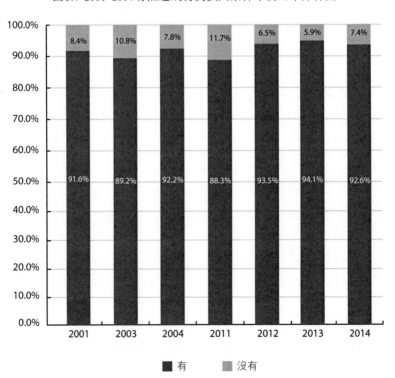

綜合以上一、二方面的考察，可以發現 H 市兩級法院在 1980 年到 1999 年所審理的刑事一審案件數量比率情況表現為：造成物質損失結果的案件數量比率呈現出波浪式的增長態勢，相應未造成物質損失結果的案件數量比率則表現為降低趨勢；在 2001 年到 2014 年 6 月所審理的刑事一審案件數量比率情況表現為：造成物質損失結果的案件數量比率繼續呈現波浪式的增長態勢，而未造成物質損失結果的案件數量比率表現為波浪式降低趨勢。

不同年度附帶民事訴訟之實然

本部分內容為不同年度的附帶民事訴訟實然狀況，主要針對被抽取的 H 市兩級法院 1980 年到 1999 年和 2001 年到 2014 年上半年兩個階段的附帶民事訴訟案件進行考察，找出這些案件在每一個年份中的數量和比率的變化情況，從而探求其不同階段增加或者減少的規律。

一、1980年到1999年附帶民事訴訟之實然

H 市兩級法院自 1980 年至 1999 年被抽查的造成物質損失結果的案件總數量為 904 件，其中提起附帶民事訴訟的案件總數量為 150 件，佔該期間造成物質損失結果案件總數量的比率為 16.6%；沒有提起附帶民事訴訟的案件總數量為 754 件，佔該期間造成物質損失結果的案件總數量比率為 83.4%（見圖 5.5、5.6 和表 5.3）。

（一）附帶民事訴訟案件呈現較大幅度增長態勢

H 市兩級法院在該階段審理的附帶民事訴訟案件中，1980 年的案件數量只有 2 件，佔該年份審理造成物質損失結果案件總數量 96 件的比率為 2.1%；1996 年的案件數量增加到 48 件，佔該年份審理造成物質損失

圖 5.5 1980–1999 是否提起附帶民事訴訟案件年度數量分佈圖

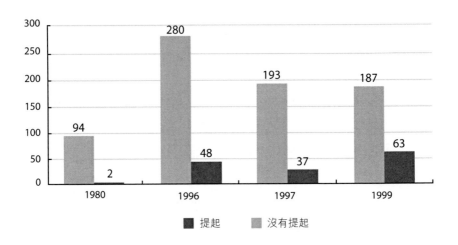

圖 5.6 1980–1999 是否提起附帶民事訴訟案件年度比率分佈圖

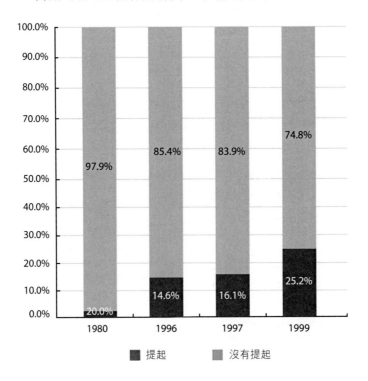

結果案件總數量328件的比率為14.6%，較1980年提高了12.5%；1997年的案件數量為37件，佔該年份審理造成物質損失結果案件總數量230件的比率增長為16.1%；1999年的案件數量為63件，佔該年份審理造成物質損失結果案件總數量250件的比率增至為25.2%。

表5.3 1980–1999是否提起附帶民事訴訟案件年度分佈交叉表[3]

			提起附帶民事訴訟		總計
			是	否	
年度	1980	計數	2	94	96
		在年度內的%	2.1%	97.9%	100.0%
		在提起附帶民事訴訟內的%	1.3%	12.5%	10.6%
		佔總計的%	0.2%	10.4%	10.6%
	1996	計數	48	280	328
		在年度內的%	14.6%	85.4%	100.0%
		在提起附帶民事訴訟內的%	32.0%	37.1%	36.3%
		佔總計的%	5.3%	31.0%	36.3%
	1997	計數	37	193	230
		在年度內的%	16.1%	83.9%	100.0%
		在提起附帶民事訴訟內的%	24.7%	25.6%	25.4%
		佔總計的%	4.1%	21.3%	25.4%
	1999	計數	63	187	250
		在年度內的%	25.2%	74.8%	100.0%
		在提起附帶民事訴訟內的%	42.0%	24.8%	27.7%
		佔總計的%	7.0%	20.7%	27.7%
總計		計數	150	754	904
		在年度內的%	16.6%	83.4%	100.0%
		在提起附帶民事訴訟內的%	100.0%	100.0%	100.0%
		佔總計的%	16.6%	83.4%	100.0%

3　表中資料為抽查的H市兩級法院適用一審程序審理的造成物質損失結果的案件，均以件為統計單位。

（二）造成物質損失而未附帶民事訴訟案件居高但呈降勢

H市兩級法院在該階段審理的造成物質損失結果而未提起附帶民事訴訟案件中，1980年的案件數量有94件，佔該年份審理造成物質損失結果案件總數量96件的比率為97.9%；1996年的案件數量增加到280件，佔該年份審理造成物質損失結果案件總數量328件的比率降低為85.4%；1997年的案件數量為193件，佔該年份審理造成物質損失結果案件總數量230件的比率又降低為83.9%；1999年的案件數量為187件，佔該年份審理造成物質損失結果案件總數量250件的比率再降低為74.8%。

二、2001年到2014年上半年附帶民事訴訟之實然

H市兩級法院自2001年至2014年上半年被抽查造成物質損失結果的案件總數量為1605件，其中提起附帶民事訴訟的案件總數量為360件，佔該期間造成物質損失結果案件總數量的比率為22.4%；沒有提起附帶民事訴訟的案件總數量為1245件，佔該期間造成物質損失結果案件總數量的比率為77.6%（見圖5.7、5.8和表5.4）。

（一）附帶民事訴訟案件呈現長期小幅度增長後的大幅下降態勢

H市兩級法院在該階段審理的附帶民事訴訟案件中，2001年的案件數量有54件，佔該年份審理造成物質損失結果案件總數量251件的比率為21.5%；2003年的案件數量增加到59件，佔該年份審理造成物質損失結果案件總數量224件的比率增至26.3%；2004年的案件數量為45件，佔該年份審理造成物質損失結果案件總數量188件的比率為23.9%；2011年的案件數量為59件，佔該年份審理造成物質損失結果案件總數量218件的比率增至為27.1%；2012年的案件數量為62件，佔該年份審理造成物質損失結果案件總數量217件的比率增至28.6%；2013年案件數量為60件，但佔該年份審理的造成物質損失結果案件總數量320件的比率降至18.8%；2014年上半年的案件數量為21件，佔該年份審理造成物質損失結果案件總數量187件的比率降低為11.2%。

圖5.7 2001–2014是否提起附帶民事訴訟案件年度數量分佈圖

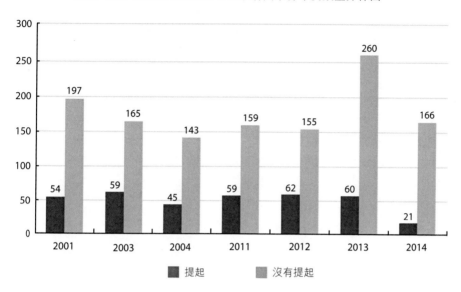

圖5.8 2001–2014是否提起附帶民事訴訟案件年度比率分佈圖

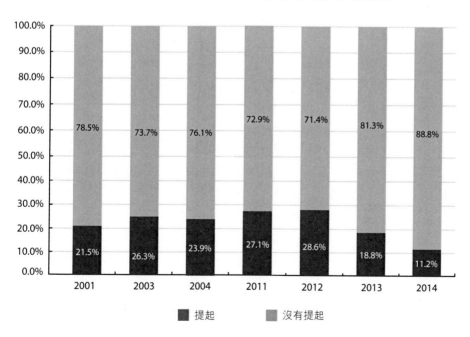

表5.4 2001–2014是否提起附帶民事訴訟案件年度分佈交叉表[4]

			提起附帶民事訴訟		總計
			是	否	
年度	2001	計數	54	197	251
		在年度內的%	21.5%	78.5%	100.0%
		在提起附帶民事訴訟內的%	15.0%	15.8%	15.6%
		佔總計的%	3.4%	12.3%	15.6%
	2003	計數	59	165	224
		在年度內的%	26.3%	73.7%	100.0%
		在提起附帶民事訴訟內的%	16.4%	13.3%	14.0%
		佔總計的%	3.7%	10.3%	14.0%
	2004	計數	45	143	188
		在年度內的%	23.9%	76.1%	100.0%
		在提起附帶民事訴訟內的%	12.5%	11.5%	11.7%
		佔總計的%	2.8%	8.9%	11.7%
	2011	計數	59	159	218
		在年度內的%	27.1%	72.9%	100.0%
		在提起附帶民事訴訟內的%	16.4%	12.8%	13.6%
		佔總計的%	3.7%	9.9%	13.6%
	2012	計數	62	155	217
		在年度內的%	28.6%	71.4%	100.0%
		在提起附帶民事訴訟內的%	17.2%	12.4%	13.5%
		佔總計的%	3.9%	9.7%	13.5%
	2013	計數	60	260	320
		在年度內的%	18.8%	81.3%	100.0%
		在提起附帶民事訴訟內的%	16.7%	20.9%	19.9%
		佔總計的%	3.7%	16.2%	19.9%
	2014	計數	21	166	187
		在年度內的%	11.2%	88.8%	100.0%
		在提起附帶民事訴訟內的%	5.8%	13.3%	11.7%
		佔總計的%	1.3%	10.3%	11.7%
總計		計數	360	1,245	1,605
		在年度內的%	22.4%	77.6%	100.0%
		在提起附帶民事訴訟內的%	100.0%	100.0%	100.0%
		佔總計的%	22.4%	77.6%	100.0%

---

4 表中資料為H市兩級法院適用一審程序審理的造成物質損失結果的案件，均以件為統計單位。

（二）未附帶民事訴訟案件呈長期小幅降低後大幅提升的趨勢

H市兩級法院在該階段審理的造成物質損失結果而未提起附帶民事訴訟案件中，2001年的案件數量有197件，佔該年份審理造成物質損失結果案件總數量251件的比率為78.5%；2003年的案件數量為165件，佔該年份審理造成物質損失結果案件總數量224件的比率降至73.7%；2004年的案件數量為143件，佔該年份審理造成物質損失結果案件總數量188件的比率為76.1%；2011年的案件數量為159件，佔該年份審理造成物質損失結果案件總數量218件的比率降至72.9%；2012年的案件數量為155件，佔該年份審理造成物質損失結果案件總數量217件的比率降至71.4%；2013年的案件數量為260件，但佔該年份審理造成物質損失結果案件總數量320件的比率升至81.3%；2014年上半年的案件數量為166件，佔該年份審理造成物質損失結果案件總數量187件的比率升至88.8%。

綜合以上一、二方面的考察，可以發現H市兩級法院在1980年到1999年所審理的造成物質損失結果而提起附帶民事訴訟的案件數量呈現迅速增長勢頭，而沒有提起附帶民事訴訟的案件數量則表現為數量多，但比率持續下降的態勢；在2001年到2014年6月所審理的造成物質損失結果的案件中，提起附帶民事訴訟的案件數量呈現長期小幅度增長後的近年大幅下降態勢，而沒有提起附帶民事訴訟的案件數量則表現為長期小幅降低，但近年有大幅提升的趨勢。

不同年度附帶民事訴訟之應然所涉犯罪

造成物質損失結果的案件所涉犯罪類別的年度分佈，是探究H市兩級法院審理的該類案件中，涉及的侵犯人身權利犯罪、侵犯財產權利犯罪、侵犯人身權利和侵犯財產權利犯罪，以及侵犯其他權利犯罪等類別，在1980年至1999年和2001年至2014年上半年兩個期間的數量和比率的分佈情況，尋找其各自的規律性特點（見圖5.9、5.10和表5.5）。

圖5.9 1980–1999造成物質損失案件涉犯罪種類年度數量分佈圖

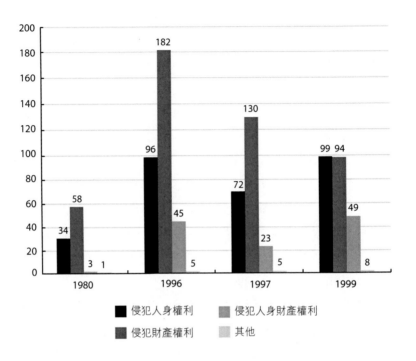

圖5.10 1980–1999造成物質損失案件涉犯罪種類年度分佈交叉表

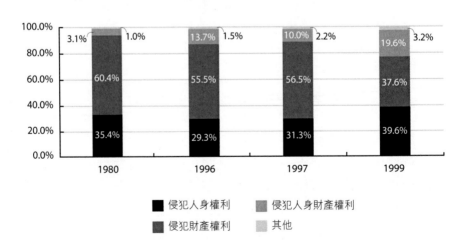

表5.5 1980–1999造成物質損失案件涉犯罪種類年度分佈交叉表[5]

			犯罪種類				總計
			侵犯人身權利	侵犯財產權利	侵犯人身財產權利	其他	
年度	1980	計數	34	58	3	1	96
		在年度內的%	35.4%	60.4%	3.1%	1.0%	100.0%
		在犯罪種類內的%	11.3%	12.5%	2.5%	5.3%	10.6%
		佔總數的%	3.8%	6.4%	0.3%	0.1%	10.6%
	1996	計數	96	182	45	5	328
		在年度內的%	29.3%	55.5%	13.7%	1.5%	100.0%
		在犯罪種類內的%	31.9%	39.2%	37.5%	26.3%	36.3%
		佔總數的%	10.6%	20.1%	5.0%	0.6%	36.3%
	1997	計數	72	130	23	5	230
		在年度內的%	31.3%	56.5%	10.0%	2.2%	100.0%
		在犯罪種類內的%	23.9%	28.0%	19.2%	26.3%	25.4%
		佔總數的%	8.0%	14.4%	2.5%	0.6%	25.4%
	1999	計數	99	94	49	8	250
		在年度內的%	39.6%	37.6%	19.6%	3.2%	100.0%
		在犯罪種類內的%	32.9%	20.3%	40.8%	42.1%	27.7%
		佔總數的%	11.0%	10.4%	5.4%	0.9%	27.7%
總計		計數	301	464	120	19	904
		在年度內的%	33.3%	51.3%	13.3%	2.1%	100.0%
		在犯罪種類內的%	100.0%	100.0%	100.0%	100.0%	100.0%
		佔總數的%	33.3%	51.3%	13.3%	2.1%	100.0%

一、1980年到1999年附帶民事訴訟之應然所涉犯罪類別

H市兩級法院自1980年至1999年抽查造成物質損失結果的案件總數量為904件，其中涉及侵犯人身權利犯罪類別的案件數量為301件，佔該期間造成物質損失結果的案件總數量的比率為33.3%；涉及侵犯財產權利犯罪類別的案件數量為464件，佔該期間造成物質損失結果的案件總數量的比率為51.3%；涉及侵犯人身權利和財產權利犯罪類別的案件數量為120件，佔該期間造成物質損失結果的案件總數量的比率為

5　表中資料為H市兩級法院適用一審程序審理的案件，均以件為統計單位。

13.3%；涉及侵犯其他權利犯罪類別的案件數量為19件，佔該期間造成
物質損失結果的案件總數量的比率為2.1%。

（一）涉侵犯人身權利犯罪類別案件呈現高比率起點曲折增長的狀況

H市兩級法院審理的侵犯人身權利犯罪案件中，1980年的案件數量
為34件，佔該年度造成物質損失結果的案件總數量的比率為35.4%，居
抽查的四個年度比率的第二位；1996年該類案件的數量為96件，佔該
年度造成物質損失結果的案件總數量的比率則降至29.3%；隨後的1997
年該類案件的數量為72件，佔該年度造成物質損失結果的案件數量的
比率又逐步升高至31.3%；1999年該類案件的數量為99件，佔該年度造
成物質損失結果的案件總數量的比率提高至39.6%。

（二）涉侵犯財產權利犯罪類別案件呈現高比率起點逐年降低的趨勢

H市兩級法院審理的侵犯財產權利犯罪類別的案件中，1980年的案
件數量為58件，佔該年度造成物質損失結果的案件總數量的比率為歷
年最高的60.4%；到1996年該類案件數量為182件，佔該年度造成物質
損失結果的案件總數量的比率則降至55.5%；1997年該類案件的數量為
130件，佔該年度造成物質損失結果的案件總數量的比率降勢中略有升
高至56.5%；隨後的1999年該類案件數量為94件，佔該年度造成物質損
失結果的案件總數量的比率又降低至37.6%。

（三）涉侵犯人身權利和財產權利犯罪類別案件
　　　呈現有增有降的增長勢頭

H市兩級法院審理的涉及侵犯人身權利和財產權利犯罪類別的案件
中，1980年的案件數量為3件，佔該年度造成物質損失結果的案件總數
量的比率為3.1%；到1996年該類案件數量為45件，佔該年度造成物質
損失結果的案件總數量的比率增至13.7%；1997年的案件數量為23件，
佔該年度造成物質損失結果的案件數量的比率略降至10.0%，但仍較
1980年的比率高出許多；1999年的案件數量為49件，佔該年度造成物
質損失結果的案件總數量的比率增至19.6%。

（四）涉侵犯其他權利犯罪類別案件呈現逐年升高的平穩發展狀態

H市兩級法院審理涉及侵犯其他權利犯罪類別的案件中，1980年的案件數量為一件，佔該年度造成物質損失結果的案件總數量的比率為1.0%；到1999年的案件數量為五件，佔該年度造成物質損失結果的案件總數量的比率增至1.5%；1997年的案件數量為五件，佔該年度造成物質損失結果的案件總數量的比率為2.2%；1999年的案件數量為八件，佔該年度造成物質損失結果的案件總數量的比率為3.2%。

二、2001年到2014年6月附帶民事訴訟之應然所涉犯罪類別

H市兩級法院自2001年至2014年被抽查的造成物質損失結果的案件總數量為1605件，其中涉及侵犯人身權利犯罪類別的案件數量為730件，佔該期間造成物質損失結果的案件總數量比率為45.5%；涉及侵犯財產權利犯罪類別的案件數量為400件，佔該期間造成物質損失結果的案件總數量比率為24.9%；涉及侵犯人身權利和財產權利犯罪類別的案件數量為442件，佔該期間造成物質損失結果的案件總數量比率為27.5%；涉及侵犯其他權利犯罪類別的案件數量為33件，佔該期間造成物質損失結果的案件總數量比率為2.1%（見表5.6、圖5.11和5.12）。

（一）涉侵犯人身權利犯罪類別案件呈現波浪式增長的趨勢

H市兩級法院審理的造成物質損失結果涉及侵犯人身權利犯罪類別的案件中，2001年的案件數量為99件，佔該年度造成物質損失結果的案件總數量251件的比率為39.4%；2003年的案件數量為110件，佔該年度造成物質損失結果的案件總數量224件的比率升高至49.1%；2004年的案件數量為62件，佔該年度造成物質損失結果的案件總數量188件的比率減低至33.0%；2011年的案件數量為83件，佔該年度造成物質損失結果的案件總數量218件的比率升高至38.1%；2012年的案件數量為100件，佔該年度造成物質損失結果的案件總數量217件的比率升高至46.1%；2013年的案件數量為184件，佔該年度造成物質損失結果的案件總數量320件的比率攀升至57.5%；2014年上半年的案件數量為

92件，佔該年度造成物質損失結果的案件總數量187件的比率略減為49.2%。

表5.6 2001–2014造成物質損失案件涉犯罪種類年度分佈交叉表[6]

			犯罪種類				
			侵犯人身權利	侵犯財產權利	侵犯人身財產權利	其他	總計
年度	2001	計數	99	92	56	4	251
		在年度內的%	39.4%	36.7%	22.3%	1.6%	100.0%
		在犯罪種類內的%	13.6%	23.0%	12.7%	12.1%	15.6%
		佔總數的%	6.2%	5.7%	3.5%	0.2%	15.6%
	2003	計數	110	64	44	6	224
		在年度內的%	49.1%	28.6%	19.6%	2.7%	100.0%
		在犯罪種類內的%	15.1%	16.0%	10.0%	18.2%	14.0%
		佔總數的%	6.9%	4.0%	2.7%	0.4%	14.0%
	2004	計數	62	78	46	2	188
		在年度內的%	33.0%	41.5%	24.5%	1.1%	100.0%
		在犯罪種類內的%	8.5%	19.5%	10.4%	6.1%	11.7%
		佔總數的%	3.9%	4.9%	2.9%	0.1%	11.7%
	2011	計數	83	44	84	7	218
		在年度內的%	38.1%	20.2%	38.5%	3.2%	100.0%
		在犯罪種類內的%	11.4%	11.0%	19.0%	21.2%	13.6%
		佔總數的%	5.2%	2.7%	5.2%	0.4%	13.6%
	2012	計數	100	54	60	3	217
		在年度內的%	46.1%	24.9%	27.6%	1.4%	100.0%
		在犯罪種類內的%	13.7%	13.5%	13.6%	9.1%	13.5%
		佔總數的%	6.2%	3.4%	3.7%	0.2%	13.5%
	2013	計數	184	44	81	11	320
		在年度內的%	57.5%	13.8%	25.3%	3.4%	100.0%
		在犯罪種類內的%	25.2%	11.0%	18.3%	33.3%	19.9%
		佔總數的%	11.5%	2.7%	5.0%	0.7%	19.9%
	2014	計數	92	24	71	0	187
		在年度內的%	49.2%	12.8%	38.0%	0.0%	100.0%
		在犯罪種類內的%	12.6%	6.0%	16.1%	0.0%	11.7%
		佔總數的%	5.7%	1.5%	4.4%	0.0%	11.7%
總計		計數	730	400	442	33	1605
		在年度內的%	45.5%	24.9%	27.5%	2.1%	100.0%
		在犯罪種類內的%	100.0%	100.0%	100.0%	100.0%	100.0%
		佔總數的%	45.5%	24.9%	27.5%	2.1%	100.0%

6　表中資料為H市兩級法院適用一審程序審理的案件，均以件為統計單位。

圖5.11 2001–2014造成物質損失案件涉犯罪種類年度數量分佈圖

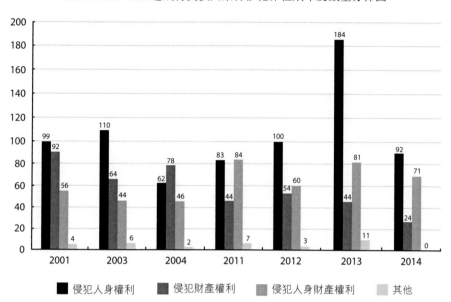

圖5.12 2001–2014造成物質損失案件涉犯罪種類年度比率分佈圖

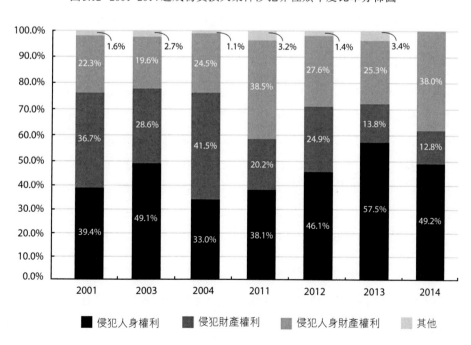

（二）涉侵犯財產權利犯罪類別案件呈現總體降低偶有增高的趨勢

H市兩級法院審理的造成物質損失結果涉及侵犯財產權利犯罪類別的案件中，2001年的案件數量為92件，佔該年度造成物質損失結果的案件總數量251件的比率為36.7%；2003年的案件數量為64件，佔該年度造成物質損失結果的案件總數量224件的比率降低至28.6%；2004年的案件數量為78件，佔該年度造成物質損失結果的案件總數量188件的比率偶增至41.5%；2011年的案件數量為44件，佔該年度造成物質損失結果的案件總數量218件的比率繼續降低至20.2%；2012年的案件數量為54件，佔該年度造成物質損失結果的案件總數量217件的比率至24.9%；2013年的案件數量為44件，佔該年度造成物質損失結果的案件總數量320件的比率降低至13.8%；2014年上半年的案件數量為24件，佔該年度造成物質損失結果的案件總數量187件的比率減為12.8%。

（三）涉侵犯人身權利和財產權利犯罪類別案件
呈總體增長偶有下降趨勢

H市兩級法院審理的造成物質損失涉及侵犯人身權利和財產權利犯罪類別的案件中，2001年的案件數量為56件，佔該年度造成物質損失結果的案件總數量251件的比率為22.3%；2003年的案件數量為44件，佔該年度造成物質損失結果的案件總數量224件的比率降低至19.6%；2004年的案件數量為46件，佔該年度造成物質損失結果的案件總數量188件的比率增至24.5%；2011年的案件數量為84件，佔該年度造成物質損失結果的案件總數量218件的比率繼續增至38.5%；2012年的案件數量為60件，佔該年度造成物質損失結果的案件總數量217件的比率至27.6%；2013年的案件數量為81件，佔該年度造成物質損失結果的案件總數量320件的比率降低至25.3%；2014年上半年的案件數量為71件，佔該年度造成物質損失結果的案件總數量187件的比率減為38.0%。

（四）涉侵犯其他權利犯罪類別案件呈現時增時降的趨勢

H市兩級法院審理的造成物質損失結果涉及侵犯其他權利犯罪類別的案件中，2001年的案件數量為4件，佔該年度造成物質損失結果的

案件總數量251件的比率為1.6%；2003年的案件數量為6件，佔該年度造成物質損失結果的案件總數量224件的比率增至2.7%；2004年的案件數量為2件，佔該年度造成物質損失結果的案件總數量188件的比率降至1.1%；2011年的案件數量為7件，佔該年度造成物質損失結果的案件總數量218件的比率增至3.2%；2012年的案件數量為3件，佔該年度造成物質損失結果的案件總數量217件的比率降至1.4%；2013年的案件數量為11件，佔該年度造成物質損失結果的案件總數量320件的比率升至3.4%；2014年上半年的案件數量為0件。

綜合以上一、二方面的考察，可以發現H市兩級法院自1980年到1999年審理的造成物質損失結果的案件所涉四方面犯罪類別中，侵犯人身權利犯罪、侵犯人身權利和財產權利犯罪、侵犯其他權利犯罪的案件數量比率呈現上升勢頭，而涉及侵犯財產權利犯罪類別的案件數量則呈現下降態勢；自2001年到2014年上半年審理的造成物質損失結果的案件所涉四方面犯罪類別中，侵犯人身權利犯罪、侵犯人身權利和財產權利犯罪數量比率繼續呈現上升勢頭，而侵犯財產權利犯罪呈現下降態勢，侵犯其他權利犯罪則呈現時增時降的起伏態勢。

不同年度附帶民事訴訟之實然所涉犯罪

本部分附帶民事訴訟實然案件所涉犯罪類別，主要考察H市兩級法院在1980年到1999年和2001年到2014年上半年兩個階段，審理的附帶民事訴訟案件所涉及侵犯人身權利犯罪、侵犯財產權利犯罪、侵犯人身權利和財產權利犯罪以及侵犯其他權利犯罪等類別案件的數量比率分佈狀況，並從中找出其規律性特徵。

一、1980年到1999年附帶民事訴訟之實然所涉犯罪類別

H市兩級法院自1980年至1999年被抽查的造成物質損失結果而提起附帶民事訴訟的案件總數量為150件，其中涉及侵犯人身權利犯罪類別的案件數量為135件，佔該期間審理的附帶民事訴訟案件總數量的

比率為90.0%；涉及侵犯財產權利犯罪類別的案件數量為1件，佔該期間審理的附帶民事訴訟案件總數量的比率為0.7%；涉及侵犯人身權利和財產權利犯罪類別的案件數量為13件，佔該期間審理的附帶民事訴訟案件總數量的比率為8.7%；涉及侵犯其他權利犯罪類別的案件數量為1件，佔該期間審理的附帶民事訴訟案件總數量的比率為0.7%（見圖5.13、5.14和表5.7）。

（一）涉侵犯人身權利犯罪類別案件呈現高比率起點後有升終降趨勢

H市兩級法院審理的涉及侵犯人身權利犯罪類別而提起附帶民事訴訟的案件中，1980年的案件數量為2件，佔該年度提起附帶民事訴訟案件總數量2件的比率為100.0%；1996年該類案件的數量為45件，佔該年度審理的附帶民事訴訟案件總數量48件的比率為則降至93.8%；隨後的1997年該類案件的數量為37件，佔該年度審理的附帶民事訴訟案件總數量37件的比率又升高至100.0%；1999年該類案件的數量為51件，佔該年度審理的附帶民事訴訟案件總數量63件的比率為降低至81.0%。

（二）涉侵犯財產權利與侵犯其他權利犯罪類別案件量極少率極低

H市兩級法院審理的涉及侵犯財產權利犯罪類別而提起附帶民事訴訟的案件中，只有1999年的案件數量為1件，佔該年度審理的附帶民事訴訟案件總數量63件的比率為的1.6%。同時，該市兩級法院審理的涉及侵犯其他權利犯罪類別而提起附帶民事訴訟的案件中，也僅有1999年的案件數量為1件，佔該年度審理的附帶民事訴訟案件總數量63件的比率為1.6%。

（三）涉侵犯人身權利和財產權利犯罪類別案件呈時有時無增長勢頭

H市兩級法院審理的涉及侵犯人身權利和財產權利犯罪類別而提起附帶民事訴訟的案件中，1996年的該類案件數量為3件，佔該年度審理的附帶民事訴訟案件總數量48件的比率為6.3%；1999年的該類案件數量為10件，佔該年度審理的附帶民事訴訟案件總數量63件的比率增至15.9%。

圖5.13 1980–1999附帶民事訴訟案件涉犯罪種類年度數量分佈圖

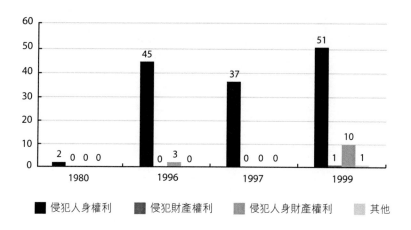

圖5.14 1980–1999附帶民事訴訟案件涉犯罪種類年度比率分佈圖

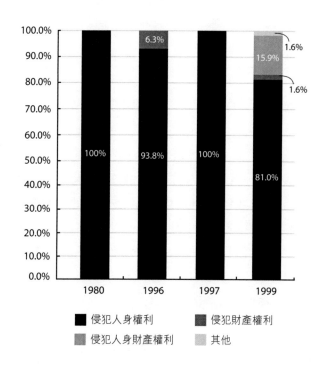

表5.7 1980–1999附帶民事訴訟案件涉犯罪種類年度交叉表[7]

			犯罪種類				總計
			侵犯人身權利	侵犯財產權利	侵犯人身財產權利	其他	
年度	1980	計數	2	0	0	0	2
		在年度內的%	100.0%	0.0%	0.0%	0.0%	100.0%
		在犯罪種類內的%	1.5%	0.0%	0.0%	0.0%	1.3%
		佔總數的%	1.3%	0.0%	0.0%	0.0%	1.3%
	1996	計數	45	0	3	0	48
		在年度內的%	93.8%	0.0%	6.3%	0.0%	100.0%
		在犯罪種類內的%	33.3%	0.0%	23.1%	0.0%	32.0%
		佔總數的%	30.0%	0.0%	2.0%	0.0%	32.0%
	1997	計數	37	0	0	0	37
		在年度內的%	100.0%	0.0%	0.0%	0.0%	100.0%
		在犯罪種類內的%	27.4%	0.0%	0.0%	0.0%	24.7%
		佔總數的%	24.7%	0.0%	0.0%	0.0%	24.7%
	1999	計數	51	1	10	1	63
		在年度內的%	81.0%	1.6%	15.9%	1.6%	100.0%
		在犯罪種類內的%	37.8%	100.0%	76.9%	100.0%	42.0%
		佔總數的%	34.0%	0.7%	6.7%	0.7%	42.0%
總計		計數	135	1	13	1	150
		在年度內的%	90.0%	0.7%	8.7%	0.7%	100.0%
		在犯罪種類內的%	100.0%	100.0%	100.0%	100.0%	100.0%
		佔總數的%	90.0%	0.7%	8.7%	0.7%	100.0%

二、2001年到2014年6月附帶民事訴訟之實然所涉犯罪類別

H市兩級法院自2001年至2014年上半年被抽查的造成物質損失結果而提起附帶民事訴訟的案件總數量為360件，其中涉及侵犯人身權利犯罪類別的案件數量為283件，佔該期間審理的附帶民事訴訟案件總數量的比率為78.6%；涉及侵犯財產權利犯罪類別的案件數量為1件，佔該期間審理的附帶民事訴訟案件總數量的比率為0.3%；涉及侵犯人身權利和財產權利犯罪類別的案件數量為76件，佔該期間審理的附帶民事訴訟案件總數量的比率為21.1%；涉及侵犯其他權利犯罪類別的案件數量為0件（見圖5.15、5.16和表5.8）。

7　表中資料為H市兩級法院適用一審程序審理的提起附帶民事訴訟的案件，均以件為統計單位。

圖5.15 2001-2014附帶民事訴訟案件涉犯罪種類年度數量分佈圖

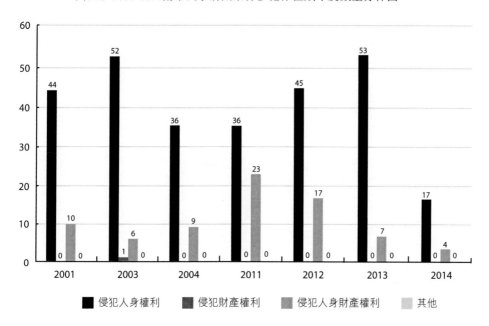

圖5.16 2001-2014附帶民事訴訟案件涉犯罪種類年度比率圖

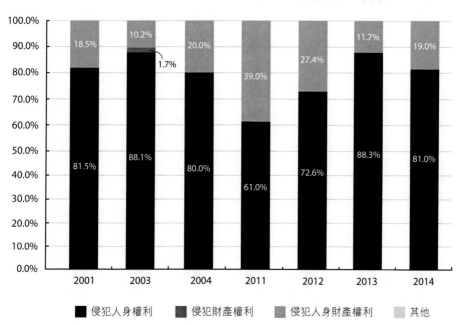

表5.8 2001–2014附帶民事訴訟案件涉犯罪種類年度交叉表 [8]

			犯罪種類				總計
總計			侵犯人身權利	侵犯財產權利	侵犯人身財產權利	其他	
年度	2001	計數	44	0	10	0	54
		在年度內的%	81.5%	0.0%	18.5%	0	100.0%
		在犯罪種類內的%	15.5%	0.0%	13.2%	0	15.0%
		佔總數的%	12.2%	0.0%	2.8%	0	15.0%
	2003	計數	52	1	6	0	59
		在年度內的%	88.1%	1.7%	10.2%	0	100.0%
		在犯罪種類內的%	18.4%	100.0%	7.9%	0	16.4%
		佔總數的%	14.4%	0.3%	1.7%	0	16.4%
	2004	計數	36	0	9	0	45
		在年度內的%	80.0%	0.0%	20.0%	0	100.0%
		在犯罪種類內的%	12.7%	0.0%	11.8%	0	12.5%
		佔總數的%	10.0%	0.0%	2.5%	0	12.5%
	2011	計數	36	0	23	0	59
		在年度內的%	61.0%	0.0%	39.0%	0	100.0%
		在犯罪種類內的%	12.7%	0.0%	30.3%	0	16.4%
		佔總數的%	10.0%	0.0%	6.4%	0	16.4%
	2012	計數	45	0	17	0	62
		在年度內的%	72.6%	0.0%	27.4%	0	100.0%
		在犯罪種類內的%	15.9%	0.0%	22.4%	0	17.2%
		佔總數的%	12.5%	0.0%	4.7%	0	17.2%
	2013	計數	53	0	7	0	60
		在年度內的%	88.3%	0.0%	11.7%	0	100.0%
		在犯罪種類內的%	18.7%	0.0%	9.2%	0	16.7%
		佔總數的%	14.7%	0.0%	1.9%	0	16.7%
	2014	計數	17	0	4	0	21
		在年度內的%	81.0%	0.0%	19.0%	0	100.0%
		在犯罪種類內的%	6.0%	0.0%	5.3%	0	5.8%
		佔總數的%	4.7%	0.0%	1.1%	0	5.8%
總計		計數	283	1	76	0	360
		在年度內的%	78.6%	0.3%	21.1%	0	100.0%
		在犯罪種類內的%	100.0%	100.0%	100.0%	0	100.0%
		佔總數的%	78.6%	0.3%	21.1%	0	100.0%

8　表中資料為 H 市兩級法院適用一審程序審理的提起附帶民事訴訟的案件，均以件為統計單位。

（一）涉侵犯人身權利犯罪類別案件呈現略升略降的平緩發展狀態

H市兩級法院審理的涉及侵犯人身權利犯罪類別而提起附帶民事訴訟的案件中，2001年的案件數量為44件，佔該年度提起附帶民事訴訟案件總數量54件的比率為81.5%；2003年該類案件的數量為52件，佔該年度審理的附帶民事訴訟案件總數量59件的比率為88.1%；隨後的2004年該類案件的數量為36件，佔該年度審理的附帶民事訴訟案件總數量45件的比率為80.0%；2011年該類案件的數量為36件，佔該年度審理的附帶民事訴訟案件總數量59件的比率為61.0%；2012年的案件數量為45件，佔該年度審理的附帶民事訴訟案件總數量62件的比率為72.6%；2013年的案件數量為53件，佔該年度審理的附帶民事訴訟案件總數量60件的比率為88.3%；2014年上半年的案件數量為17件，佔該半年審理的附帶民事訴訟案件總數量21件的比率為81.0%。

（二）涉侵犯人身權利和財產權利犯罪類別案件
　　　呈波浪式明顯增長勢頭

H市兩級法院審理的涉及侵犯人身權利和財產權利犯罪類別而提起附帶民事訴訟的案件中，2001年的該類案件數量為10件，佔該年度審理的附帶民事訴訟案件總數量54件的比率為18.5%；2003年的該類案件數量為6件，佔該年度審理的附帶民事訴訟案件總數量59件的比率為10.2%；2004年的該類案件數量為9件，佔該年度審理的附帶民事訴訟案件總數量45件的比率為20.0%；2011年的該類案件數量為23件，佔該年度審理的附帶民事訴訟案件總數量59件的比率為39.0%；2012年該類案件的數量為17件，佔該年度審理的附帶民事訴訟案件總數量62件的比率為27.4%；2013年該類案件的數量為7件，佔該年度審理的附帶民事訴訟案件總數量60件的比率為11.7%；2014年上半年該類案件的數量為4件，佔該半年審理的附帶民事訴訟案件總數量21件的比率為19.0%。

（三）涉侵犯財產權利犯罪類別案件仍呈量極少率極低狀況

H市兩級法院審理的涉及侵犯財產權利犯罪類別而提起附帶民事訴訟的案件中，僅2003年有該類案件數量為一件，佔該年度審理的附帶民事訴訟案件總數量59件的比率為1.7%。

此外，該階段H市兩級法院審理的附帶民事訴訟案件中，沒有侵犯其他權利的犯罪案件。

綜合以上一、二方面的考察，可以發現H市兩級法院自1980年到1999年期間，審理的附帶民事訴訟案件數量比率表現各異：涉及侵犯人身權利犯罪類別而提起附帶民事訴訟的案件數量比率從絕對高度而降至八成許，涉及侵犯財產權利犯罪類別、侵犯其他權利犯罪類別而提起附帶民事訴訟的案件數量比率則表現為數量極少而比率極低，涉及侵犯人身權利和財產權利犯罪類別而提起附帶民事訴訟的案件數量比率呈現時有時無的增長態勢；自2001年到2014年上半年期間，審理的附帶民事訴訟案件數量比率表現各異：涉及侵犯人身權利犯罪類別而提起附帶民事訴訟的案件數量比率呈現略升略降的平緩發展狀態，涉及侵犯人身權利和財產權利犯罪類別而提起附帶民事訴訟的案件數量比率呈現波浪式的明顯增長勢頭，涉及侵犯財產權利犯罪類別而提起附帶民事訴訟的案件數量比率則仍表現為數量極少而比率極低。

本章小結：司法限制非實際所需且效果微弱

對於最高法院通過司法解釋對附帶民事訴訟受案範圍加以限制的原因，有的學者認為：「主要基於刑事訴訟法有關附帶民事訴訟規定的外延較大，而提起附帶民事訴訟的越來越多，請求賠償數額越來越大，附帶民事訴訟案件的審理出現許多不一致的情況。」[9] 該學者認

9　莊乾龍，〈對《最高法院關於刑事附帶民事訴訟範圍問題的規定》若干問題的疑問〉，載《阿壩師範高等專科學校學報》，2011年12月第28卷第4期。

為司法限制附帶民事訴訟範圍的理由之一，就是實踐中提起附帶民事訴訟的案件越來越多，這與本章要考察的內容相關。為此，筆者將根據本章前四節對H市兩級法院1980年到1999年、2001年到2014年上半年的兩個階段，不同年度中具有附帶民事訴訟可能性案件和實際提起附帶民事訴訟案件的考察情況，從應然的角度討論一下具有附帶民事訴訟可能性案件數量是否增加，哪一種類別案件在增加或減少；從實然的角度討論一下附帶民事訴訟實際上是否在不斷增加，哪一種類別案件在增加或減少。以此來探究附帶民事訴訟範圍予以司法限制的必要性和可能性。

一、案件增多未超預見且所限案件類別呈減勢

從應然的角度分析附帶民事訴訟範圍是否需要限制，首先要考慮符合附帶民事訴訟範圍條件的案件數量，是否明顯增多到法律制定者所沒有預料到的狀況；其次要考慮司法解釋意圖禁止其進入附帶民事訴訟範圍的犯罪類型，是否為造成物質損失結果案件數量不斷增多的因素。

（一）造成物質損失結果案件增多，未超出立法可預見狀況

通過前面第一節「不同年度附帶民事訴訟之應然」的考察，筆者發現H市兩級法院自1980年至1999年、2001年至2014年上半年的兩個階段中，審理的刑事一審具有附帶民事訴訟可能性的案件，其在全部案件中的數量比率變化情況，均表現為造成物質損失結果的案件數量比率呈現波浪式的增長態勢；但是，前一階段增長幅度較大，後一階段增長幅度較小且基本穩定。根據這一發展態勢，可以發現H市兩級法院符合附帶民事訴訟範圍的案件數量，在其全部刑事一審案件中所佔的比重越來越大，出現了附帶民事訴訟可能性的案件越來越多的現象。而這種現象恰恰是司法解釋要限制附帶民事訴訟範圍，減少附帶民事訴訟案件數量的動因。

　　附帶民事訴訟可能性案件不斷增多的現象，是否超出刑事訴訟立法時的預料，而必須要通過司法解釋加以限制呢？筆者認為，此種現象的出現，都在立法者制定中國刑事訴訟法有關附帶民事訴訟範圍制度的預期之中。對此，可以通過梳理中國刑事訴訟法的幾次修改，結合H市兩級法院造成物質損失結果案件增長變化的情況來分析。1996年全國人民代表大會對中國1979年刑事訴訟法進行修改時，法院審理具有附帶民事訴訟可能性的案件佔刑事一審案件的比率，根據本書的調查已經從1980年的72.2%提高至1996年的89.1%，[10]但立法者並沒有因此而修改有關附帶民事訴訟範圍制度的條文，仍然沿用了1979年刑事訴訟法較為寬泛的附帶民事訴訟範圍的規定內容。這說明立法者認為造成物質損失結果而具有附帶民事訴訟可能性的案件增多，不是要通過法律對附帶民事訴訟範圍制度進行限制的理由；而附帶民事訴訟範圍制度，正是在處理刑事案件過程中附帶解決民事賠償問題的最好選擇。直至1998年，司法解釋也對附帶民事訴訟範圍持有積極開放的態度，表現在其肯定刑事訴訟法規定的附帶民事訴訟範圍的態度上；同時，還規定了法院應當通知被害人有權提起附帶民事訴訟的更加積極的內容。[11]直至1999年，造成物質損失結果而具有附帶民事訴訟可能性案件數量的平均比率維持在90%左右；而2001年後到2014年上半年，該類案件數量的平均比率是91.7%，較1980年到1999年的平均比率87.7%高出3.3%。[12]對此差異，中國立法者顯然沒有認為此現象會影

10　見本章表5.1：「1980–1999有無造成物質損失案件年度分佈交叉表」。

11　1994年3月21日，最高法院《關於審理刑事案件程序的具體規定》第61條規定：「法院受理刑事案件後，應當告知遭受物質損失的被害人（公民、法人和其他組織），已死亡被害人的近親屬，無行為能力或者限制行為能力被害人的法定代理人，有權提起附帶民事訴訟。有權提起附帶民事訴訟的人放棄訴訟權利的，應當許可。如果是國家財產、集體財產遭受損失，受損失的單位未提起訴訟的，檢察院在提起公訴的時候，可以提起附帶民事訴訟。」最高法院於1998年通過的《關於執行〈中華人民共和國刑事訴訟法〉若干問題的解釋》，繼續沿用了1979刑事訴訟法對附帶民事訴訟請求範圍的規定。但是，1998年的司法解釋將《關於審理刑事案件程序的具體規定》第61條規定的「法院受理刑事案件後，應當告知遭受物質損失的被害人等，有權提起附帶民事訴訟」，改為「可以告知被害人等，有權提起附帶民事訴訟」。

12　見本章表5.2：「2001–2014有無造成物質損失案件年度分佈交叉表」。

響到刑事訴訟法有關附帶民事訴訟範圍制度的修改，因此，在2012年的刑事訴訟法修改過程中，司法解釋已經限制附帶民事訴訟範圍的做法，仍然沒有被立法者所採納。

由此可見，造成物質損失結果而具有附帶民事訴訟可能性案件數量佔比升高的司法現象，沒有超出立法者制定刑事附帶民事訴訟範圍制度的可能性預見，不屬於其認為需要修改該規範並予以限制的理由。

（二）司法限制案件所涉犯罪類別本身佔比趨於降低

前一部分筆者分析了造成物質損失結果而具有附帶民事訴訟可能性案件數量增多，並不是立法者要從法律上對附帶民事訴訟範圍進行限制的理由；但是，司法實踐中出現的一些問題，司法解釋是否可以對法律規定加以限制適用，這是一個立法規範與司法解釋職責分工問題，在此暫不討論。筆者要進一步討論的是司法解釋限制附帶民事訴訟範圍的理由是否成立。根據有關學者歸納的司法解釋之所以要限制附帶民事訴訟範圍，是因為附帶民事訴訟案件越來越多的理由；那麼，據此推斷要限制進入附帶民事訴訟的案件數量，則要限制那些可能在一定程度上影響案件數量變化的犯罪類別，特別是那些案件數量不斷增多的犯罪類別。因此，筆者根據司法解釋限制附帶民事訴訟範圍的規定，結合H市兩級法院司法實踐的情況，對此問題進行分析。

首先，根據最高法院相關司法解釋規定，司法限制附帶民事訴訟範圍為：「被害人因人身權利受到犯罪侵犯或者財物被犯罪分子毀壞而遭受物質損失的，有權在刑事訴訟過程中提起附帶民事訴訟；」[13]而被排除在附帶民事訴訟範圍之外的犯罪類型為：「被告人非法佔有、處置被害人財產的，應當依法予以追繳或者責令退賠。被害人提起附帶

13　最高法院於2012年11月5日通過的《關於適用〈中華人民共和國刑事訴訟法〉的解釋》第138條第1款的規定。

民事訴訟的，法院不予受理。」[14] 也就是説，非法佔有、處置財產類型犯罪被司法解釋排除在法定附帶民事訴訟範圍之外，而此類型犯罪則包含在本研究所考察的涉及侵犯財產權利犯罪類別之中。所以，通過分析涉及侵犯財產權利犯罪類別的案件數量比率的年度變化情況，可以發現司法限制附帶民事訴訟範圍所涉及犯罪類別是否恰當，是否具有限制的必要性。

　　其次，通過本章第三節「不同年度附帶民事訴訟之應然所涉犯罪」的考察，能夠發現 H 市兩級法院審理的刑事一審案件中，造成物質損失結果案件增多所涉及犯罪類別是侵犯人身權利犯罪，以及與之有關的侵犯人身權利和財產權利犯罪；而侵犯其他權利犯罪案件數量比率很小，且前後兩個階段基本沒有變化，所以基本可以不考慮其影響作用；同時，侵犯財產權利犯罪案件數量比率，則始終呈現降低的態勢。H 市兩級法院自 1980 年至 1999 年被抽查的造成物質損失結果的案件總數量中，涉及侵犯人身權利犯罪類別的案件數量，佔該期間造成物質損失結果案件總數量的比率為 33.3%；涉及侵犯財產權利犯罪類別的案件數量，佔該期間造成物質損失結果案件總數量的比率為 51.3%；涉及侵犯人身權利和財產權利犯罪類別的案件數量，佔該期間造成物質損失結果案件總數量的比率為 13.3%。[15] 而 H 市兩級法院自 2001 年至 2014 年被抽查的造成物質損失結果的案件總數量中，涉及侵犯人身權利犯罪類別的案件數量，佔該期間造成物質損失結果案件總數量的比率為 45.5%，較前期增長了 12.2%；涉及侵犯財產權利犯罪類別的案件數量，佔該期間造成物質損失結果案件總數量的比率為 24.9%，較前期降低了 26.4%；涉及侵犯人身權利和財產權利犯罪類別的案件數量，佔該期間造成物質損失結果案件總數量的比率為 27.5%，較前期增長了

14　最高法院於2012年11月5日通過的《關於適用〈中華人民共和國刑事訴訟法〉的解釋》第139條的規定。

15　見本章表5.5：「1980–1999造成物質損失案件涉及犯罪種類年度分佈交叉表」。

14.2%。[16]兩組資料的對比,更加清晰地顯示出司法解釋予以限制的案件類型,其所歸屬的涉及侵犯財產權利犯罪類別的案件數量,表現逐年減少的趨勢,且在具有附帶民事訴訟可能性的案件數量中,佔據比率尚且不足二成五;而涉及侵犯人身權利犯罪類別,以及與之相關的涉及侵犯人身權利和財產權利犯罪類別的案件數量,兩者之和則佔據具有附帶民事訴訟可能性案件數量的比率高達七成三。

綜上,按照司法解釋為了減少附帶民事訴訟案件數量的限制意圖來分析,其限制的犯罪案件類型也應該是司法實踐中在不斷增長的犯罪類別,而不應是那些趨於下降的犯罪類別。但是,本考察所揭示的規律表明:司法解釋意圖限制的非法佔有型犯罪所涉的侵犯財產權利犯罪類別,而可能提起附帶民事訴訟的案件,其實踐中的數量比率不僅沒有逐年增加,反而表現出逐年減少的勢頭;而司法解釋不予限制的涉及侵犯人身權利犯罪類別而可能提起附帶民事訴訟的案件,其在實踐中的數量比率則表現出逐年增長的勢頭。因此,筆者認為司法限制的必要性、可能性令人質疑。

二、司法限制缺乏資料基礎且效果微弱

從實然的角度討論附帶民事訴訟範圍是否需要限制,要考慮的是不斷增加的造成物質損失結果而具有附帶民事訴訟可能性的案件,究竟有多少實際提起了附帶民事訴訟,而實踐中是否具有足夠的案件數量,作為支持限制附帶民事訴訟範圍的資料基礎;同時,還要考慮司法限制的案件類型所涉犯罪類別的案件,經過司法限制之後是否產生了該類別犯罪附帶民事訴訟案件數量明顯減少,並實現整個附帶民事訴訟案件數量明顯減少的效果。

16　見本章表5.6:「2001~2014造成物質損失案件涉及犯罪種類年度分佈交叉表」。

（一）司法限制附帶民事訴訟範圍缺乏需限制案件的資料支持

司法解釋對附帶民事訴訟範圍加以限制的理由，是司法實踐中附帶民事訴訟案件越來越多，需要限制一部分案件使其不得進入附帶民事訴訟範圍，從而達到減少附帶民事訴訟案件數量的效果。這一理由成立所依據的事實基礎，是司法實踐中存在附帶民事訴訟案件不斷增加，且增加的數量明顯超過司法實踐的常態。對此，可以結合本章第二節「不同年度附帶民事訴訟之實然」有關附帶民事訴訟之實然的考察情況，分析該理由依賴的所謂附帶民事訴訟案件數量增多的事實基礎，是否客觀存在並發揮相應的影響作用。

最高法院於1999年10月27日下發了《全國法院維護農村穩定刑事審判工作座談會紀要》，[17] 該紀要率先限制了附帶民事訴訟範圍。2000年，最高法院又制定了《關於刑事附帶民事訴訟範圍問題的規定》，承繼了《全國法院維護農村穩定刑事審判工作座談會紀要》對附帶民事訴訟範圍進行限制的精神，並明確自當年12月19日施行。根據這一時間段，筆者以H市兩級法院附帶民事訴訟司法實踐為例，對司法解釋限制附帶民事訴訟範圍之前實踐的需求，以及司法限制之後實踐的效果情況進行討論。本章第二節「不同年度附帶民事訴訟之實然」的考察內容顯示：H市兩級法院自1980年至1999年被抽查的造成物質損失結果的案件總數量中，提起附帶民事訴訟的案件總數量，佔該期間造成物質損失結果案件總數量的比率為16.6%；而自2001年至2014年上半年被抽查的造成物質損失結果的案件總數量中，提起附帶民事訴訟的案件總數量，佔該期間造成物質損失結果案件總數量的比率為22.4%；可見，第二階段附帶民事訴訟案件數量，佔同期造成物質損失結果案件總數量比率，較第一階段該項比率高出5.8%。[18] 據此能夠發現，

17　最高法院〈關於印發《全國法院維護農村穩定刑事審判工作座談會紀要》的通知〉（法【1999】217號，1999年10月27日），載《最高法院公報》第6期。

18　見本章表5.3：「1980–1999是否提起附帶民事訴訟案件年度分佈交叉表」及表5.4：「2001–2014是否提起附帶民事訴訟案件年度分佈交叉表」。

司法解釋限制附帶民事訴訟範圍之前，大量具有附帶民事訴訟可能性的案件，僅僅只有一成六多的實際提起了附帶民事訴訟；八成三以上的造成物質損失結果而具有附帶民事訴訟可能性的案件，既使沒有司法解釋的限制也並沒有進入附帶民事訴訟程序。司法解釋限制附帶民事訴訟範圍的規範作出的 2000 年之後，附帶民事訴訟案件數量比率不僅沒有因此限制而降低，而且，每年均表現出具有規律性的平穩升高的態勢。只是到 2013 年和 2014 年上半年才顯示出略有下降的勢頭。但是，這一趨高後下降的發展態勢，與司法解釋對附帶民事訴訟範圍進行限制前的一個階段相比較而言，附帶民事訴訟案件數量所佔造成物質損失結果的案件總數量比率，也僅僅提高了 5.8%。這仍屬於正常增長或減低的幅度範圍，並沒有顯現出需要限制附帶民事訴訟案件數量的強勁增長趨勢；同樣，也沒有表現出司法限制後的附帶民事訴訟案件數量比率明顯較少的變化徵象。

由此可見，最高法院作出司法限制規範時，沒有獲取足夠的附帶民事訴訟案件數量增長狀況，必須予以限制的相關案件資料支援；而且司法限制之後，也沒有對附帶民事訴訟案件的數量變遷產生明顯的影響。

（二）司法解釋限制附帶民事訴訟範圍的效果微弱

司法解釋限制附帶民事訴訟範圍的效果得以實現，應當是需要限制的案件不能進入附帶民事訴訟，從而確保附帶民事訴訟案件數量得以有效控制。所以，考察司法限制的效果問題，必須討論司法限制的犯罪類型，是否因為限制而產生附帶民事訴訟數量上的明顯變化；附帶民事訴訟案件數量比率，是否因為限制而導致減少或者受到抑制。

首先，司法解釋限制附帶民事訴訟的犯罪類型中，其附帶民事訴訟的案件數量比率，在限制之前或限制之後並沒有明顯的變化。H 市兩級法院自 1980 年至 1999 年被抽查的造成物質損失結果而提起附帶民事訴訟的案件總數量中，涉及侵犯財產權利犯罪類別的案件數量為 1 件，佔該期間審理的附帶民事訴訟案件總數量的比率為 0.7%；而自 2001 年

至2014年上半年被抽查的造成物質損失結果而提起附帶民事訴訟的案件總數量中，涉及侵犯財產權利犯罪的案件數量也為一件，佔該期間審理的附帶民事訴訟案件總數量的比率為0.3%。司法解釋限制非法佔有、處置被害人財物類犯罪案件進行附帶民事訴訟之後，該階段被限制的涉及侵犯財產權利犯罪類別的案件提起附帶民事訴訟的數量比率，與司法解釋限制之前一階段相比較降低了0.4%。但是，由於這兩個階段的案件數量同為一件，只是其所佔的附帶民事訴訟案件基數不同導致的。調查可見，1980年到1999年這前一階段，附帶民事訴訟實然案件基數為150件；而2001年到2014年上半年這後一階段，附帶民事訴訟實然案件基數為360件。[19] 所以，附帶民事訴訟案件總數量基數不同，導致前後兩個階段的比率有所差別，很難將其歸功於司法解釋的限制效果。

其次，司法解釋限制附帶民事訴訟範圍之前或限制之後，依據沒有被限制的犯罪類別而提起附帶民事訴訟的案件數量比率不斷提高。H市兩級法院自1980年至1999年被抽查的造成物質損失結果，而提起附帶民事訴訟的案件總數量中，涉及侵犯人身權利犯罪類別的案件數量，佔該期間審理的附帶民事訴訟案件總數量的比率為90.0%；涉及侵犯人身權利和財產權利犯罪類別的案件數量，佔該期間審理的附帶民事訴訟案件總數量的比率為8.7%；兩者合計數量佔該階段審理的附帶民事訴訟案件總數的比率為98.7%。[20] 自2001年至2014年上半年被抽查的造成物質損失結果，而提起附帶民事訴訟的案件總數量中，涉及侵犯人身權利犯罪類別的案件數量，佔該期間審理的附帶民事訴訟案件總數量的比率為78.6%；涉及侵犯人身權利和財產權利犯罪類別的案

19　見本章表5.7：「1980–1999附帶民事訴訟案件犯罪種類與年度交叉表」、表5.8：「2001–2014附帶民事訴訟案件犯罪種類與年度交叉表」。

20　見本章表5.7：「1980–1999附帶民事訴訟案件犯罪種類與年度交叉表」。根據筆者的調查，因侵犯人身權利和財產權利犯罪案件而提起附帶民事訴訟的案件，均為侵犯人身權利犯罪而提起並被受理的，所以本書將此類型犯罪而提起的附帶民事訴訟的案件歸類於侵犯人身權利。

件數量，佔該期間審理的附帶民事訴訟案件總數量的比率為21.1%；兩者合計數量佔該階段審理的附帶民事訴訟案件總數的比率為99.7%，與司法解釋限制前的1980年到1999年間的比率相比高出1.0%。[21] 由此可見，附帶民事訴訟案件數量越來越多的原因，是涉及侵犯人身權利犯罪類別的案件提起附帶民事訴訟多所致，而並非司法解釋所限制的非法佔有、處置被害人財物所涉及的侵犯財產權利犯罪類別。

正是由於司法解釋限制的犯罪類別不是附帶民事訴訟案件增多的原因，而其沒有限制的犯罪類別才是附帶民事訴訟案件不斷增長的真正原因，所以，其對附帶民事訴訟範圍的限制是不會產生明顯效果的。

綜合本節論述，可以得出的結論是：司法解釋限制附帶民事訴訟範圍的做法，沒有建立在附帶民事訴訟案件大量增加而導致法院難以行使審判權的客觀基礎之上，並且所限制的案件犯罪類別，並不是司法實踐中附帶民事訴訟案件不斷增加而需要加以限制的犯罪類別；而且，該司法解釋對附帶民事訴訟範圍的限制，也並沒有真正在實踐中起到減少附帶民事訴訟案件數量的真正效果。

21　見本章表5.8：「2001–2014附帶民事訴訟案件犯罪種類與年度交叉表」。

六、附帶民事訴訟替代措施之實施

通過前面第二章有關追繳與責令退賠制度的法律淵源梳理，可以知道中國追繳與責令退賠制度的規定始於1979年刑法規定，而最高法院的司法解釋則於2000年將其規定為限制附帶民事訴訟範圍之後的附帶民事訴訟替代措施。那麼，最高法院的這一做法在司法實踐中能否實現其目的，該項制度能否有效地發揮附帶民事訴訟的訴訟經濟和保護被害人合法權益的功能，則是需要考察的。因此，首先要考察研究的問題，是追繳與責令退賠制度作為限制附帶民事訴範圍的替代措施，其在司法實踐中的整體實施情況。

附帶民事訴訟與替代措施

造成物質損失結果的案件，是屬於中國歷次刑事訴訟法所規定的附帶民事訴訟範圍的案件，但是，經過司法解釋限制附帶民事訴訟範圍和將追繳或責令退賠措施規定為附帶民事訴訟的替代措施後，又成為附帶民事訴訟和追繳或責令退賠措施兩者的適用範圍。所以，要研究中國司法解釋對於附帶民事訴訟範圍進行司法限制的效果，必須要考察造成物質損失結果的案件中，追繳或責令退賠措施和附帶民事訴訟的適用狀況，探究附帶民事訴訟及其作為替代措施的追繳或責令退賠措施，是否能夠廣泛適用於造成物質損失結果的案件中。也就是說，司法解釋限制進行附帶民事訴訟的造成物質損失結果的案件被害人，其財產權利是否能夠有效地得到追繳或責令退賠措施的有效保護（見表6.1和圖6.1）。

表6.1 造成物質損失案件中提起附帶民事訴訟與追繳或退賠適用情況 [1]

	頻率	百分比
提起附帶民事訴訟	507	20.2
適用追繳或責令退賠	674	26.9
既提起附帶民事訴訟又追繳或責令退賠	3	0.1
有權提起而沒有提起附帶民事訴訟	1,084	43.2
應當適用追繳或責令退賠而沒有適用	241	9.6
合計	2,509	100.0

一、附帶民事訴訟及相關情況

對H市兩級法院附帶民事訴訟及其相關情況的考察內容，包括提起附帶民事訴訟的案件、既提起附帶民事訴訟又適用了追繳或責令退賠措施的案件、有權提起而沒有提起附帶民事訴訟的案件等三類情況的數量和比率。

（一）附帶民事訴訟案件佔造成物質損失案件數的兩成

在H市兩級法院被抽查的案件中，造成物質損失結果的案件數量為2,509件，而被害人在刑事訴訟過程中提起了附帶民事訴訟的案件數量為507件，[2] 其所佔造成物質損失結果的案件數量比率為20.2%，尚不到造成物質損失結果的案件數量的四分之一。也就是說，被告人的犯罪行為導致被害人物質損失結果的發生，法律賦予遭受物質損失的被害人在刑事訴訟過程中享有向被告人主張民事賠償權利，而真正行使該項訴訟權利的被害人較少。

1　表中數據為H市兩級法院1980年、1996年、1997年、1999年、2001年、2003年、2004年、2011年、2012年、2013年和2014年上半年適用一審程序的案件，均以件為統計單位。

2　此處提起附帶民事訴訟的案件數量507件，與本書前面所表述的提起附帶民事訴訟案件數量510件的關係為：前者不包括既提起附帶民事訴訟又追繳或責令退賠的案件3件，後者包括該3件案件。

圖6.1 造成物質損失案件中提起附帶民事訴訟與追繳或退賠適用情況

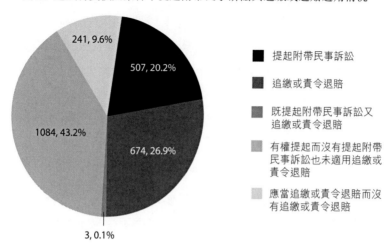

圖例：
- ■ 提起附帶民事訴訟
- ■ 追繳或責令退賠
- ■ 既提起附帶民事訴訟又追繳或責令退賠
- ■ 有權提起而沒有提起附帶民事訴訟也未適用追繳或責令退賠
- □ 應當追繳或責令退賠而沒有追繳或責令退賠

（二）既附帶民事訴訟又追繳或退賠案件數極少

既提起附帶民事訴訟又適用追繳或責令退賠措施的案件，主要是涉及侵犯人身權利和財產權利犯罪類別的案件，通常是偵查機關、審查起訴機關或審判機關，在各自的相關訴訟環節中對被告人侵犯財產權利而獲取的違法所得依法予以追繳或責令退賠，而被害人在案件的審判環節針對其人身權利遭受的物質損失，向審判該被告人的刑事案件的法院提起要求賠償該損失的附帶民事訴訟請求。在H市兩級法院造成物質損失結果的案件中，只有三件案件的被害人，在偵查機關、審查起訴機關和審判機關適用追繳或退賠措施措施後，仍然提起附帶民事訴訟，其所佔造成物質損失結果的案件數量的比率為0.1%。

（三）有權而未提起附帶民事訴訟案件佔
　　造成物質損失案件數量的四成三

這裏所說有權提起而沒有提起附帶民事訴訟的案件，是指根據刑事訴訟法的規定和司法解釋限制後的附帶民事訴訟範圍的規定，被害人的人身權利遭受侵害或財物毀損而遭受的物質損失，其有權利就該物質損失提起附帶民事訴訟，但被害人放棄了該項訴訟權利，並沒有

實際提起附帶民事訴訟的情形。在 H 市兩級法院造成物質損失的案件 2,509 件中，有 1,084 件案件的被害人有根據刑事訴訟法和司法解釋的規定行使附帶民事訴訟請求權利，但其並沒有實際行使該項訴訟權利。此類案件數量所佔造成物質損失結果的案件總數量比率為 43.2%。由此可見，符合司法解釋規定的附帶民事訴訟範圍的案件，仍然有四成三的被害人沒有行使附帶民事訴訟權利。

二、替代措施及相關情況

本部分替代措施及其相關情況所要考察的內容，包括偵查機關、審查起訴機關和審判機關在刑事訴訟過程中，主動適用追繳或責令退賠措施的案件和應當適用追繳或責令退賠措施而沒有適用的案件數量和比率情況。

（一）追繳或退賠案件佔造成物質損失案件數量的二成六

適用追繳或責令退賠措施，是指偵查機關在偵查案件過程中，審查起訴機關在審查起訴案件過程中，審判機關在審判案件過程中，針對被告人違法所得的財物，在該違法所得財物尚存的情況下主動採用追回、收繳並予以退還被害人的措施或該違法所得財物不存在的情況下，適用責成被告人用其財產退賠被害人的措施。司法機關適用追繳或責令退賠措施的結果，通常會出現全部追繳或責令退賠違法所得或大部分追繳或責令退賠違法所得，小部分追繳或責令退賠違法所得三種情況。這說明適用追繳或責令退賠措施的案件，被害人的物質損失會得到全部彌補，或者部分彌補，但並不是全部獲得彌補。在 H 市兩級法院被抽查的造成物質損失結果的案件總數量 2,509 件中，偵查機關、審查起訴機關和審判機關主動適用追繳或責令退賠措施，以此來彌補被害人物質損失的案件數量為 674 件，所佔造成物質損失結果的案件總數量比率為 26.9%，與被害人提起附帶民事訴訟的比率相比，高出 6.7% 的比率。

（二）未追繳或退賠案件佔造成物質損失案件數量近一成

未追繳或責令退賠措施案件，是指根據刑法和司法解釋有關規定，對被告人實施的非法佔有、處置被害人財產的犯罪行為，偵查機關、起訴機關和審判機關在處理該刑事案件過程中，應當依法對該被告人的違法所得適用強制追繳或者責令退賠措施，但在司法實踐中並沒有主動依法適用該追繳或責令退賠措施，或者被告人無財產可供追繳或責令退賠而導致無法適用該措施的情形。H市兩級法院審理的造成物質損失結果的案件中，應當適用追繳或責令退賠措施而沒有實際適用的案件數量為241件，所佔該市兩級法院審理的造成物質損失結果的案件總數量比率為9.6%。綜合以上一、二方面的考察，可以發現H市兩級法院審理的造成物質損失結果的案件總數量2,509件中，提起附帶民事訴訟的案件、適用追繳或責令退賠措施的案件各佔二成多，既提起附帶民事訴訟又適用追繳或責令退賠措施的案件佔比率極低，有權提起而沒有提起附帶民事訴訟的案件佔比高達四成三以上，而應當適用追繳或責令退賠措施卻沒有採取的案件佔比接近一成。

替代措施實施效果與所涉犯罪類別

前一節「附帶民事訴訟與替代措施」的研究發現，H市兩級法院審理的造成物質損失結果的案件中，對被害人的物質損失有數量超過五成二的案件，沒有採取任何司法救濟措施。那麼這些沒有採取司法救濟措施的案件中，包括司法解釋賦予被害人附帶民事訴訟權利而被害人沒有提起的案件，也包括司法解釋限制被害人提起附帶民事訴訟而只能有偵查機關、審查起訴機關和審判機關採用附帶民事訴訟的替代措施——追繳或責令退賠的案件。司法解釋允許被害人提起附帶民事訴訟，而被害人沒有提起的案件所涉及的犯罪類別情況，在前面的第三章中已經考察過。而對於司法解釋限制附帶民事訴訟的部分案件，究竟有多少案件被偵查機關、審查起訴機關和審判機關採取了附帶民事

圖6.2 追繳或責令退賠的實施與犯罪種類交叉數量圖

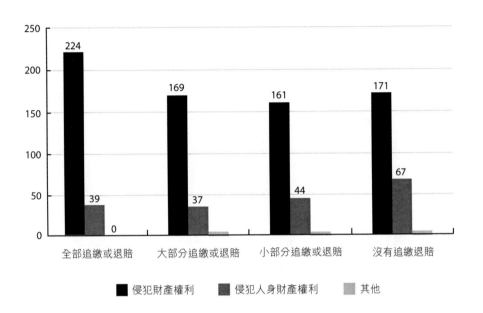

訴訟的替代措施，又有多少案件沒有被採取該項措施，或者雖然被採取了該項措施但沒有達到彌補損失的效果，等等問題，則是本節要考察的內容。對此，筆者試圖通過附帶民事訴訟替代措施的實施所涉及不同犯罪類別的案件情況，來考察這些問題的實際狀況（見圖6.2和表6.2）。

一、全部追繳或責令退賠所涉犯罪類別

所謂全部追繳或責令退賠，也稱為追繳或責令退賠全部違法所得，是指被害人的物質損失通過偵查機關、或者審查起訴機關或者審判機關，在刑事訴訟過程中適用追繳或責令退賠措施，追回被告人的全部違法所得退還被害人，或者責令被告人全部退賠被害人的物質損失，從而使被害人因犯罪而遭受的物質損失得以全部彌補的狀況。

表6.2 追繳或責令退賠的實施與犯罪種類交叉表 [3]

			犯罪種類			總計
			侵犯財產權利	侵犯人身財產權利	其他	
追繳或退賠情況	全部追繳或退賠	計數	224	39	0	263
		在追繳或退賠情況內的%	85.2%	14.8%	0.0%	100.0%
		在犯罪種類內的%	30.9%	20.9%	0.0%	28.6%
		佔總數的%	24.4%	4.2%	0.0%	28.6%
	大部分追繳或退賠	計數	169	37	2	208
		在追繳或退賠情況內的%	81.3%	17.8%	1.0%	100.0%
		在犯罪種類內的%	23.3%	19.8%	33.3%	22.7%
		佔總數的%	18.4%	4.0%	0.2%	22.7%
	小部分追繳或退賠	計數	161	44	1	206
		在追繳或退賠情況內的%	78.2%	21.4%	0.5%	100.0%
		在犯罪種類內的%	22.2%	23.5%	16.7%	22.4%
		佔總數的%	17.5%	4.8%	0.1%	22.4%
	沒有追繳或退賠	計數	171	67	3	241
		在追繳或退賠情況內的%	71.0%	27.8%	1.2%	100.0%
		在犯罪種類內的%	23.6%	35.8%	50.0%	26.3%
		佔總數的%	18.6%	7.3%	0.3%	26.3%
總計		計數	725	187	6	918
		在追繳或退賠情況內的%	79.0%	20.4%	0.7%	100.0%
		在犯罪種類內的%	100.0%	100.0%	100.0%	100.0%
		佔總數的%	79.0%	20.4%	0.7%	100.0%

　　根據調查，H市兩級法院審理的造成物質損失結果的，適用或者應當適用追繳或責令退賠措施的一審案件中，適用追繳或責令退賠全部違法所得的案件數量為263件，所佔適用或者應當適用追繳或退賠違法所得的案件總數量918件的比率為28.6%。首先，涉及侵犯財產權利犯

3　表中數據為H市兩級法院1980年、1996年、1997年、1999年、2001年、2003年、2004年、2011年、2012年、2013年和2014年上半年適用一審程序的案件，均以件為統計單位。

罪類別的案件數量為224件，所佔適用追繳或責令退賠全部違法所得案件總數量的比率為85.2%，所佔替代措施涉及侵犯財產權利犯罪類別的案件數量比率為30.9%，所佔適用或者應當適用追繳或退賠違法所得的案件總數量的比率為24.4%。其次，涉及侵犯人身權利和財產權利犯罪類別的案件數量為39件，佔適用追繳或責令退賠全部違法所得案件總數量的比率為14.8%，所佔替代措施涉及侵犯人身權利和財產權利犯罪類別的案件數量比率為20.9%，所佔適用或者應當適用追繳或退賠違法所得的案件總數量的比率為4.2%。

二、大部分追繳或責令退賠所涉犯罪類別

所謂大部分追繳或責令退賠，也稱為追繳或責令退賠大部分違法所得，是指被害人的物質損失通過偵查機關、或者審查起訴機關或者審判機關，在刑事訴訟過程中適用追繳或責令退賠措施，追回被告人的大部分違法所得退還被害人，或者責令被告人退賠被害人的大部分物質損失，從而使被害人因犯罪而遭受的物質損失大部分得以彌補的狀況。大部分追繳或責令退賠的具體數額，是指被害人物質損失數額50%以上的部分，通過追繳或責令退賠措施得以彌補。

根據筆者的調查，H市兩級法院審理的造成物質損失結果，適用或者應當適用追繳或責令退賠措施的一審案件中，適用追繳或責令退賠大部分違法所得的案件數量為208件，所佔適用或者應當適用追繳或責令退賠違法所得的案件總數量918件的比率為22.7%。首先，涉及侵犯財產權利犯罪類別的案件數量為169件，所佔適用追繳或責令退賠大部分違法所得的案件總數量比率為81.3%，所佔替代措施涉及侵犯財產權利犯罪類別的案件總數量比率為23.3%，所佔適用或者應當適用追繳或責令退賠違法所得案件總數量的比率為18.4%。其次，涉及侵犯人身權利和財產權利犯罪類別的案件數量為37件，所佔適用追繳或責令退賠大部分違法所得的案件總數量比率為17.8%，所佔替代措施涉及侵犯人

身權利和財產權利犯罪類別的案件總數量比率為19.8%，所佔適用或者應當適用追繳或責令退賠措施案件總數量的比率為4.0%。第三，涉及侵犯其他權利犯罪類別的案件數量為2件，所佔適用追繳或責令退賠大部分違法所得的案件總數量的1.0%，所佔替代措施涉及侵犯其他權利犯罪類別的案件總數量比率為33.3%，所佔適用或者應當適用追繳或責令退賠違法所得的案件總數量的比率為0.2%。

三、小部分追繳或責令退賠所涉犯罪類別

所謂小部分追繳或責令退賠，也稱為追繳或責令退賠小部分違法所得，是指被害人的物質損失通過偵查機關、或者審查起訴機關或者審判機關，在刑事訴訟過程中適用追繳或責令退賠措施，追回被告人的小部分違法所得退還被害人，或者責令被告人退賠被害人的小部分物質損失，從而使被害人因犯罪而遭受的物質損失小部分得以彌補的狀況。小部分追繳或責令退賠，是指被害人的物質損失的具體數額，通過追繳或責令退賠措施，得以彌補的部分不足50%的情況。

根據筆者的調查，H市兩級法院審理的造成物質損失結果適用或者應當適用追繳或責令退賠措施的一審案件中，適用追繳或責令退賠小部分違法所得的案件數量為206件，所佔適用或者應當適用追繳或責令退賠違法所得的案件總數量918件的比率為22.4%。首先，涉及侵犯財產權利犯罪類別的案件數量為161件，所佔適用追繳或責令退賠小部分違法所得的案件總數量比率為78.2%，所佔替代措施涉及侵犯財產權利犯罪類別的案件總數量比率為22.2%，所佔適用或者應當適用追繳或責令退賠措施案件總數量的比率為17.5%。其次，涉及侵犯人身權利和財產權利犯罪類別的案件數量為44件，所佔適用追繳或責令退賠小部分違法所得的案件總數量比率為21.4%，所佔替代措施涉及侵犯人身權利和財產權利犯罪類別總數量比率為21.4%，所佔適用或者應當適用追繳或責令退賠措施案件總數量的比率為4.8%。第三，涉及侵犯其他權利

犯罪類別的案件數量為1件，所佔適用追繳或責令退賠小部分違法所得的案件總數量為0.5%，所佔替代措施涉及侵犯其他權利犯罪類別的案件總數量比率為16.7%，所佔適用或者應當適用追繳或責令退賠措施案件總數量的比率為0.1%。

四、沒有追繳或責令退賠所涉犯罪類別

所謂沒有追繳或退賠，是指被害人的物質損失應當通過適用追繳或責令退賠措施加以彌補，但偵查機關、審查起訴機關和審判機關沒有採取該項措施，或者採取了該項措施而沒有能夠追繳或責令退賠任何違法所得財物，導致被害人的物質損失沒有得到任何彌補。

根據筆者的調查，H市兩級法院審理的造成物質損失結果而適用或者應當適用追繳或責令退賠措施的一審案件中，應當適用而沒有適用追繳或責令退賠措施的案件數量為241件，所佔適用或者應當適用追繳或責令退賠違法所得的案件總數量918件的比率為26.3%。首先，涉及侵犯財產權利犯罪類別的案件數量為171件，所佔沒有追繳或責令退賠違法所得的案件總數量比率為71.0%，所佔替代措施涉及侵犯財產權利犯罪類別的案件總數量比率為23.6%，所佔適用或者應當適用追繳或責令退賠措施案件總數量的比率為18.6%；其次，涉及侵犯人身權利和財產權利犯罪類別的案件數量為67件，所佔沒有追繳或責令退賠違法所得的案件總數量比率為27.8%，所佔替代措施涉及侵犯人身權利和財產權利犯罪類別的案件總數量比率為35.8%，所佔適用或者應當適用追繳或責令退賠措施案件總數量的比率為7.3%；第三，涉及侵犯其他權利犯罪類別的案件數量為3件，所佔沒有追繳或責令退賠違法所得的案件總數量的1.2%，所佔替代措施涉及侵犯其他權利犯罪類別的案件總數量比率為50.0%，所佔適用或者應當適用追繳或責令退賠措施案件總數量的比率為0.3%。

綜合以上一到四個方面的考察，可以發現H市兩級法院適用替代措施的實施效果與涉及犯罪類別的規律。首先，適用追繳或責令退賠全部違法所得的措施，主要集中在涉及侵犯財產權利犯罪類別和侵犯人身權利和財產權利犯罪類別的兩類案件上；其次，適用追繳或責令退賠大部分違法所得的措施，主要集中在涉及侵犯財產權利犯罪類別和涉及侵犯人身權利和財產權利犯罪類別的兩類案件上，只有極個別案件涉及侵犯其他權利犯罪類別；第三，適用追繳或責令退賠小部分違法所得的措施，也主要集中在涉及侵犯財產權利犯罪類別和涉及侵犯人身權利和財產權利犯罪類別的案件，極少涉及侵犯其他權利犯罪類別的案件；第四，沒有追繳或責令退賠違法所得的案件，主要集中在涉及侵犯財產權利犯罪類別、涉及侵犯人身權利和財產權利犯罪類別上，而涉及侵犯財產權利犯罪類別為多，涉及侵犯人身權利和財產權利犯罪類別的案件為次；涉及侵犯其他權利犯罪案件雖然較少，但相對於全部、大部分和小部分追繳或責令退賠違法所得的案件，其數量比率是居於第一位的。

替代措施所涉具體罪名

在本章第二節「替代措施實施效果與所涉犯罪類別」有關附帶民事訴訟替代措施適用所涉犯罪類別的考察基礎上，本節將進一步探究其所涉及的具體罪名的數量比率情況。通過對所涉具體罪名數量比率的分佈規律的探究，來研究在司法解釋限制附帶民事訴訟範圍的條件下，適用附帶民事訴訟替代措施的案件是否還有能夠提起附帶民事訴訟可能性的案件，以此更加確切地掌握適用司法限制附帶民事訴訟範圍案件和適用附帶民事訴訟替代措施案件的準確數量界限。為此，筆者將適用或者應當適用附帶民事訴訟措施的案件，以及所涉及的盜竊、詐騙、搶劫等具體罪名的案件數量比率，製作了頻率表和比率圖（見表6.3）。

表6.3 追繳或責令退賠涉及罪名頻率表[4]

		頻率	百分比	有效百分比	累積百分比
有效	盜竊	626	68.2	68.2	68.2
	詐騙	40	4.4	4.4	72.5
	搶劫	132	14.4	14.4	86.9
	搶奪	0.3	0.3	0.3	87.3
	合同詐騙	11	1.2	1.2	88.5
	貸款詐騙	5	0.5	0.5	89.0
	貪污	9	1.0	1.0	90.0
	受賄	2	0.2	0.2	90.2
	其他	22	2.4	2.4	92.6
	盜竊詐騙	3	0.3	0.3	92.9
	盜竊搶劫	37	4.0	4.0	96.9
	盜竊搶奪	1	0.1	0.1	97.1
	盜竊其他	19	2.1	2.1	99.1
	盜竊詐騙搶劫	1	0.1	0.1	99.2
	盜竊搶劫搶奪	1	0.1	0.1	99.3
	詐騙其他	1	0.1	0.1	99.5
	搶劫其他	2	0.2	0.2	99.7
	盜竊搶劫其他	3	0.3	0.3	100.0
總計		918	100.0	100.0	

一、盜竊罪案件佔七成五

盜竊罪，是指以非法佔有為目的，秘密竊取數額較大的公私財物或者多次盜竊公私財物的行為。[5]盜竊罪的犯罪對象是公私財物，而其侵犯的客體是公私財產的所有權。所以，應當將其劃歸本研究所確定的侵犯財產權利犯罪類別。根據筆者的調查，H市兩級法院審理的

4　表中數據為H市兩級法院1980年、1996年、1997年、1999年、2001年、2003年、2004年、2011年、2012年、2013年和2014年上半年適用一審程序的案件，均以件為統計單位。

5　王作富主編，《刑法分則實務研究（中）》，中國正方出版社，2007年1月第一版，第1084頁。

適用或者應當適用追繳或責令退賠措施的案件中，涉及盜竊罪單一罪名的案件數量為626件，所佔該市法院適用或者應當適用追繳或責令退賠措施的案件總數量比率為68.2%；數罪名中包括盜竊罪的案件數量為65件，所佔該市法院適用或者應當適用追繳或責令退賠措施的案件總數量比率為7.0%；單一罪名的盜竊罪案件數量和數罪名的盜竊罪案件數量合計為691件，所佔該市法院適用或者應當適用追繳或責令退賠措施的案件總數量比率為75.2%。數罪名中除去盜竊罪之外，主要涉及詐騙、搶劫、搶奪、其他等等。

二、搶劫罪案件佔一成九

搶劫罪，是指以非法佔有為目的，以對財物的所有人或保管人當場實施暴力或者以當場實施暴力相威脅，或者以使被害人不能抗拒的方法，迫使其當場交出財物或者奪走其財物的行為。[6]搶劫罪的犯罪客體為複雜客體，即同時侵犯公私財產權利和他人人身權利，應當歸類於本研究所確定的侵犯人身權利和財產權利犯罪類別。根據筆者的調查，H市兩級法院審理的適用或者應當追繳或責令退賠措施的案件中，涉及侵犯人身權利和財產權利犯罪類別的搶劫罪單一罪名的案件數量為132件，所佔市法院審理的適用或者應當追繳或責令退賠措施的案件總數量比率為14.4%；涉及數罪中還包含搶劫罪的案件數量為44件，佔該市法院審理的適用或者應當適用追繳或責令退賠措施的案件總數量比率為4.7%；單一罪名的搶劫罪案件數量和數罪名的搶劫罪案件數量合計為176件，所佔該市法院審理的適用或者應當追繳和責令退賠措施的案件總數量比率為19.1%。涉及數罪名並包含搶劫罪的案件中，除去與盜竊罪案件一併被刑事追究的42件之外，還有與其他罪名一併被刑事追訴的案件2件。

---

6   王作富主編，《刑法分則實務研究（中）》，中國正方出版社，2007年1月第一版，第1054頁。

三、詐騙罪、合同詐騙罪、貪污罪等案件佔一成

　　詐騙罪，是指以非法佔有為目的，採用虛構事實或者隱瞞真相的欺騙方法，使受害人陷於錯誤認識並「自願」處分財產，從而騙取數額較大以上的公私財物的行為。[7]詐騙罪侵犯的直接客體是公私財產所有權，應當歸類於本研究所確定的侵犯財產權利犯罪類別。根據筆者的調查，H市兩級法院審理的適用或者應當適用追繳或責令退賠措施的案件中，涉及侵犯財產權利犯罪類別的詐騙罪，其單一罪名的的案件數量為40件，所佔該市法院審理的適用或者應當適用追繳或責令退賠措施案件總數量比率為4.4%；其數罪名中包括詐騙罪的案件數量為5件，所佔該市法院適用或者應當適用追繳或責令退賠措施的案件總數量比率為0.5%。合同詐騙罪，是指以非法佔有為目的，在簽訂、履行合同過程中，騙取對方當事人財物，是數額較大的行為。合同詐騙罪的犯罪對象為公司財物案，侵犯的客體為複雜客體，包括財產所有權關係和市場交易安全秩序，歸類於本研究所確定的侵犯財產權利犯罪類別。根據筆者的調查，H市兩級法院審理的適用或者應當適用追繳或責令退賠措施的案件，涉及侵犯財產權利犯罪類別的合同詐騙罪，其單一罪名的的案件數量為11件，所佔該市適用或者應當適用追繳或責令退賠措施的案件總數量比率為1.2%。貪污罪，是指國家工作人員利用職位上的便利，以侵吞、竊取、騙取或者其他手段非法佔有公共財物的行為。[8]貪污罪侵犯的為複雜客體，為國家工作人員職務行為的廉潔性和公共財產的所有權，但根據本研究的需要將其劃歸侵犯財產權利犯罪類別。根據筆者的調查，H市兩級法院審理的適用或者應當適用追繳或責令退賠措施的案件，涉及單一罪名的貪污罪的數量為9件，所佔該市法院審理的適用或者應當適用追繳或責令退賠措施的案件總數量比率為1.0%。此外，涉及貸款詐騙罪、搶奪罪、受賄罪和其他單

7　王作富主編，《刑法分則實務研究（中）》，中國正方出版社，2007年1月第一版，第1107頁。

8　王作富主編，《刑法分則實務研究（下）》，中國正方出版社，2007年1月第一版，第1738頁。

一罪名的的案件數量為32件,所佔該市審理的適用或者應當適用追繳或責令退賠措施的案件總數量比率為3.4%。

綜合以上一到三個方面的考察,可以發現H市兩級法院適用或者應當適用追繳或責令退賠措施的案件涉及犯罪類別的規律。首先,涉及侵犯財產權利犯罪類別的盜竊罪佔據七成五以上的主要位次,但與盜竊罪複合存在的數罪名的案件中,還存在涉及侵犯人身權利和財產權利犯罪類別的搶劫罪,屬於既具有附帶民事訴訟可能性也符合適用追繳或責令退賠措施的案件。其次,涉及侵犯人身權利和財產權利犯罪類別的搶劫罪佔據一成九以上的次要位置;但是,該類犯罪卻屬於既可以適用追繳或責令退賠措施,又可以由被害人提起附帶民事訴訟的部分案件。結合本章第一節「附帶民事訴訟與替代措施」的調查可以發現,該類犯罪中既提起附帶民事訴訟又適用了追繳或責令退賠措施的,僅僅只有三件案件。[9] 第三,涉及貸款詐騙罪、搶奪罪、受賄罪的案件與詐騙罪、合同詐騙罪和貪污罪的單一罪名犯罪案件總數量比率,則達到該市法院審理的適用或者應當適用追繳或責令退賠措施案件總數量的一成。

替代措施的實施階段

本節主要考察追繳或責令退賠措施的實施,具體是在刑事訴訟的偵查階段,或者審查起訴階段,或是審判階段,以及不同刑事訴訟階段的實施,對追繳或者責令退賠措施實施效果的影響。通過對這些問題的考察,探究司法解釋規定用追繳或責令退賠措施替代附帶民事訴訟,並以此來實現被害人由於犯罪行為而遭受財產損失的求償權,從而達到限制附帶民事訴訟範圍的目的,其在司法實踐中是否實際有效地得以實現。為此,筆者將H市兩級法院追繳或責令退賠措施的實施情況,與其所實施的刑事訴訟階段進行了交叉分析(見圖6.3和表6.4)。

---

9 見本章表6.1:「造成物質損失案件中提起附帶民事訴訟與追繳或退賠適用情況」。

表6.4 追繳或責令退賠情況與實施階段交叉表[10]

			實施階段			總計
			偵查	審查起訴	審判	
追繳或退賠情況	全部追繳或退賠	計數	241	2	20	263
		在追繳或退賠情況內的%	91.6%	0.8%	7.6%	100.0%
		在實施階段內的%	41.4%	3.8%	47.6%	38.8%
		佔總數的%	35.6%	0.3%	3.0%	38.8%
	大部分追繳或退賠	計數	150	46	12	208
		在追繳或退賠情況內的%	72.1%	22.1%	5.8%	100.0%
		在實施階段內的%	25.8%	86.8%	28.6%	30.7%
		佔總數的%	22.2%	6.8%	1.8%	30.7%
	小部分追繳或退賠	計數	191	5	10	206
		在追繳或退賠情況內的%	92.7%	2.4%	4.9%	100.0%
		在實施階段內的%	32.8%	9.4%	23.8%	30.4%
		佔總數的%	28.2%	0.7%	1.5%	30.4%
總計		計數	582	53	42	677
		在追繳或退賠情況內的%	86.0%	7.8%	6.2%	100.0%
		在實施階段內的%	100.0%	100.0%	100.0%	100.0%
		佔總數的%	86.0%	7.8%	6.2%	100.0%

一、偵查階段實施的為八成六

偵查是指國家法定機關在辦理刑事案件過程中，為收集犯罪證據和查獲犯罪人，而依法進行的專門調查工作和採取的有關強制措施。[11]根據中國刑事訴訟法的規定，刑事案件的偵查權主要由公安機關行使，貪污賄賂案件的偵查權由檢察機關行使，其他案件偵查權的行使由法律另行規定。[12]因此，所謂偵查階段就是指公安機關或者檢察機關或者法律規定的其他偵查機關，在辦理刑事案件過程中，為

---

10 表中數據為H市兩級法院1980年、1996年、1997年、1999年、2001年、2003年、2004年、2011年、2012年、2013年和2014年上半年全適用一審程序的案件，均以件為統計單位。

11 樊崇義主編，《刑事訴訟法學》，中國政法大學出版社，2013年10月第三版，第408頁。

12 《中華人民共和國刑事訴訟法》第18條的規定。

圖6.3 追繳或責令退賠情況與實施階段叉數量圖

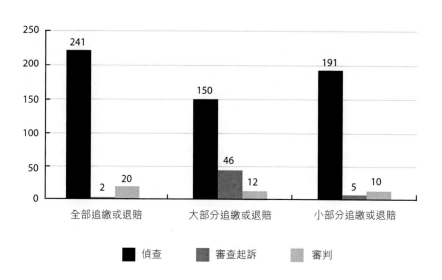

收集犯罪證據和查獲犯罪人,而依法進行的專門調查工作和採取的有關強制措施。這裏所說的專門調查工作,具體包括訊問犯罪嫌疑人、詢問證人和被害人、勘驗、檢查、偵查實驗、搜查、查封、扣押物證、書證、查詢和凍結存款及匯款、鑒定、技術偵查、通緝等訴訟活動。[13] 其中的搜查,查封、扣押物證、書證,查詢、凍結存款、匯款等措施,既是對犯罪證據的收集,也是對被告人違法所得的追繳,屬於偵查機關偵查犯罪過程中應當履行的職責。對於查封、扣押、凍結的被告人的違法所得財物,對被害人的合法財產及其孳息權屬明確無爭議、並且涉嫌犯罪事實已經查清屬實的,應當在登記、拍照或者錄影、估價後及時返還被害人。[14] 有關責令退賠措施,除了刑法的規範之外,公安部、最高檢察院有關刑事訴訟的相關規則中沒有進一步的

13　《中華人民共和國刑事訴訟法》第116條到153條的規定。

14　2012年12月公安部部長辦公會議通過的《公安機關辦理刑事案件程序規定》第229條的規定。

明確要求。因此，刑事訴訟的偵查階段偵查機關適用追繳被告人違法所得的措施，較適用責令被告人退賠被害人損失的措施，更加主動，也更加普遍。

根據筆者的調查發現，H市兩級法院被抽查適用追繳或責令退賠措施的案件，屬於偵查機關在偵查階段實施該項措施的案件為大多數，佔據刑事訴訟的偵查、審查起訴和審判等三個階段的首位，並且這些案件有98.8%以上的是公安機關實施，1.2%的為檢察機關實施。[15]首先，偵查機關適用追繳或責令退賠全部違法所得的案件數量為241件，佔該市法院審理的適用追繳或責令退賠全部違法所得案件總數量263件的比率為91.6%，佔該市法院審理的偵查階段適用追繳或責令退賠措施案件總數量582件的比率為41.4%，佔該市法院審理的適用追繳或責令退賠全部、大部分、小部分違法所得案件總數量677件的比率為35.6%。其次，偵查機關適用追繳或責令退賠大部分違法所得的案件數量為150件，佔該市法院審理的適用追繳或責令退賠大部分違法所得案件總數量208件的比率為72.1%，佔該市法院審理的偵查階段適用追繳或責令退賠措施案件總數量582件的比率為25.8%，佔該市法院審理的適用追繳或責令退賠全部、大部分、小部分違法所得案件總數量的比率為22.2%。第三，偵查機關適用追繳或責令退賠小部分違法所得的案件數量為191件，佔該市法院審理的適用追繳或責令退賠小部分違法所得案件總數量206件的比率為92.7%，佔該市法院審理的偵查階段適用追繳或責令退賠措施案件總數量582件的比率為32.8%，佔該市法院審理的適用追繳或責令退賠全部、大部分、小部分違法所得案件總數量677件的比率為28.2%。由此可見，偵查機關在偵查階段適用追繳或責令退賠措施案件總數量為582件，佔H市法院審理適用追繳或責令退賠措施案件總數量677件的比率為86.0%。

15　見本章表6.3：「追繳或責令退賠涉及罪名頻率表」，其中顯示檢察機關負責偵查的貪污、受賄案件所佔比率為1.2%。

二、審查起訴階段實施的不足一成

審查起訴是指人民檢察院對偵查終結的案件進行受理，並予以審查，進而決定是否起訴的訴訟活動。[16]人民檢察院受理移送審查起訴案件，應當指定檢察員或者經檢察長批准代行檢察員職務的助理檢察員辦理，也可以由檢察長辦理。上述檢察人員審查移送起訴的案件，應當審查的內容包括犯罪嫌疑人身份狀況、犯罪事實和情節、犯罪性質和罪名、證據材料、偵查法律手續和訴訟文書、是否漏罪或漏犯、附帶民事訴訟情況、強制措施的適用、偵查活動合法性，以及涉案贓物處理等等。其中對於涉案贓物處理部分的審查，涉及要審查被害人合法財產的返還處理是否妥當，移送的證明檔是否完備；對於追繳的財物中，屬於被害人的合法財產而不需要在法庭出示的，應當及時返還被害人，並由被害人在發還款物清單上簽名或者蓋章，注明返還的理由，並將清單、照片附卷。[17]同時，根據刑事訴訟法的相關規定：人民檢察院審查案件，對於需要補充偵查的，可以退回公安機關補充偵查，也可以自行偵查。[18]因此，可以看出，檢察機關審查起訴過程中實施追繳措施的，通常是對偵查機關已經扣押的財產及時予以返還被害人，或者是自行補充偵查過程中實施扣押犯罪嫌疑人的違法所得並予以返還被害人。而責令退賠措施並沒有明確規定在刑事訴訟法或檢察機關的相關規則中，只是根據刑法的相關要求，檢察人員在刑事司法實踐中予以實施的司法慣例。

根據筆者的調查，H市兩級法院審理適用追繳或責令退賠措施的案件中，檢察機關在審查起訴階段實施的追繳或責令退賠措施的案件數量不足一成，佔據刑事訴訟三個階段的第二位。首先，檢察機關在審查起訴階段適用追繳或責令退賠全部違法所得的案件數量為2件，佔該

---

16 參見樊崇義主編，《刑事訴訟法學》，中國政法大學出版社，2013年10月第三版，第455頁。

17 最高檢察院檢察委員會2012年10月16日修訂的《檢察院刑事訴訟規則》第360條、第363條和第387條規定的內容。

18 《中華人民共和國刑事訴訟法》第171條第2款規定的內容。

市法院審理的適用追繳或責令退賠全部違法所得案件總數量的比率為
0.8%，佔該市法院審理的在審查起訴階段適用追繳或責令退賠案件總
數量53件的比率為3.8%，佔該市法院審理的適用追繳或責令退賠法所
得案件總數量677件的比率為0.3%。其次，檢察機關在審查起訴階段適
用追繳或責令退賠大部分違法所得的案件數量為46件，佔該市法院審
理的適用追繳或責令退賠大部分違法所得案件總數量的比率為22.1%，
佔該市法院審理的在審查起訴階段適用追繳或責令退賠案件總數量53
件的比率為86.8%，佔該市法院審理的適用追繳或責令退賠違法所得案
件總數量的比率為6.8%。第三，檢察機關在審查起訴階段適用追繳或
責令退賠小部分違法所得的案件數量為5件，佔該市法院審理的適用追
繳或責令退賠小部分違法所得案件總數量的比率為2.4%，佔該市法院
審理的在審查起訴階段適用追繳或責令退賠案件總數量53件的比率為
9.4%，佔該市法院審理的適用追繳或責令退賠違法所得案件總數量的比
率為0.7%。由此可見，檢察機關在審查起訴階段適用追繳或責令退賠
違法所得案件總數量為53件，佔該市法院審理的適用追繳或責令退賠
違法所得案件總數量的比率為7.8%。

三、審判階段實施的不足一成

作為一個特定的訴訟行為，刑事審判是指法院對案件進行審理並
作出裁判的訴訟行為。刑事審判，可以分解為「審理」和「裁判」兩個
階段和行為。所謂「審理」，在行為上是指法院在公訴人、當事人及其
他訴訟參與人的參加下，調查核實各種證據、查清案件事實並審查如
何正確適用法律的活動，此階段可以包括開庭、法庭調查和法庭辯論
等程序環節；所謂「裁判」，在行為上是指法院依據查清的案件事實和
國家的法律，對案件的實體問題（即定罪量刑）或某些程序問題作出
權威性處理決定的活動，在階段上包括評議、作出判決和宣告判決等
程序環節。[19]刑事審判階段法院適用追繳或責令退賠，包括對公訴機

19　參見樊崇義主編，《刑事訴訟法學》，中國政法大學出版社，2013年10月第三版，第475頁。

關或者自訴人移送的，或者法院在審判階段查封、扣押、凍結的被告人違法所得物品、現金等財務及其孳息，在不影響審判的情況下及時退還被害人，或者對尚未被追繳或未能退賠的違法所得裁定或判決予以繼續追繳或責令退賠的情況。

　　根據筆者的調查，H市兩級法院在審判階段實施的追繳或責令退賠措施的案件數量也不足一成，佔據刑事訴訟各個階段的後位。首先，法院在審判階段適用追繳或責令退賠全部違法所得的案件數量為20件，佔該市法院審理的適用追繳或責令退賠全部違法所得案件總數量的比率為7.6%，佔該市法院審理的在審判階段適用追繳或責令退賠案件總數量42件的比率為47.6%，佔該市法院審理的適用追繳或責令退賠措施案件總數量的比率為3.0%。其次，法院在審判階段適用追繳或責令退賠大部分違法所得的案件數量為12件，佔該市法院審理的適用追繳或責令退賠大部分違法所得案件總數量的比率為5.8%，佔該市法院審理的在審判階段適用追繳或責令退賠案件總數量42件的比率為28.6%，佔該市法院審理的適用追繳或責令退賠措施案件總數量的比率為1.8%。第三，法院在審判階段適用追繳或責令退賠小部分違法所得的案件數量為10件，佔該市法院審理的適用追繳或責令退賠小部分違法所得案件總數量的比率為4.9%，佔該市法院審理的在審判階段適用追繳或責令退賠案件總數量42件的比率為23.5%，佔該市法院審理的適用追繳或責令退賠措施案件總數量的比率為1.5%。由此可見，法院在審判階段適用追繳或責令退賠措施的案件總數量為42件，佔該市法院審理的適用追繳或責令退賠措施的案件總數量677件的比率為6.2%。

　　綜合以上一到三個方面考察，可以發現H市兩級法院審判適用追繳或責令退賠措施的案件，在刑事訴訟各個階段的實施規律為：在偵查階段適用追繳或責令退賠違法所得的案件數量，佔該市法院審理的適用追繳或責令退賠措施案件總數量的八成六；而在審查起訴階段與在審判階段適用追繳或責令退賠違法所得的案件數量均不到一成。

本章小結：替代措施適用的實效性和局限性

本章前四節通過對H市兩級法院審理的造成物質損失案件的追繳或責令退賠與附帶民事訴訟，追繳或責令退賠涉及的犯罪類別和具體罪名，以及追繳或責令退賠實施的訴訟階段的考察，探究了H市兩級法院適用追繳或責令退賠措施替代附帶民訴訟功能的效果，適用的犯罪類別、具體罪名的情況，以及實施的最佳訴訟階段，從中發現了替代措施功能的有效性和局限性。

一、替代措施較附帶民事訴訟的適用更有實際效果

最高法院於2012年通過的《關於適用〈中華人民共和國刑事訴訟法〉的解釋》，承繼了其1999年頒佈的《全國法院維護農村穩定刑事審判工作座談會紀要》等規定精神，對附帶民事訴訟範圍予以限制，並以追繳或責令退賠措施替代部分案件附帶民事訴訟。該司法解釋第139條規定：「被告人非法佔有、處置被害人財產的，應當依法予以追繳或者責令退賠。被害人提起附帶民事訴訟的，法院不予受理。追繳、退賠的情況，可以作為量刑情節考慮。」該條司法解釋的規定，將被告人佔有、處置被害人財產的犯罪類別排除在附帶民事訴訟範圍之外，並明確規定法院對此類案件不予受理；同時，要求對此類別犯罪造成的物質損失，依法予以追繳或者責令退賠。這是追繳或責令退賠措施替代附帶民事訴訟的現行法律規範淵源。可以看出，最高法院規定追繳或者責令退賠措施替代附帶民事訴訟，目的在於減少非法佔有、處置被害人財產類別犯罪案件附帶民事訴訟的數量；而同時，其認為依靠司法機關公權力的強行追繳或責令退賠措施，以及採用該追繳或者責令退賠情節對被告人量刑予以影響，從而鼓勵被告人積極賠償被害人的做法，能夠有效地保障被害人在此類犯罪案件中的財產權利。由此，可以將追繳或責令退賠作為替代措施的功能，歸結為有利於刑事訴訟的順利進行和有效保障被害人財產權利。替代措施的實施，否定了被害人針對被告人非法佔有、處置其財產犯罪類別案件的附帶民事訴訟

權利，但有利於此類別刑事案件的順利進行，對此無需加以證明便可以得出結論。需要探討的問題是替代措施的實施狀況是否如最高司法機關所設想的那樣，較附帶民事訴訟能夠更有效的地發揮保障被害人的積極作用。

　　替代措施較附帶民事訴訟而言，是否能夠發揮更加有效的保障被害人財產權益的積極作用，可以通過比較兩者適用的案件數量和比率的情況來確定。通過本章第一節「附帶民事訴訟與替代措施」考察的情況，可以發現H市兩級法院審理的造成物質損失案件總數量中，適用追繳或責令退賠措施的數量和比率，均比較附帶民事訴訟更加有效。首先，司法解釋規定的可以納入附帶民事訴訟範圍的案件類別，少數被害人採用了附帶民事訴訟的權利救濟方式，但多數被害人並沒有使用該救濟方式。筆者的調查結果顯示，H市兩級法院審理的造成物質損失結果的2,509件一審刑事案件中，被害人通過附帶民事訴訟方式來解決其物質損失賠償請求的案件數量為507件，僅僅佔有二成多些；而被害人有權提起而沒有提起附帶民事訴訟的案件數量為1,084件，所佔比率高達四成三。其次，司法解釋規定應當採用附帶民事訴訟替代措施的案件類別，多數案件司法機關適用了追繳或者責令退賠措施，只有少數案件沒有適用該措施。筆者的調查顯示，H市兩級法院審理的造成物質損失結果的案件中，被害人的物質損失求償權利通過附帶民事訴訟替代措施，得到或者部分得到救濟的案件數量為674件，佔據造成物質損失結果案件總數量的二成六，略高於被害人通過附帶民事訴訟來實現救濟的案件數量；而偵查機關、審查起訴機關和審判機關，依法應當適用替代措施來彌補被害人的物質損失而實際沒有適用的案件數量為241件，所佔造成物質損失結果的案件總數量接近一成。第三，從以上兩部分的案件數量和比率上看，H市兩級法院適用追繳或責令退賠措施的案件，明顯比較適用附帶民事訴訟的案件具有優勢。從數量上看，H市兩級法院審理的造成物質損失的案件中，司法機關主動適用追繳或責令退賠的案件數量為674件，較被害人提起附帶民事訴訟的案件數量507件多出167件。從比率上看，法律和司法解釋賦予被害人具有

提起附帶民事訴訟權利的案件，被害人實際行使該項訴訟權利而提起附帶民事訴訟的案件比率為31%；而法律和司法解釋授權司法機關主動追繳或責令退賠的案件，司法機關實際行使職權追繳或責令退賠的案件數量比率為73.7%；後者較前者的適用比率高出42.7%。[20] 所以，筆者據此得出，追繳或責令退賠作為替代附帶民事訴訟的一項措施，在實踐中的適用較附帶民事訴訟本身更加具有實際效果。

二、替代措施實施效果的局限性

中國現行刑法規定，犯罪分子違法所得的一切財物，應當予以追繳或者責令退賠。[21] 將追繳或者責令退賠措施適用的犯罪對象，限定在犯罪分子違法所得的一切財物上。最高法院的司法解釋，將司法機關主動實施追繳或責令退賠措施限定在一定範圍的案件上，即非法佔有、處置被害人財產的案件。這從司法機關的職責方面，限制了追繳或者責令退賠措施實施的範圍，也決定了該項措施實施效果的局限性。這一局限性從本章可以看出，大多數的造成物質損失結果的案件，根據法律和司法解釋的規定並不能直接適用追繳或責令退賠措施，但這並不是此處要討論的重點問題。在此需要討論的問題，是較附帶民事訴訟適用更加具有實際效果的替代措施，其實施的實際效果是否能夠全面實現彌補被害人所遭受物質損失的結果。

對於這個問題的研究，可以根據本章第二節「替代措施實施效果與所涉犯罪類別」考察的情況進行論證。綜合本章第二節一至四個方面所述內容，發現適用替代措施的案件，多數並沒有能夠全部實際實現被害人財產權利。筆者的調查顯示，H市兩級法院審理的造成物質損失結果，應當適用附帶民事訴訟替代措施予以追繳或責令退賠違法所得

20　見本章表6.1:「造成物質損失案件中提起附帶民事訴訟與追繳或退賠適用情況」。

21　《中華人民共和國刑法》第64條的規定。

的案件，偵查機關、審查起訴機關和審判機關適用追繳或責令退賠措施，從而彌補被害人全部物質損失的案件數量，佔到適用或者應當追繳或責令退賠措施案件總數量的二成八；適用替代措施而彌補被害人大部分物質損失的案件數量，佔到適用或者應當追繳或責令退賠措施案件總數量的二成二；適用替代措施而彌補了被害人小部分物質損失的案件數量，佔到適用或者應當適用追繳或責令退賠措施案件總數量的二成二以上；沒有適用替代措施而沒有能夠彌補被害人物質損失的案件總數量，佔到適用或者應當追繳或責令退賠措施案件總數量的二成六。這表明替代措施雖然較附帶民事訴訟的適用數量更多，適用各自範圍的比率相比較更高一些，但是，替代措施並不能夠完全彌補被害人所遭受犯罪侵犯的物質損失結果，大部分案件被害人的財產權利並沒有實際得到充分實現。由此可見，法律和司法解釋要求司法機關強行適用的替代措施，其實施效果也具有局限性。

三、替代措施適用犯罪類別和具體罪名的局限性

　　法律和司法解釋對於司法機關適用替代措施的職責範圍的有限性規定，決定了該項措施實施涉及犯罪類別和具體罪名的局限性。從涉及的犯罪類別上看，涉及侵犯財產權利犯罪類別為主，佔適用或者應當適用替代措施的案件總數量七成九；涉及侵犯人身權利和財產權利犯罪類別為次，佔適用或者應當適用替代措施的案件總數量二成；涉及侵犯其他權利犯罪類別最少，佔適用或者應當適用替代措施的案件總數量不足一成。[22] 從涉及的具體罪名上看，H市兩級法院審理的適用或者應當適用替代措施的案件，有七成五以上的案件涉及侵犯財產權利犯罪類別的盜竊罪；有一成九以上的案件涉及侵犯人身權利和財產權利犯罪類別的搶劫罪，而這部分案件既可以附帶民事訴訟，也可

22　見本章表6.2：「追繳或責令退賠的實施與犯罪種類交叉表」。

以適用替代措施，但其中絕大多數並沒有提起附帶民事訴訟；有一成的案件涉及侵犯財產權利犯罪類別的詐騙罪、合同詐騙罪和貪污罪，以及涉及其他權利犯罪類別的案件。[23] 可見，對於涉及侵犯財產權利犯罪類別的盜竊罪和涉及侵犯人身權利和財產權利犯罪類別的搶劫罪適用替代措施的情況，代表了H市兩級法院適用追繳或責令退賠措施的整體狀況。

根據以上情況可以看出，附帶民事訴訟替代措施適用的犯罪行為人，主要就是盜竊犯罪的被告人和搶劫犯罪的被告人，並兼顧詐騙犯罪、合同詐騙犯罪以及貪污犯罪等被告人。從犯罪學的角度分析，盜竊犯罪行為人通常為農村無正當職業的低文化程度年輕人，而其家庭經濟狀況多數難以滿足其正常的需求。有的研究者認為外來人口（主要是農民工）是盜竊犯罪的主體。其理由為：「當前，農村剩餘勞力增多和城鄉生活水準的明顯差距，他們紛紛湧入城市，從事城市居民不願做的髒活、累活、苦活，有的還找不到穩定的工作，常處於失業或半失業的狀態，有的甚至連吃、住這些基本的生活需要都得不到解決，現實生活的艱辛、挫折、無助甚至絕望使他們誤入歧途。」[24] 也有學者認為：「在實施盜竊犯罪的人中大多是些只有初中及其以下文化程度的人，由於沒有多少文化知識，對於一些技術活無法勝任，而只能從事一些低端的勞動，但他們又怕累。在一個高速發展的城市裏，它需要一些擁有高技術、高科技的產業來帶動整個城市的發展，對於那些只有初中及以下文化程度的人而言是沒有什麼競爭能力的，因此，他們就想要找些比較輕鬆的、風險小的『活』來幹。」[25] 對於搶劫犯罪行為人而言，社會保障不健全是導致他們犯罪的重要社會原因。相關

23　見本章表6.3：「追繳或責令退賠涉及罪名頻率表」。

24　葛炳瑤，〈2006年浙江省在押罪犯主要犯罪類型的犯罪原因調查〉，載《中國司法》，2008年第2期。

25　榮逸菲，〈從犯罪學角度對盜竊罪的分析〉，載《商》，2015年第40期。

研究者對 1,101 名罪犯進行分析，發現除 94 名是城鎮居民之外，其餘均來自農村。所以，該研究者認為：「大量農村人口為生活所迫擁入城鎮打工，造成城鎮勞動力過剩，形成龐大的社會閒散人員隊伍，但他們又無法納入目前的社會保障體系。這些人員無疑是社會治安和社會穩定的重大隱患。」[26]

從以上兩種現象中，不難找到其中的關聯因素，即附帶民事訴訟替代措施適用的具體犯罪為盜竊罪和搶劫罪，而以非法獲取他人財物為目的的盜竊犯罪，和主要針對財產而實施的搶劫犯罪，其實施犯罪的行為人往往其家庭的經濟狀況較差，本人正當獲取財物的能力較弱，所盜竊或搶劫的違法所得財物通常在犯罪完成後即被揮霍，所以司法機關案發後難以完全追繳或責令退賠。案件被告人本身被追繳或責令退賠能力的有限性，決定了追繳或責令退賠措施替代附帶民事訴訟實現被害人財產損失賠償權利的局限性，其難以全面徹底地實現被害人的財產權利。

四、替代措施有效發揮作用的訴訟階段具有局限性

中國刑法規定的對犯罪分子違法所得的一切財物予以追繳或責令退賠，在刑事訴訟法的規定中體現為扣押物品和查詢、凍結存款、匯款等偵查活動、審查起訴活動和審判活動。這些活動在實踐中得以實施的通常條件，為犯罪分子的違法所得財物還存在，公安等司法機關能夠發現並採取扣押等措施予以追回；如果不能夠發現該財物的存在，且犯罪分子也沒有可以退賠的財物，通常也就不採取扣押等措施。扣押、查詢、凍結等措施具有查明犯罪和彌補被害人損失的雙重功能，正如有的學者所說的，它既可以瞭解犯罪嫌疑人的犯罪情況，

---

26 葛炳瑤，〈2006年浙江省在押罪犯主要犯罪類型的犯罪原因調查〉，載《中國司法》，2008年第2期。

有力地證實犯罪和懲罰犯罪，同時也可以為國家、集體和個人挽回經濟損失，維護國家、集體的經濟利益和公民個人的財產利益。[27]

實踐中，採取扣押、查詢、凍結財物措施的最有利的階段，應當是距離犯罪行為實施時間、空間最近的刑事訴訟偵查階段，而刑事訴訟的審查起訴和審判階段距離犯罪的時間、空間更加遙遠，採用扣押、查詢和凍結措施會有更多的難度。通過本章第四節「替代措施的實施階段」的考察，能夠清楚的發現這一規律。筆者的調查顯示，H市兩級法院審理的應當適用追繳或責令退賠措施的案件，在偵查階段完成追繳或責令退賠措施的案件數量高達八成六，而在審查起訴和審判兩個階段完成的追繳或責令退賠措施的案件數量合計也僅僅為一成四。[28]這一現象說明追繳或責令退賠措施適用的有效階段為偵查階段，而審查起訴和審判階段雖然也有一些能夠完成或者部分完成追繳或責令退賠措施違法所得的案件，但是，和偵查階段的效果相比相差太遠。審查起訴和審判階段實施追繳或責令退賠措施，只能成為偵查階段的補充。因此，筆者認為，追繳或責令退賠作為附帶民事訴訟的替代措施，其有效適用的訴訟階段較為單一，限制在刑事訴訟初期的偵查階段。

綜合本節所述，得出的結論是：最高法院的司法解釋將附帶民事訴訟範圍縮小後，採用追繳或責令退賠措施替代被害人附帶民事訴訟，對於彌補被害人的經濟損失在實踐中發揮了一定的功效；但是，由於該項措施本身的性質決定了其適用案件範圍的實際實施效果具有一定局限性，也決定了其適用的具體犯罪案件具有難以彌補損失的客觀性，以及該項措施有效適用的刑事訴訟階段單一性等局限性。

27　參見陳光中主編，《刑事訴訟法》，北京大學出版社、高等教育出版社，2005年9月第二版，第292頁。

28　本章表6.4：「追繳或責令退賠情況與實施階段交叉表」。

七、附帶民事訴訟替代措施之救濟與執行

❧❧❧❧❧❧❧❧❧❧❧❧❧❧❧❧❧

　　附帶民事訴訟替代措施之救濟，也稱未能追繳或責令退賠違法所得部分的權利救濟，是指法院一審刑事判決之前，對於被告人的犯罪行為造成被害人的物質損失，經過偵查機關、審查起訴機關和審判機關的追繳或責令退賠，仍然沒有得到彌補的損失部分，被害人通過提出索賠要求繼續追繳或責令退賠、附帶民事訴訟請求，法院裁判繼續追繳或責令退賠，來實現被害人財產權利的救濟途徑。附帶民事訴訟替代措施的執行，是指法院依法對被告人違法所得予以繼續追繳或責令其退賠的裁判，被公權力機關予以強制實現的狀況。實踐中，未能被追繳或責令退賠的違法所得部分，表明被害人所遭受的物質損失，在偵查、審查起訴和審判程序中通過附帶民事訴訟替代措施沒有得到彌補的實際情況；那麼，在這些替代措施實施完成之後，這些遭受犯罪侵害而導致財產損失的被害人，其能夠採取的其他司法救濟措施情況如何，法院裁判繼續追繳或責令退賠的實際執行情況如何，將是本章要考察的問題。對此，需要考察的問題主要是未能追繳或責令退賠的違法所得部分，被害人通過救濟措施與司法機關採取救濟措施的實際效果。具體而言，就是被害人的索賠情況，被害人提起附帶民事訴訟情況，法院判決繼續追繳或責令退賠情況，以及繼續追繳或責令退賠的實際執行情況。

被害人索賠

被害人索賠，是指在刑事案件中遭受被告人犯罪行為的侵害而導致財產損失的單位或個人，在偵查機關、審查起訴機關和審判機關實施追繳或責令退賠措施後，仍然沒有彌補其損失，或者沒有完全彌補其損失的，而向偵查機關、審查起訴機關或審判機關提出繼續對被告人實施追繳或責令退賠的主張，以此實現其財物損失得以賠償的權利。刑事訴訟過程中，被害人索賠數量的多少，既表明財產犯罪案件的被害人，對其財產權利的關心和重視程度，也表明訴訟程序對於被害人權利救濟的保障程度。為此，本書對 H 市兩級法院適用追繳或責令退賠措施的案件情況，與當事人有無索賠的情況進行分析考察（見表7.1 和圖 7.1）。

一、繼續索賠的案件數量極少

H 市兩級法院適用或應當適用追繳或責令退賠措施的案件中，經過偵查機關、審查起訴機關和審判機關適用追繳或責令退賠措施之後，除去追繳或責令退賠全部違法所得的案件沒有被害人繼續索賠之外，被害人繼續主張對被告人進行追繳或責令退賠予以賠償損失的案件數量為 18 件，佔該市法院適用或應當適用追繳或責令退賠案件總數量 918 件的比率為 2.0%。其具體情況如下：

（一）索賠數量最多的為追繳或退賠大部分違法所得案件

H 市兩級法院審理的適用追繳或責令退賠大部分違法所得的案件數量為 208 件，其中被害人索賠的案件數量為 9 件，佔適用追繳或責令退賠大部分違法所得案件總數量的比率為 4.3%，佔整個適用或應當適用追繳或責令退賠違法所得案件中索賠總數量 18 件的比率為 50.0%，但是佔適用或應當適用追繳或責令退賠違法所得案件總數量比率僅僅為 1.0%。

表7.1 追繳或責令退賠與有無索賠案件情況交叉表[1]

			被害人索賠		總計
			有	無	
追繳或退賠	全部追繳或退賠	計數	0	263	263
		在追繳或退賠情況內的%	0.0%	100.0%	100.0%
		在被害人索賠內的%	0.0%	29.2%	28.6%
		佔總數的%	0.0%	28.6%	28.6%
	大部分追繳或退賠	計數	9	199	208
		在追繳或退賠情況內的%	4.3%	95.7%	100.0%
		在被害人索賠內的%	50.0%	22.1%	22.7%
		佔總數的%	1.0%	21.7%	22.7%
	小部分追繳或退賠	計數	6	200	206
		在追繳或退賠情況內的%	2.9%	97.1%	100.0%
		在被害人索賠內的%	33.3%	22.2%	22.4%
		佔總數的%	0.7%	21.8%	22.4%
	沒有追繳退賠	計數	3	238	241
		在追繳或退賠情況內的%	1.2%	98.8%	100.0%
		在被害人索賠內的%	16.7%	26.4%	26.3%
		佔總數的%	0.3%	25.9%	26.3%
總計		計數	18	900	918
		在追繳或退賠情況內的%	2.0%	98.0%	100.0%
		在被害人索賠內的%	100.0%	100.0%	100.0%
		佔總數的%	2.0%	98.0%	100.0%

（二）索賠數量第二位的為追繳或退賠小部分違法所得案件

H市兩級法院審理的適用追繳或責令退賠小部分違法所得的案件數量為206件，其中被害人索賠的案件數量為6件，佔追繳或責令退賠小部分違法所得案件總數量的比率為2.9%，佔整個適用或應當適用追繳或責令退賠違法所得案件中索賠總數量18件的比率為33.3%，但是佔適用或應適用追繳或責令退賠違法所得案件總數量比率僅僅為0.7%。

1　表中數據為H市兩級法院1980年、1996年、1997年、1999年、2001年、2003年、2004年、2011年、2012年、2013年和2014年上半年應當適用追繳或責令退賠措施一審程序案件，均以件為統計單位。

圖7.1 追繳或責令退賠與有無索賠案件情況交叉表

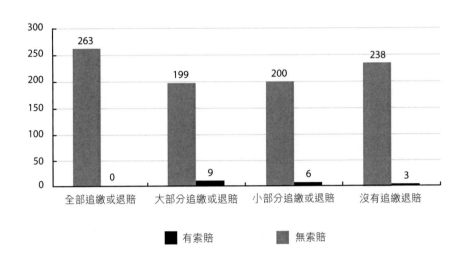

（三）索賠數量最少的為沒有追繳或退賠違法所得案件

　　H市兩級法院審理的沒有適用追繳或責令退賠違法所得的案件數量為241件，其中被害人索賠的案件數量為3件，佔沒有適用追繳或責令退賠違法所得案件總數量的比率為1.2%，佔整個適用或應當適用追繳或責令退賠違法所得案件中索賠總數量18件的比率為16.7%，但是佔適用或應當適用追繳或責令退賠違法所得案件總數量比率僅僅為0.3%。

二、未繼續索賠的案件數量極多

　　H市兩級法院審理的適用或應當適用追繳或責令退賠措施的案件中，經過偵查機關、審查起訴機關和審判機關適用追繳或責令退賠措施之後，被害人沒有主張繼續索賠的案件數量多達900件，佔該市法院適用或者應當適用責令退賠措施的案件總數量比率為98%。除去追繳或責令退賠全部違法所得的案件總數量263件，全部沒有繼續索賠之外，其他案件未繼續索賠的情況分別如下：

（一）未索賠數量最多的為沒有追繳或退賠違法所得案件

H市兩級法院審理的沒有適用追繳或責令退賠違法所得的案件總數量為241件，其中被害人未索賠的案件數量為238件，佔沒有追繳或責令退賠違法所得的案件數量比率為98.8%，佔整個適用或應當適用追繳或責令退賠違法所得案件中未索賠的案件總數量的比率為26.4%，佔該市法院適用或者應當適用追繳或責令退賠違法所得案件總數量的比率為25.9%。

（二）未索賠數量第二位的為追繳或退賠小部違法所得案件

H市兩級法院審理的適用追繳或責令退賠小部分違法所得的案件總數量為206件，其中被害人未索賠的案件數量為200件，佔追繳或責令退賠小部分違法所得案件總數量的比率為97.1%，佔整個適用或應當適用追繳或責令退賠違法所得案件中未索賠的案件總數量的比率為22.2%，佔該市法院適用或者應當適用追繳或責令退賠違法所得的案件總數量比率為21.8%。

（三）未索賠數量第三位的為追繳或退賠大部違法所得案件

H市兩級法院審理的適用追繳或責令退賠大部分違法所得的案件總數量為208件，其中被害人沒有索賠的案件數量為199件，佔適用追繳或責令退賠大部分違法所得案件總數量的比率為95.7%，佔整個適用或應當適用追繳或責令退賠違法所得案件中未索賠案件總數量的比率為22.1%，佔該市法院適用或者應當適用追繳或責令退賠違法所得案件的總數量比率為21.7%。

綜合以上一、二方面所述，可以發現H市兩級法院審理的適用或應當適用追繳或責令退賠措施的一審案件中，沒有適用追繳或責令退賠違法所得，或者適用追繳或責令退賠大部分、小部分違法所得的，被害人向司法機關提出繼續索賠的數量極少，在該類案件總數量中佔據的比率僅為2.0%；而98.0%的絕大多數案件被害人沒有提出索賠請求。

同時，還發現在被害人提出索賠的案件中，適用追繳或責令退賠違法所得越多則提出索賠的案件越多；反之，適用追繳或責令退賠違法所得越少而提出索賠的也越少。適用追繳或責令退賠大部分違法所得案件的被害人索賠數量，較適用追繳或責令退賠小部分違法所得案件的索賠數量多16.7%；而適用追繳或責令退賠小部分違法所得案件的被害人索賠數量，較沒有適用追繳或責令退賠違法所得案件的被害人索賠數量多16.6%。

提起附帶民事訴訟

本節所研究的提起附帶民事訴訟，是指刑事案件的偵查、審查起訴和審判過程中，經過公安局、檢察院和法院等機關對被告人的違法所得進行追繳或責令退賠之後，對於沒有能夠有效追繳或責令退賠部分，被害人向法院提起附帶民事訴訟的情況。考察被害人提起附帶民事訴訟的情況，是要探究司法解釋將追繳或責令退賠措施規定為附帶民事訴訟替代措施後，該替代措施不能有效實現被害人的物質損失賠償權利時，被害人選擇附帶民事訴訟而得到司法機關的支持的狀況。為此，筆者將H市兩級法院審理的適用或應當適用追繳或責令退賠的案件作為研究範圍，把該類案件與提起附帶民事訴訟的案件進行交叉比較分析（見表7.2和圖7.2）。

一、提起附帶民事訴訟的案件數量極少

H市兩級法院審理的適用或者應當適用追繳或責令退賠違法所得的案件數量918件中，除了適用追繳或責令退賠全部違法所得的案件沒有提起附帶民事訴訟之外，其他情況而提起附帶民事訴訟的案件數量為10件，佔適用或者應當適用追繳或責令退賠違法所得案件數量的比率為1.1%。

表7.2 追繳或責令退賠與是否提起附帶民事訴訟情況交叉表 [2]

			提起附帶民事訴訟		總計
			是	否	
追繳或退賠	全部追繳或退賠	計數	0	263	263
		在追繳或退賠情況內的%	0.0%	100.0%	100.0%
		在提起附帶民事訴訟內的%	0.0%	29.0%	28.6%
		佔總數的%	0.0%	28.6%	28.6%
	大部分追繳或退賠	計數	1	207	208
		在追繳或退賠情況內的%	0.5%	99.5%	100.0%
		在提起附帶民事訴訟內的%	10.0%	22.8%	22.7%
		佔總數的%	0.1%	22.5%	22.7%
	小部分追繳或退賠	計數	2	204	206
		在追繳或退賠情況內的%	1.0%	99.0%	100.0%
		在提起附帶民事訴訟內的%	20.0%	22.5%	22.4%
		佔總數的%	0.2%	22.2%	22.4%
	沒有追繳退賠	計數	7	234	241
		在追繳或退賠情況內的%	2.9%	97.1%	100.0%
		在提起附帶民事訴訟內的%	70.0%	25.8%	26.3%
		佔總數的%	0.8%	25.5%	26.3%
總計		計數	10	908	918
		在追繳或退賠情況內的%	1.1%	98.9%	100.0%
		在提起附帶民事訴訟內的%	100.0%	100.0%	100.0%
		佔總數的%	1.1%	98.9%	100.0%

（一）附帶民事訴訟最多的為沒有追繳或退賠違法所得案件

H兩級法院審理的適用或應當適用追繳或責令退賠措施的案件中，沒有追繳或責令退賠違法所得而被害人提起附帶民事訴訟的案件數量為7件，佔沒有適用追繳或責令退賠違法所得的案件數量241件的比率為2.9%，佔適用或應當適用追繳或責令退賠違法所得而提起附帶民事

2　表中數據為H市兩級法院1980年、1996年、1997年、1999年、2001年、2003年、2004年、2011年、2012年、2013年和2014年上半年應當適用追繳或責令退賠措施一審程序案件，均以件為統計單位。

圖7.2 追繳或責令退賠與是否提起附帶訴訟數量交叉圖

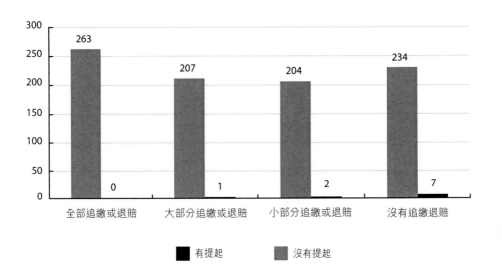

訴訟案件總數量10件的比率為70.0%，佔適用或者應當適用追繳或責令退賠案件總數量的比率為0.8%。

　　對於這些提起附帶民事訴訟的案件，筆者進一步探究發現七件案件中，屬於侵犯人身和財產權利犯罪類別的案件為五件，屬於侵犯財產權利犯罪類別的兩件。其中，侵犯人身和財產權利犯罪類別的具體罪名為搶劫罪的案件四件，分別導致被害人死亡後果的三件，導致被害人重傷、財產損失後果的一件；其具體罪名為盜竊罪和尋釁滋事罪的案件一件，導致被害人輕傷後果；[3]侵犯財產權利犯罪類別的具體罪名為放火罪和信用卡詐騙罪各一件，均導致被害人財產損失的後果。[4]以上七件案件中，除了放火罪這起案件屬於不應歸類於適用追

3　見H市中級法院1999年、2011年度一審案件調查表和C縣法院2011年底一審案件調查表。

4　見H市中級法院1999年度一審案件調查表和M區法院1999年度一審案件調查表。

繳或責令退賠措施的範圍之外，還有信用卡詐騙罪這件案件屬於司法解釋限制提起附帶民事訴訟的案件，其他提起附帶民事訴訟的案件，則均屬於既可以對財產損失部分適用追繳或責令退賠的附帶民事訴訟替代措施，又可以由被害人對造成人身權利損害而導致物質損失進行附帶民事訴訟的情況。

（二）附帶民事訴訟第二位的為追繳或退賠小部違法所得案件

H市兩級法院審理的適用或者應當適用追繳或責令退賠措施的案件中，適用追繳或責令退賠小部分違法所得而被害人提起附帶民事訴訟的案件數量為2件，佔適用追繳或責令退賠小部分違法所得案件總數量206件的比率為1.0%，佔適用或應當適用追繳或責令退賠違法所得案件而提起附帶民事訴訟案件總數量10件的比率為20.0%，佔適用或者應當適用追繳或責令退賠違法所得案件總數量的比率為0.2%。

對於以上兩件提起附帶民事訴訟的案件，筆者進一步研究可以發現其犯罪類別均為侵犯人身和財產權利犯罪，其罪名為數件的搶劫罪、盜竊罪一件，導致財產損失和被害人死亡的結果；另一件為單一罪名的搶劫罪，導致被害人財產損失和人身重傷的後果。[5] 從罪名可見，適用追繳或責令退賠小部分違法所得案件而提起附帶民事訴訟的，都是既有財產被非法佔有可以適用追繳或責令退賠措施，又有人身權利遭受犯罪侵害而導致物質損失從而被害人有權提起附帶民事訴訟的案件。

（三）附帶民事訴訟最少的為追繳或退賠大部違法所得案件

H市兩級法院審理的適用或應當適用追繳或責令退賠的案件中，適用追繳或責令退賠大部分違法所得而被害人提起附帶民事訴訟的案件數量為1件，佔適用追繳或責令退賠大部分違法所得案件數量208件的比率為0.5%，佔適用或應當適用追繳或責令退賠違法所得案件而提起

5　見H市中級法院1999年、2004年一審案件調查表。

附帶民事訴訟案件總數量10件的比率為10.0%，佔適用或者應當適用追繳或責令退賠違法所得案件總數量的比率為0.1%。

同時，筆者發現這件提起附帶民事訴訟的案件，其犯罪類別也屬於侵犯人身和財產權利犯罪，具體為數罪的故意殺人罪、搶劫罪，導致財產損失和被害人死亡的結果。該案件被害人的近親屬在司法機關適用追繳或責令退賠大部分違法所得之後，向法院提起附帶民事訴訟請求被告人賠償物質損失。[6]

二、未提起附帶民事訴訟的案件數量極多

H市兩級法院審理的適用或者應當適用追繳或責令退賠措施的案件數量918件中，可以發現沒有提起附帶民事訴訟的案件數量為908件，佔適用或者應當適用追繳或責令退賠措施案件數量的比率為98.8%。

（一）未附帶民事訴訟最多的為追繳或退賠全部違法所得案件

H市兩級法院審理的適用追繳或責令退賠全部違法所得的案件數量為263件，其中沒有提起附帶民事訴訟的案件數量為263件，佔該市法院審理的適用追繳或責令退賠全部違法所得案件數量的比率為100.0%，佔該市法院審理的適用或者應當適用追繳或責令退賠違法所得案件而沒有提起附帶民訴訟的總數量的比率為29.0%，佔該市法院審理的適用或者應當適用追繳或責令退賠違法所得案件總數量的比率為28.6%。

（二）未附帶民事訴訟第二位為未追繳或退賠違法所得案件

H市兩級法院審理的沒有適用追繳或責令退賠違法所得的案件數量為241件，其中沒有提起附帶民事訴訟的案件數量為234件，佔該市法院審理的沒有適用追繳或責令退賠違法所得案件數量的比率為97.1%，佔該市法院審理的適用或者應當適用追繳或責令退賠違法所得案件而

6　見H市中級法院2001年度一審案件調查表。

沒有提起附帶民訴訟的總數量的比率為25.8%，佔該市法院審理的適用或者應當適用追繳或責令退賠違法所得案件總數量的比率為25.5%。

（三）未附帶民事訴訟第三位為追繳或退賠大部違法所得案件

H市兩級法院審理的適用追繳或責令退賠大部分違法所得的案件數量為208件，其中沒有提起附帶民事訴訟的案件數量為207件，佔該市法院審理的適用追繳或責令退賠大部分違法所得案件數量的比率為99.5%，佔該市法院審理的適用或者應當適用追繳或責令退賠違法所得案件而沒有提起附帶民訴訟的總數量的比率為22.8%，佔該市法院審理的適用或者應當適用追繳或責令退賠違法所得案件總數量的比率為22.5%。

（四）未附帶民事訴訟第四位為追繳或退賠小部違法所得案件

H市兩級法院審理的適用追繳或責令退賠小部分違法所得的案件數量為206件，其中沒有提起附帶民事訴訟的案件數量為204件，佔該市法院審理的適用追繳或責令退賠小部分違法所得案件數量的比率為99.0%，佔該市法院審理的適用或者應當適用追繳或責令退賠違法所得案件而沒有提起附帶民訴訟的總數量的比率為22.5%，佔該市法院審理的適用或者應當適用追繳或責令退賠違法所得案件總數量的比率為22.2%。

綜合以上一、二方面所述，H市兩級法院審理的適用或者應當適用追繳或責令退賠措施的案件，被害人方對此提起附帶民事訴訟的案件數量極少，而沒有提起附帶民事訴訟的案件數量佔據絕大多數。而提起附帶民事訴訟的案件中，適用追繳或責令退賠的違法財物越少或沒有追繳或退賠違法所得的，則提請附帶民事訴訟的數量越多。沒有適用追繳或責令退賠任何財物的案件，提請附帶民事訴訟的數量最多，其次為適用追繳或責令退賠小部分違法所得的案件，最少的為適用追繳或責令退賠大部分違法所得的案件，而適用追繳或責令退賠全部違法所得的案件則沒有提起附帶民事訴訟的。同時，提起附帶民事訴訟的案件性質主要是既侵犯人身權利又侵犯財產權利的一罪或數罪的故

意殺人、搶劫和尋釁滋事犯罪等；侵犯財產權犯罪類別的僅有一件為信用卡詐騙罪。

追繳或責令退賠的判決

判決繼續追繳或責令退賠，是指刑事案件的被告人違法所得經過偵查、檢察和審判機關的追繳或責令退賠後，仍然有部分違法所得沒有或者無法追繳或責令退賠，法院在對被告人作出定罪量刑的同時，一併在判決書的主文中判決對被告人尚未追繳或責令退賠的部分違法所得予以繼續追繳或責令退賠。考察判決繼續追繳或責令退賠的情況，可以掌握實踐中司法機關適用追繳或責令退賠措施替代附帶民事訴訟的全面性和徹底性狀況。為此，筆者將H市兩級法院應當適用追繳或責令退賠措施的案件，與判決繼續追繳或責令退賠的案件進行多種情況下的交叉對比研究，以求得法院判決繼續追繳或責令退賠的規律性現象（見表7.3和圖7.3）。

一、判決繼續追繳或責令退賠的案件較少

H市兩級法院應當適用追繳或責令退賠措施的案件數量為918件，除了追繳或責令退賠全部違法所得的案件沒有判決繼續追繳或責令退賠之外，其他三種情況判決繼續追繳或責令退賠的案件數量為108件，所佔應當適用追繳或責令退賠違法所得案件總數量的比率為11.8%。

（一）判決數量最多的為追繳或退賠小部違法所得案件

H市兩級法院審理的應當適用追繳或責令退賠的案件中，追繳或責令退賠小部分違法所得的案件數量為206件，其中法院判決繼續追繳或責令退賠違法所得的案件數量為46件，佔該市法院審理的適用追繳或責令退賠小部分違法所得案件數量的比率為22.3%，佔該市法院判決繼續追繳或責令退賠案件數量的比率為42.6%，佔該市法院審理的應當適用追繳或責令退賠違法所得案件總數量的比率為5.0%。

表7.3 追繳或責令退賠與是否判決繼續追繳或責令退賠情況交叉表[7]

| | | | 判決追繳或退賠 | | |
			是	否	總計
追繳或退賠	全部追繳或退賠	計數	0	263	263
		在追繳或退賠情況內的%	0.0%	100.0%	100.0%
		在判決追繳或退賠內%	0.0%	32.5%	28.6%
		佔總數的%	0.0%	28.6%	28.6%
	大部分追繳或退賠	計數	28	180	208
		在追繳或退賠情況內的%	13.5%	86.5%	100.0%
		在判決追繳或退賠內%	25.9%	22.2%	22.7%
		佔總數的%	3.1%	19.6%	22.7%
	小部分追繳或退賠	計數	46	160	206
		在追繳或退賠情況內的%	22.3%	77.7%	100.0%
		在判決追繳或退賠內%	42.6%	19.8%	22.4%
		佔總數的%	5.0%	17.4%	22.4%
	沒有追繳退賠	計數	34	207	241
		在追繳或退賠情況內的%	14.1%	85.9%	100.0%
		在判決追繳或退賠內%	31.5%	25.6%	26.3%
		佔總數的%	3.7%	22.5%	26.3%
總計		計數	108	810	918
		在追繳或退賠情況內的%	11.8%	88.2%	100.0%
		在判決追繳或退賠內%	100.0%	100.0%	100.0%
		佔總數的%	11.8%	88.2%	100.0%

（二）判決數量第二位的為沒有追繳或退賠違法所得案件

　　H市兩級法院審理的應當適用追繳或責令退賠的案件中，沒有追繳或責令退賠違法所得的案件數量為241件，其中法院判決繼續追繳或責令退賠違法所得的案件數量為34件，佔該市法院審理的沒有追繳或責令退賠違法所得案件數量的比率為14.1%，佔該市法院判決繼續追繳或

7　表中數據為H市兩級法院1980年、1996年、1997年、1999年、2001年、2003年、2004年、2011年、2012年、2013年和2014年上半年應當適用追繳或責令退賠措施一審程序案件，均以件為統計單位。

圖7.3 追繳或責令退賠與是否判決繼續追繳或責令退賠情況交叉數量圖

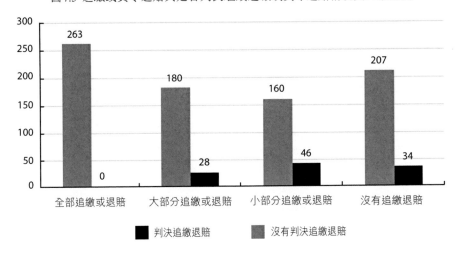

責令退賠違法所得案件數量的比率為31.5%，佔該市法院審理的應當適用追繳或責令退賠違法所得案件總數量的比率為3.7%。

（三）判決最少的為追繳或退賠大部分違法所得案件

H市兩級法院審理的應當適用追繳或責令退賠的案件中，追繳或責令退賠大部分違法所得的案件數量為208件，其中法院判決繼續追繳或責令退賠違法所得的案件數量為28件，佔該市法院審理的追繳或責令退賠大部分違法所得案件數量的比率為13.5%，佔該市法院判決繼續追繳或責令退賠違法所得案件數量的比率為25.9%，佔該市法院審理的應當適用追繳或責令退賠違法所得的案件總數量的比率為3.1%。

二、沒有判決繼續追繳或責令退賠的案件較多

H市兩級法院應當適用追繳或責令退賠的案件數量918件，沒有判決繼續追繳或責令退賠的案件數量為810件，[8] 所佔應當適用追繳或責令退賠案件總數量的比率為88.2%。

8　該案件數量中包含了H市兩級法院適用追繳或責令退賠全部違法所得的案件數量263件。如果去掉該263件案件，H市兩級法院沒有判決繼續追繳或責令退賠違法所得的案件數量則應當為547件。

（一）未判決數量最多的為沒有追繳或退賠違法所得案件

H市兩級法院審理的沒有適用追繳或責令退賠違法所得的案件數量為241件，沒有判決繼續追繳或責令退賠違法所得的案件數量為207件，佔該市法院審理的沒有追繳或責令退賠違法所得的案件數量比率為85.9%，佔該市法院沒有判決繼續追繳或責令退賠違法所得的案件數量比率為25.6%，佔該市法院審理的應當適用追繳或責令退賠違法所得的案件總數量的比率為22.5%。

（二）未判決數量第二位的為追繳或退賠大部違法所得案件

H市兩級法院審理的追繳或責令退賠大部分違法所得的案件數量為208件，其中沒有判決繼續追繳或責令退賠違法所得的案件數量為180件，佔該市法院審理的追繳或責令退賠大部分違法所得的案件數量比率為86.5%，佔該市法院沒有判決繼續追繳或責令退賠違法所得的案件數量的比率為22.2%，佔該市法院審理的應當適用追繳或責令退賠違法所得的案件總數量的比率為19.6%。

（三）未判決數量最少的為追繳或退賠小部分違法所得案件

H市兩級法院審理的適用追繳或責令退賠小部分違法所得的案件數量為206件，其中法院沒有判決繼續追繳或責令退賠違法所得的案件數量為160件，佔該市法院審理的適用追繳或責令退賠小部分違法所得案件數量的比率為77.7%，佔該市法院沒有判決繼續追繳或責令退賠違法所得的案件數量比率為19.8%，佔該市法院審理的應當適用追繳或責令退賠違法所得的案件總數量比率為17.4%。

綜合以上一、二方面所述，H市兩級法院審理的應當適用追繳或責令退賠違法所得的案件中，追繳或責令退賠小部分違法所得的案件，法院判決對被告人繼續適用追繳或責令退賠措施的案件數量最多、所佔比率最高；沒有追繳或責令退賠被告人違法所得財物的案件，法院判決對被告人繼續適用追繳或責令退賠措施的案件數量和比率位居第二位；追繳或責令退賠大部分違法所得財物的案件，法院判決繼續對

被告人適用追繳或責令退賠措施的案件數量和比率為最低位次。與此相對，沒有追繳或責令退賠違法所得的案件，法院未判決繼續追繳或責令退賠違法所得的案件數量最多；追繳或責令退賠大部違法所得案件，法院未判決繼續追繳或責令退賠違法所得的案件數量為第二位；追繳或責令退賠小部分違法所得的案件，法院未判決繼續追繳或責令退賠違法所得的案件數量最少。

追繳或責令退賠判決的執行

前一節「追繳或責令退賠的判決」的考察顯示，H市兩級法院審理的應當適用追繳或責令退賠違法所得的案件，實際判決繼續追繳或責令退賠違法所得的案件數量為少數。而這些少數發生法律效力的追繳或責令退賠違法所得的判決，是否得以進入法院的執行程序，其所確認的被害人權益是否能夠實際得到實現，則是本節所要考察的問題。本研究過程中，筆者採用閱卷的方式對H市中級法院、M區法院、Y縣法院、C縣法院和J縣法院的相關抽取的刑事案件卷宗進行調查，沒有發現任何有關追繳或責令退賠判決的執行情況。為了進一步瞭解追繳或責令退賠在實踐中的執行情況，筆者設計了對這些法院執行人員的問卷，並對H市兩級法院的部分執行人員進行了問卷調查，[9]並收集到幾個具體的案例，通過這些定性的分析資料和具體的案件資料，來研究追繳或責令退賠違法所得判決的執行問題。

9　調查問卷設計了單項選擇問題，為「2014年11月6日之前，您是否執行過刑事判決書中有關追繳或責令退賠的案件？」選擇答案為「A、執行過，B、沒有執行過」；同時，還設計了填空題，為「您從事執行工作的大致時間？從（　　）年開始從事執行工作」。通過H市中級法院執行局的相關負責人發送給上述法院的70名執行人員，並要求各個法院一定要由執行人員自己親自填寫，以確保真實性。回收問卷70份，均為有效問卷。其中，H市中級法院20人，佔全部人員的比率為28.6%；M區法院12人，佔全部人員的比率為17.1%；C縣法院13人，佔全部人員的比率為18.6%；Y縣法院人員13人，佔全部人員的比率為18.6%；J縣法院12人，佔全部人員的比率為17.1%。

一、執行人員與追繳或責令退賠判決的執行

根據收回的調查問卷，將 H 市兩級法院執行人員執行過或沒有執行過該類判決，與從事執行工作的時間為 2000 年之前和之後，進行交叉分析，發現執行人員 70 人中，表示執行過追繳或責令退賠判決的人員有 12 人，佔被調查人員總數的比率為 17.1%；表示沒有執行過追繳或責令退賠判決的人員有 58 人，佔被調查人員總數的比率為 82.9%。[10]（見表 7.4）

表7.4 是否執行過追繳或責令退賠判決與從事執行工作起始時間交叉表[11]

			從事執行工作的起始時間		總計
			2000 年之前	2000 年之後	
是否執行過	是	計數	7	5	12
		在是否執行過內的%	58.3%	41.7%	100.0%
		在工作時間內的%	30.4%	10.6%	17.1%
		佔總數的%	10.0%	7.1%	17.1%
	否	計數	16	42	58
		在是否執行過內的%	27.6%	72.4%	100.0%
		在工作時間內的%	69.6%	89.4%	82.9%
		佔總數的%	22.9%	60.0%	82.9%
總計		計數	23	47	70
		在是否執行過內的%	32.9%	67.1%	100.0%
		在工作時間內的%	100.0%	100.0%	100.0%
		佔總數的%	32.9%	67.1%	100.0%

---

10 之所以將H市兩級法院的執行人員從事執行工作的時間劃分為2000年之前或之後，是因為最高法院於1999年10月27日發佈的《關於印發〈全國法院維護農村穩定刑事審判工作座談會紀要〉的通知》（法【1999】217號），又於2000年制定了《關於刑事附帶民事訴訟範圍問題的規定》，並明確該規定自當年12月19日施行。

11 表中數據為H市兩級法院1980年、1996年、1997年、1999年、2001年、2003年、2004年、2011年、2012年、2013年和2014年上半年應當適用追繳或責令退賠措施一審程序案件，均以件為統計單位。

（一）執行過該類判決的人員少且多為資歷較深的執行員

H市兩級法院執行過追繳或責令退賠判決的執行人員中，2000年以前開始從事執行工作的人員數量為七人，佔該市法院執行過追繳或責令退賠判決的執行人員數量十二人的比率為58.3%，佔該市法院2000年以前從事執行工作的人員數量的比率為30.4%，佔該市法院接受調查的執行人員總數量的比率為10.0%；2000年以後開始從事執行工作的人員數量為五人，佔該市法院執行過追繳或責令退賠判決的執行人員數量十二人的比率為41.7%，佔該市法院2000年以後從事執行工作的人員數量的比率為10.6%，佔該市法院接受調查的執行人員總數量的比率為7.1%。

（二）未執行過該類判決的人員多且多為資歷較淺的執行員

H市兩級法院沒有執行過追繳或責令退賠判決的執行人員中，2000年以前開始從事執行工作的人員數量為16人，佔該市法院沒有執行過追繳或責令退賠判決的執行人員數量58人的比率為27.6%，佔該市法院2000年以前從事執行工作的人員數量的比率為69.6%，佔該市法院接受調查的執行人員總數量的比率為22.9%；2000年以後開始從事執行工作的人員數量為42人，佔該市法院沒有執行過追繳或責令退賠判決的執行人員數量58人的比率為72.4%，佔該市法院2000年以後從事執行工作的人員數量的比率為89.4%，佔該市法院接受調查的執行人員總數量的比率為60.0%。

二、執行追繳或責令退賠判決的受理

追繳或責令退賠判決執行的受理，是指被調查人員執行的追繳或責令退賠判決案件，其執行的立案程序是如何啟動的。為此，筆者設計了一道單項選擇問題，[12]並將該問題的調查情況，與執行過追繳或責令退賠的調查情況一併進行交叉研究（見圖7.4）。

12　該單項選擇題為：「2014年11月6日之前，如果您執行過刑事判決書中有關 追繳或責令退賠的案件，該案件是如何受理的？A、被害人申請，B、法院有關部門移送，C、上級法院指定，D、有關黨委或其他國家機關要求」。

圖7.4 執行追繳或責令退賠判決的案件受理來源數量和比率圖

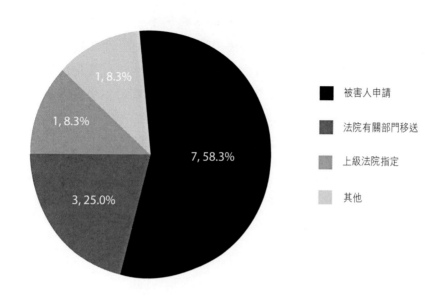

（一）來源被害人申請的居於首位

H市兩級法院接受調查的執行人員中，執行過追繳或責令退賠判決的，有7人表示其所執行案件的立案來源於被害人的申請，所佔該市法院接受調查的執行人員總數的比率為58.3%。

（二）來源法院有關部門移送的居於第二位

H市兩級法院接受調查的執行人員中，執行過追繳或責令退賠判決的，有三人表示其所執行案件的立案來源於法院有關部門的移送，所佔該市法院接受調查的執行人員總數的比率為25.0%。

（三）來源上級法院指定或其他的並列居於第三位

H市兩級法院接受調查的執行人員中，執行過追繳或責令退賠判決的，各有一人表示其所執行案件的立案分別來源於上級法院的指定或其他途徑，分別佔該市法院接受調查的執行人員總數的比率為8.3%。

三、對執行追繳或責令退賠判決的看法

2014年10月30日最高法院發佈有關刑事裁判涉及財產部分執行的規定，明確追繳或責令退賠判決由法院執行機構負責執行。對此，為瞭解H市兩級法院對於該規定的態度以及實際的執行情況，筆者在調查問卷中設計了一道問題，[13] 通過該問題的調查可以發現，H市兩級法院執行人員對於法院執行機構執行刑事判決中有關追繳或責令退賠的內容，認識多樣，難以形成較為統一的觀點（見表7.5）。

表7.5 執行人員對法院執行機構執行追繳或責令退賠判決的看法頻率表 [14]

		頻率	百分比	有效百分比	累積百分比
	不瞭解或沒有作答	37	52.9	52.9	52.9
	另行提起民事訴訟	2	2.9	2.9	55.7
	交由其他機關執行	10	14.3	14.3	70.0
有效	依照法律加強執行	7	10.0	10.0	80.0
	加強財產保全，作為量刑依據	4	5.7	5.7	85.7
	完善立法	10	14.3	14.3	100.0
	總計	70	100.0	100.0	

（一）不瞭解或沒回答的看法為多數且位居第一

對此問題表示不瞭解或者沒有直接回答該項問題的居於首位，持該種態度的被調查執行人員數量為37人，佔被調查的執行人員總數量的比率為52.9%。

（二）採用其他方式解決的看法位居第二

採用其他方式解決的看法，包括交由其他機關執行，完善立法，和另行提起民事訴訟三種方式。其中，持有交由其他機關執行看法，

13　該題為一道非結構試問題，即：「請您簡要表達一下，您對法院執行機構執行刑事判決書中的追繳或責令退賠事項的看法?」

14　表中的計數是H市中級法院、M區法院、Y縣法院、C縣法院和 J 縣法院接受調查的執行人員數量。

與持有完善立法看法的被調查執行人員數量各有10人，分別佔被調查執行人員總數量的比率均為14.3%；持有另行提起民事訴訟看法的被調查執行人員數量為2人，佔被調查的執行人員總數量的比率為2.9%；三種看法的持有者所佔被調查執行人員總數量的比率為31.5%。

（三）加強或完善現有執行工作的看法位居第三

加強或完善現有執行工作的看法，包括依照法律加強執行和加強財產保全與將追繳或責令退賠情況作為量刑依據的兩類看法。持有依照法律加強執行的看法的被調查執行人員數量為七人，佔被調查的執行人員總數量的比率為10.0%；持有加強財產的保全力度和作為量刑依據的看法的被調查執行人員數量合計為四人，佔被調查的執行人員總數量的比率為5.7%。可見，持有積極加強或完善現有執行工作看法的，佔被調查執行人員總數量的比率僅僅為15.7%。

四、執行追繳或責令退賠判決的案例

根據H市中級法院被調查執行人員提供的線索，筆者查找到該院執行的追繳或責令退賠判決案件三件，均有完整的執行卷宗。

（一）路某某等申請執行陸某某集資詐騙等罪案 [15]

H市中級法院公開開庭審理了本案，被害人陸某某等沒有到庭參加訴訟。該院於2004年8月12日作出刑事判決書認定：2000年到2002年間，被告人陸某某以非法佔有為目的，連續多次使用詐騙方法向被害人路某某等多個不特定個人非法集資340萬元，已構成集資詐騙罪，其在案發前轉移、隱匿集資詐騙所得贓款，案發後亦未能退贓，給被害人造成特別重大損失，應依法嚴懲。故以集資詐騙罪，判決被告人陸某某死刑，緩刑兩年執行，剝奪政治權利終身，並處沒收個人全部

15　見H市中級法院（2005）H中法執字第37號案卷。

財產；責令被告人陸某某退賠犯罪所得贓款3,404,229.6元。[16] 被告人陸某某不服該項判決提出上訴。S省高級法院不開庭審理了本案，並於2004年11月16日作出終審裁定認為，上訴人陸某某的行為已經構成集資詐騙罪，其利用集資詐騙購買的車輛、住房及在廣東省東莞市設立的工廠，是非法所得，依法應責令退賠。據此，裁定駁回上訴，維持原判。[17]

2004年12月20日，申請執行人路某某等20名被害人向H市中級法院提出申請，要求先行查封、扣押、凍結、封存被執行人陸某某在廣東東莞等地的所有財產，並進入執行程序以實現刑事判決確定的責令陸某某退賠違法所得的內容。H市中級法院受理該申請後，於2005年7月13日作出責令退賠通知書並送達陸某某。通知書責令陸某某自接到本通知書之日三日內自動退賠所得贓款3,404,229.6元；逾期不退賠，將依法強制執行。[18] 2009年12月4日，該院作出裁定，終結S省高級法院2004年11月16日作出的（2004）魯刑二終字第144號刑事裁定書（財產部分）的本次執行程序。該裁定認為：依據生效法律文書確認的陸某某利用集資詐騙所得贓款37,533元在東莞認購的面積93.96平方米的預付款，已予以追繳；其餘詐騙財產已轉移給他人，申請執行人另案起訴後，現正在執行中，其他無可供執行的財產；該案與申請執行人另案起訴的案件有關聯，但不是同一被執行人，可合併執行。[19]

（二）王某某申請執行李某某詐騙罪案 [20]

H市中級法院公開開庭審理本案，被害人王某某沒有到庭參加訴訟。該院於2002年2月10日作出刑事判決確認：被告人李某某於1999

16　見H市中級法院（2004）H刑二初字第14號刑事判決書。

17　見S省高級法院（2004）魯刑二終字第144號刑事裁定書。

18　見H市中級法院（2005）H刑追賠字第1號責令退賠通知書。

19　見H市中級法院（2005）H中法執字第37-1號執行裁定書。

20　見H市中級法院（2013）H執字第1號案卷。

年偽造並使用虛假銀行承兌匯票1,180萬元騙取中國銀行單縣支行貸款，因被識破未能得逞，構成票據詐騙罪，尚有217萬未能追回；其騙取金融機構貸款500萬元，構成貸款詐騙罪，並未能追回；其非法吸收公眾存款二千餘萬元，已經構成非法吸收公眾存款罪，尚有7,878,247元無力支付。故以票據詐騙罪判處李某某無期徒刑，剝奪政治權利終身，並處罰金50萬元；以貸款詐騙罪判處其無期徒刑，剝奪政治權利終身，並處罰金50萬元；以非法吸收公眾存款罪判處其有期徒刑十年，並處罰金50萬元；決定執行無期徒刑，剝奪政治權利終身，並處罰金150萬元；對李某某違法所得15,048,247元予以追繳，返還被害人。[21] 被告人李某某不服該項判決提出上訴。S省高級法院不開庭審理了本案，並於2002年5月17日作出終審裁定裁定駁回上訴，維持原判。[22]

2012年7月12日，申請人王某某依據上述判決和裁定，向H市中級法院提出依法強制執行被申請人李某某欠款3,185,803.81元及利息的請求。H市中級法院受理後，於2013年6月24日作出執行裁定書，認為被執行人李某某無金錢給付能力，無其他可供執行的財產，申請執行人王某某向該院提出同意終結本次執行程序的書面申請，故裁定終結山東省高級法院作出的（2002）魯刑二終字第49號刑事裁定書的本次執行程序。[23]

（三）段某申請執行聶某某詐騙罪案[24]

H市中級法院公開開庭審理本案，被害人段某到庭參加訴訟。該院於2012年3月29日作出刑事判決確認：被告人聶某某自2009年5月到2011年7月，以非法佔有為目的，虛構事實、隱瞞真相，以獲取高額利

21　見H市中級法院（2001）H刑二初字第11號刑事判決書。

22　見S省高級法院（2002）S刑二終字第49號刑事裁定書。

23　見H市中級法院（2013）H執字第1號執行裁定書。

24　見H市中級法院（2013）H執字第65號案卷。

潤或高額利息為誘餌，詐騙人民幣 12,729,845 元，已經構成詐騙罪；其違法所得贓款，依法應予追繳。據此，H 市中級法院以詐騙罪判處被告人聶某某有期徒刑 15 年，並處沒收個人全部財產；對被告人聶某某違法所得贓款繼續追繳，返還被害人。[25]

2013 年 7 月 11 日，申請人段某以聶某某為被執行人向 H 市中級法院提出請求，要求強制執行上述判決的退賠部分。H 市中級法院受理後，向被執行人聶某某送達了執行通知書，責令其自動履行法律文書確定的義務。該院在執行過程中，因被執行人在監獄服刑，暫時沒有履行能力，法院亦沒有查找到被執行人任何其他的財產線索，申請執行人段某申請終結本次執行程序，故裁定終結該院（2013）H 執字第 65 號案的本次執行程序。[26]

綜合以上一到四方面的考察，可以發現 H 市兩級法院執行追繳或責令退賠判決的執行人員數量較少且多為從事執行工作較早的人員；其受理的來源主要來自於被害人的申請，而法院主動立案的佔據較次要的地位；法院執行人員持有積極加強或完善追繳或責令退賠判決執行工作觀點的人員，其數量佔比僅稍多於一成五；被害人出庭或者眾多共同被害人的案件能得以及時申請執行，而沒有出庭的單一被害人則難以及時申請執行；申請執行的案件以詐騙類的非法佔有他人財物的侵犯財產犯罪為主，而執行結果只有極少量的財產得以追繳或責令退賠，絕大多數被執行人則沒有可以供執行的財產，只能終結本次執行程序。

本章小結：尋求救濟的有限與救濟、執行的錯位

本章前四節分別對 H 市兩級法院審理的應當適用追繳或責令退賠措施案件中，被害人在沒有得到有效補償後尋求司法救濟以及司法

25　見 H 市中級法院（2012）H 刑二初字第 22 號刑事判決書。

26　見 H 市中級法院（2013）H 執字第 65 號執行裁定書。

機關實施司法救濟的實際情況，進行了考察，並找出一些規律性的特點。根據這些特點，本節將初步分析總結其中所體現出的法律問題。

一、被害人對動產權利尋求救濟的積極性不足

通過本章第一節「被害人索賠」和第二節「提起附帶民事訴訟」的考察，筆者發現被害人在司法機關處置其遭受犯罪侵害的刑事案件過程中，絕大多數並沒有表現出要求犯罪分子償還被非法佔有財物的強烈要求，而恰恰相反的是，表達要求犯罪分子償還財物損失的索賠或附帶民事訴訟的則為極少數。即使有小部分提起附帶民事訴訟請求的，也主要是犯罪分子在實施財產犯罪過程中，又侵犯了被害人的人身權利而導致的物質損失。而結合本章第三節「追繳或責令退賠的判決」考察的內容，應當適用追繳或責令退賠的犯罪以盜竊罪和搶劫罪為絕大多數，而這兩類犯罪的多數為侵犯動產財產權利的，實施犯罪的案件次數多，被害人數量多但具體遭受犯罪侵害的犯罪數額則較少，實施犯罪的時間與偵破案件以及審判案件的時間跨度較大。這些原因致使被害人對於犯罪所造成的物質損害結果的關注程度降低；同時，犯罪分子多為一些沒有經濟賠償能力的人，也促使被害人做出放棄追究犯罪分子賠償請求的決定。而研究表明，被害人可能提起附帶民事訴訟或者要求司法機關予以追繳或責令退賠違法所得的案件，主要是詐騙類犯罪，犯罪分子非法佔有被害人財產金額巨大，且往往有一定的償還能力，或者其他人員、公司等負有代為償還責任。而這類被害人可能提起附帶民事訴訟或者要求予以追繳或責令退賠違法所得的案件，實踐也證明是非常少的。由此，筆者發現在刑事訴訟過程中，被害人對於單純動產的財產權利損害，相對於人身權利損害的關注程度要低得多。

最高法院的司法解釋將非法佔有類犯罪造成的物質損失賠償請求，限制在附帶民事訴訟範圍之外的理由之一，也是為了防止過多的附帶民事訴訟案件進入訴訟程序，從而影響刑事訴訟及時、有效處理犯罪案件主要功能的作用。該解釋建立的實踐基礎之一，便是司法

實踐中具有大量被害人眾多的非法佔有類犯罪案件提起了附帶民事訴訟，而該種狀況已經影響了刑事訴訟的正常進行，必須要加以限制。但是，本書的研究卻表明，儘管從理論上分析，非法佔有類犯罪的眾多被害人按照中國刑事訴訟法的規定，有權利提起附帶民事訴訟，而這些被害人如果行使了該項權利，則會出現刑事訴訟過程中附帶民事訴訟部分的處理難度遠遠超過刑事訴訟部分的處理；而實踐中的真實情況卻是，此類案件中的被害人極少主張索賠的權利，也極少提起附帶民事訴訟，包括在最高法院司法解釋沒有限制附帶民事訴訟範圍的情況下。可見，最高法院通過司法解釋限制非法佔有類犯罪進入附帶民事訴訟範圍的做法，沒有客觀真實的司法實踐基礎，而只是理論上的推導而已。

二、附帶民事訴訟替代措施適用錯位

對於刑法規定的「犯罪分子違法所得的一切財物，應當予以追繳或者責令退賠」的制度，中國歷年的刑事訴訟法均沒有具體的程序性規定。雖然最高法院的司法解釋將該項制度予以規範，而且將其納入附帶民事訴訟制度的替代措施，但是，該項制度適用的條件如何解讀，該規範為強制性規範或是授權性規範，不能夠實施的法律後果為什麼，等等問題均有不同的見解。一種觀點認為，最高法院的司法解釋規定「被告人非法佔有、處置被害人財產的，應當依法予以追繳或者責令退賠；被害人提起附帶民事訴訟的，法院不予受理」，這表明該項制度為附帶民事訴訟的替代措施，其適用的條件是被告人非法佔有、處置了被害人的財產；予以追繳或者責令退賠為強制性規範，法院沒有不適用的理由；不論被告人非法佔有或處置的被害人財產是否存在，也不論被告人是否具有實際的償還能力，法院均應判決適用追繳或者責令退賠，被告人要承擔履行該判決的義務，法院也有執行該

項判決的責任，被害人也可以據此判決申請法院執行。[27]另一種觀點
則認為，最高法院司法解釋規定的追繳或責令退賠措施是來自刑法的
規範，而刑法該項制度的目的雖然也有保護被害人財產利益的含義，
但更多的側重於懲治犯罪分子的目的，剝奪其獲取的一切非法利益；
該制度適用的條件，是被告人佔有或處置的被害人財產尚有追回收繳
的可能，或者雖然財產不存在了但被告人具有償還的能力；具備該條
件的，法院應當強制適用，否則，則可以據情決定是否適用；不適用
的，被害人只能通過民事訴訟程序來解決其訴求。[28]

　　正是這兩種不同的認識同時存在於司法實踐中，導致H市兩級法院
在適用追繳或責令退賠措施的問題上存在不同的做法。一種是在極少
數案件中所採用的方法，就是不論被告人是否具有償還能力，或者非
法佔有、處置的被害人財物是否尚存，均一律判決追繳違法所得或者
判令被告人予以退賠違法所得。另一種是在絕大多數案件中所採用的
方法，即對於被告人非法佔有、處置的被害人財產已經不存在，或者
難以追繳的，或者被告人本人沒有賠償能力的，法院則不予判決追繳
或者責令退賠違法所得。如果按照對絕大多數案件的處理方法，則說
明追繳或責令退賠違法所得制度，既不能作為常態的被害人財產損失

27　該種觀點的持有者實際就是最高法院司法解釋規定追繳或責令退賠措施替代附帶民事訴訟的堅
持者。

28　歐陽濤，〈要正確理解和適用刑法關於「追繳」、「責令退賠」和「沒收」的規定〉，載《人民司
法》，1983年第三期。作者認為：「（一）凡是犯罪分子違法所得的財物還存在的，無論犯罪分子
隱藏在何處，物在追物，錢在追錢，一定要嚴格地按照法律的規定予以追繳。在判決書上只能用
追繳。（二）如果犯罪分子違法所得的財物已不存在或者全部揮霍，經查證有能力退賠的，就應當
『責令退賠』，在判決書上也只能用『責令退賠』。如果失主提出賠償要求的，法院應按刑事附帶
民事一併審理。如果違法所得的財物已全部揮霍，經查證確實無力退贓，則除依法對犯罪分子
判處應得的刑罰外，可不再判決『責令退賠』。因為在這種情況下，既不能讓犯罪分子刑滿釋放
後再繼續償還，也不應讓犯罪分子的家屬為其退賠。但是，如果家屬參與犯罪而沒有被判處實刑
的，或者雖沒有參與犯罪但共同揮霍了贓款、贓物的，亦應當責令家屬退賠。至於判決以後，在執
行中確有困難的，可以採取減、緩、免的辦法予以解決。」

221

追回或退賠的程序，也不能任由被害人自己的主張來啟動該項程序以實現其法律利益；該項制度的實施必須具備一定的條件，並由司法機關根據情況決定是否適用。但是，如果按照少數案件那樣，適用一律判決追繳或者責令退賠違法所得的方法，則會導致大量的該類案件無法實際執行，被害人法律權益同樣不能實際實現，而且將嚴重損害法院判決的權威性。由此可見，以司法機關主動決定適用的追繳或責令退賠違法所得制度，來替代民事權益自治為內容附帶民事訴訟制度，則有其本身內在不可克服的矛盾缺陷，有公權力越位進入私權利領域之嫌疑。正是這一矛盾的存在，導致了追繳或責令退賠措施作為附帶民事訴訟替代制度，在實踐中的適用缺位，法院判決前未能夠追繳或責令退賠違法所得的案件，實際判決繼續追繳或責令退賠違法所得的數量極少。

三、附帶民事訴訟替代措施的判決執行困難

中國刑事訴訟法只是對罰金和沒收財產的財產刑執行進行了規定，[29] 而相關刑事司法解釋在規定財產刑的同時，也規定了附帶民事訴訟判決的執行程序和在刑事訴訟規範沒有規定時參照民事訴訟規範的原則；[30] 但是，兩者均沒有規定追繳或責令退賠違法所得判決的執行程序。因此，對於刑事訴訟過程中，法院判處的繼續追繳或責令退賠判決的執行，只能參照民事訴訟執行程序中的有關民事執行的規定進行。所謂執行程序，即執行生效的法律文書的程序，具體

29　《中華人民共和國刑事訴訟法》第260條規定：「判處罰金的罪犯，期滿不能交納的，法院應當強制繳納；如果由於遭遇不能抗拒的災禍繳納確實有困難的，可以裁定減少或者免除。」第261條規定：「沒收財產的判決，無論附加適用或者獨立適用，都由法院執行；在必要的時候，可以會同公安機關執行。」

30　最高法院《關於適用【中華人民共和國民事訴訟法】的解釋》（2012年11月5日通過）第438條規定：「財產刑和附帶民事裁判由第一審法院負責裁判執行的機構執行。」第447條規定：「財產刑和附帶民事裁判的執行，本解釋沒有規定的，參照適用民事執行的有關規定。」

地説，執行程序是在執行的活動中，規範法院執行機構、當事人及其他參與人的行為的程序。[31]而所謂民事執行，亦稱民事強制執行，是指法院的執行機構依申請或職權，按照法律規定的程序，運用國家的強制力量，迫使負有履行義務的一方當事人履行義務，進而使具有給付內容的生效法律文書得以有效實現的一種專門的活動。[32]直到2014年10月30日最高法院發佈有關刑事裁判涉及財產部分執行的規定之時，才明確將責令退賠、處置隨案移送的贓款贓物，以及其他應當由法院執行的相關事項，界定為刑事裁判涉及財產部分的執行範圍。[33]可見，在該規定之前，民事訴訟法、刑事訴訟法，以及相關民事執行的司法解釋，均沒有明確將法院刑事追繳或責令退賠判決的執行，規定為法院執行機構予以執行的法定事項。[34]這一現象直接導致長期以來，刑事判決中追繳或責令退賠違法所得主文內容的執行，在實踐中出現許多制約的問題。

首先，只有少量追繳或責令退賠違法所得的判決進入法院執行程序。本章第四節「追繳或責令退賠判決的執行」考察表明，H市兩級法院被調查的70名執行人員中，執行過追繳或責令退賠違法所得判決的

31　唐力主編，《民事訴訟法精要與依據指南》，北京大學出版社，2011年1月第二版，第630頁。

32　湯維建主編，《民事訴訟法學》，北京大學出版社，2008年5月第一版，518頁。

33　最高法院《關於刑事裁判涉財產部分執行的若干規定》（2014年9月1日通過，10月30日公佈，11月6日施行），第1條規定：「本規定所稱的刑事裁判涉財產部分的執行，是指發生法律效力的刑事裁判主文確定的下列事項的執行：（一）罰金、沒收財產；（二）責令退賠；（三）處置隨案移送的贓款贓物；（四）沒收隨案移送的供犯罪所用的本人財物；（五）其他應當由法院執行的相關事項。附帶民事裁判的執行，適用民事執行的有關規定。」

34　最高法院《關於法院執行工作若干問題的規定（試行）》（法釋〔1998〕15號，1998年6月11日最高法院審判委員會第992次會議通過1998年7月8日最高法院公告公佈，自1998年7月8日起施行）。該規定第1條有關執行機構及其職責的規定：「1、法院根據需要，依據有關法律的規定，設立執行機構，專門負責執行工作。2、執行機構負責執行下列生效法律文書：（1）法院民事、行政判決、裁定、調解書，民事制裁決定，支付令，以及刑事附帶民事判決、裁定、調解書；（2）依法應由法院執行的行政處罰決定、行政處理決定；（3）中國仲裁機構作出的仲裁裁決和調解書；法院依據《中華人民共和國仲裁法》有關規定作出的財產保全和證據保全裁定；（4）公證機關依法賦予強制執行效力的關於追償債款、物品的債權文書；（5）經法院裁定承認其效力的外國法院作出的判決、裁定，以及國外仲裁機構作出的仲裁裁決；（6）法律規定由法院執行的其他法律文書。」

只有12人，佔全部被調查執行人員總數的比率為17.1%。導致追繳或責令退賠判決進入執行程序少的原因：一是刑事訴訟法等相關法律對於該類判決的執行機關，在2014年之前的二十幾年中始終沒有明確的規定，致使司法機關難以行使職權。二是法院執行人員對於該類判決的執行持負面態度的居多。本章第四節「追繳或責令退賠判決的執行」的調查表明，H市兩級法院接受調查的執行人員中，對法院執行機構執行刑事判決書中的追繳或責令退賠違法所得事項的看法，持有「不瞭解或沒有作答，另行提起附帶民事訴訟，交由其他機關執行」等負面消極態度的人員為49人，佔全部被調查執行人員70人的比率為70.1%。法院執行機構的多數執行人員持有這種消極的負面態度，必然影響到對此類執行案件的受理積極性。三是法院主動依職權將該類判決移送執行的較少，多數案件是在被害人的申請下或者是上級機關的指令下被動受理的。

其次，法院受理的追繳或責令退賠違法所得的判決，難以通過執行程序實現其所確定的內容。從H市法院發現的適用追繳或責令退賠違法所得刑事判決的三件執行案件看，該類判決即使進入法院的執行程序，能夠實際執行到財產的也是極為有限的。而該三件執行案件的執行結果，均以被執行人沒有財產可供執行的理由終結了本次執行程序，恰恰證明此問題。所謂終結本次執行程序，是指在執行程序開始後，法院按照執行程序要求，履行了法定執行手續，採取了相應強制措施，窮盡了執行手段和方法，仍然無法使案件得以執結，在查明被執行人確無可供執行的財產、暫時無履行能力的情況下，執行工作暫時沒有必要繼續進行，由法院裁定本案執行程序階段性終結，本執行案件即告結案，因而暫時結束執行程序的一種結案方式。[35]當然適用

35　胡發福，〈終結本次執行程序若干法律問題新探〉，載《中國法院網》，2015年2月26日，15：16：13。

終結本次執行程序要符合一定的條件，對此最高法院的司法解釋予以明確列舉。[36] H市中級法院終結本次執行程序的案件中，一宗為責令被告人退賠違法所得贓款三百四十餘萬元，除了追回三萬餘元贓款購置的房屋一處之外，被告人詐騙的其餘財產已轉移給他人，而申請執行人對此已經另案起訴且已經進入執行程序中，被告人已無其他可供執行的財產。另外兩宗均為追繳違法所得的判決，其追繳違法所得的標的分別為1,500萬元和1,200萬元。法院受理該兩宗執行案件後，經過調查發現被執行人既沒有給付金錢的實際能力，也沒有可以供執行的財產，均以此為由終結了本次執行程序。雖然終結本次執行程序，司法解釋規定具備執行條件時可以恢復繼續執行，但是，從H市中級法院受理的三宗適用追繳或責令退賠違法所得判決的案件進程來觀察，除第一起有可能通過其他案件的執行得以實現被害人部分實際財產利益之外，另外兩宗案件執行標的均超過1,000萬元，而被執行人已經分別被法院判處無期徒刑和有期徒刑十五年，且判決均已經發生法律效力，目前尚在監獄服刑期間，不可能在短期內具備履行能力。所以，鑒於被執行人正在服刑，其本人顯然沒有履行判決所確認的追繳或責

36　中央政法委、最高法院聯合下發的《關於規範集中清理執行積案結案標準的通知》（法發【2009】15號）第三部分第8條的規定：「無財產可供執行的案件，執行程序在一定期間無法繼續進行，且有下列情形之一的，經合議庭評議，可裁定終結本次執行程序後結案：1、被執行人確無財產可供執行，申請執行人書面同意法院終結本次執行程序的；2、因被執行人無財產而中止執行滿兩年，經查證被執行人確無財產可供執行的；3、申請執行人明確表示提供不出被執行人的財產或財產線索，並在法院窮盡財產調查措施之後對法院認定被執行人無財產可供執行書面表示認可的；4、被執行人的財產無法拍賣變賣，或者動產經兩次拍賣、不動產或其他財產權經三次拍賣仍然流拍，申請執行人拒絕接受或者依法不能交付其抵債，經法院窮盡財產調查措施，被執行人確無其他財產可供執行的；5、作為被執行人的企業法人被撤銷、註銷、吊銷營業執照或者歇業後既無財產可供執行，又無義務承受人，也沒有能夠依法追加變更執行主體的；6、經法院窮盡財產調查措施，被執行人確無財產可供執行或雖有財產但不宜強制執行，當事人達成分期履行和解協議的；7、被執行人確無財產可供執行，申請執行人屬於特困群體，執行法院已經給予其適當救助資金的。」

令退賠違法所得義務的能力，法院沒有條件對這三宗案件採取恢復執行措施。[37]

　　綜合本節所述，可以得出的結論是：非法佔有或處置被害人財產類犯罪，本屬於刑事訴訟法規定的附帶民事訴訟範圍，而最高法院的司法解釋將其限制在附帶民事訴訟範圍之外，並規定了追繳或責令退賠違法所得作為其附帶民事訴訟的替代措施，其限制的目的在於防止過多的附帶民事訴訟案件。但是，實際情況卻是此類案件不論是否限制，被害人向司法機關進行索賠或請求賠償的均為極少數；最高法院認為可以完全替代被害人附帶民事訴訟的追繳或責令退賠違法所得的措施，司法實踐中並沒有為中、基層的法院所普遍適用；既使有部分已經判處追繳或責令退賠違法所得的判決，進入司法執行程序也較為困難，而進入的極少數判決也往往由於被執行人的履行能力有限，獲得實現的判決內容也為極少數，多以終結本次執行程序為結束。

37　中央政法委、最高法院《關於規範集中清理執行積案結案標準的通知》（法發【2009】15號）第三部分第10條規定：「裁定終結本次執行程序後，如發現被執行人有財產可供執行的，申請執行人可以再次提出執行申請。申請執行人再次提出執行申請不受申請執行期間的限制。申請執行人申請或者法院依職權恢復執行的，應當重新立案。」

八、附帶民事訴訟替代措施
對程序權利和賠償的影響

❀❀❀❀❀❀❀❀❀❀❀❀❀❀❀❀❀❀

　　被害人在適用附帶民事訴訟替代措施程序中的訴訟權利問題，重點是研究對其民事權利具有重大影響的追繳與責令退賠違法所得措施的實施過程，其獲得出庭告知的權利，其實際參加庭審的權利，其獲得依法收取裁判文書的權利等，是否得到司法機關的有效保障。通過對這些問題的考察，力圖探究被害人在追繳與責令退賠制度替代附帶民事訴訟後，其能否在該項制度的實施過程中，有效地行使法律賦予的訴訟權利來實現和保障自己的實體權利。附帶民事訴訟替代措施對被告人量刑的影響，主要考察法院對被告人量刑時，是否考慮到被告人被追繳或被責令退賠違法所得的實際情況，從而予以從嚴、從寬處罰，實現鼓勵被告人積極賠償被害人物質損失的目的，進而達到有效替代附帶民事訴訟功能的實際結果。

告知被害人參加庭審情況

　　被害人是其人身、財產或者其他權益遭受犯罪行為侵害的人。[1]根據中國刑事訴訟法的相關規定，法院確定開庭日期後，應當在開庭三日前將傳喚被害人出庭的傳票送達至被害人。[2]因此，被害人獲得

1　樊崇義主編，《刑事訴訟法學》，中國政法大學出版社，2013年10月第三版，第132頁。

2　《中華人民共和國刑事訴訟法》第182條第三款規定：「法院確定開庭日期後，應當將開庭的時間、地點通知檢察院，傳喚當事人，通知辯護人、訴訟代理人、證人、鑒定人和翻譯人員，傳票和通知書至遲在開庭三日以前送達。……同時，該法第106條第（二）項規定：「當事人」是指被害人、自訴人、犯罪嫌疑人、被告人、附帶民事訴訟原告人和被告人。」

法院開庭傳喚的書面告知，是其作為案件當事人之一的權利，也是其實現參加法庭審判並主張自己賠償等實體權利的程序性保障措施。對於法院而言，告知被害人出庭則是其履行正確查明事實，準確適用法律，懲治犯罪，保障被害人權利的職責所需。考察法院告知被害人出庭的情況，能夠探究司法實踐中法院對被害人該項權利的保障狀況，從而發現被害人主張索賠等司法救濟現象少的客觀原因所在。為此，筆者將H市兩級法院審理的應當適用追繳或責令退賠違法所得案件，與法院是否告知被害人參加庭審的情況進行交叉比較（見圖8.1和表8.1）。

一、告知被害人參加庭審的數目極少

H市兩級法院審理的應當適用追繳或責令退賠違法所得的案件數量為918件，其中法院告知被害人出庭的案件數量為9件，佔該市法院審理的應當適用追繳或責令退賠違法所得案件總數量的比率僅僅為1.0%。

圖8.1 追繳或責令退賠情況與告知被害人出庭數量示意圖

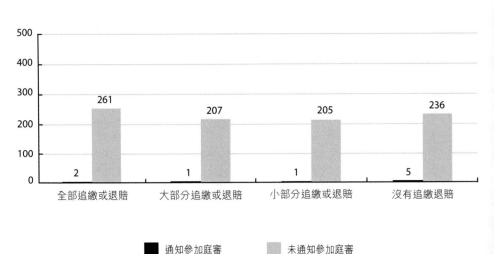

表8.1 追繳或責令退賠情況與是否告知被害人出庭交叉表 [3]

| | | | 告知被害人出庭 | | 總計 |
			是	否	
追繳或退賠情況	全部追繳或退賠	計數	2	261	263
		在追繳或退賠情況內的%	0.8%	99.2%	100.0%
		在告知被害人出庭內的%	22.2%	28.7%	28.6%
		佔總數的%	0.2%	28.4%	28.6%
	大部分追繳或退賠	計數	1	207	208
		在追繳或退賠情況內的%	0.5%	99.5%	100.0%
		在告知被害人出庭內的%	11.1%	22.8%	22.7%
		佔總數的%	0.1%	22.5%	22.7%
	小部分追繳或退賠	計數	1	205	206
		在追繳或退賠情況內的%	0.5%	99.5%	100.0%
		在告知被害人出庭內的%	11.1%	22.6%	22.4%
		佔總數的%	0.1%	22.3%	22.4%
	沒有追繳退賠	計數	5	236	241
		在追繳或退賠情況內的%	2.1%	97.9%	100.0%
		在告知被害人出庭內的%	55.6%	26.0%	26.3%
		佔總數的%	0.5%	25.7%	26.3%
總計		計數	9	909	918
		在追繳或退賠情況內%	1.0%	99.0%	100.0%
		在告知被害人出庭內的%	100.0%	100.0%	100.0%
		佔總數的%	1.0%	99.0%	100.0%

（一）未追繳或退賠違法所得案件告知出庭的數目居第一位

H市兩級法院審理的應當適用追繳或責令退賠的一審案件，沒有追繳或責令退賠違法所得而告知被害人出庭的案件數量為5件，佔該市法院審理的沒有追繳或責令退賠違法所得案件數量241件的比率為2.1%，佔該市法院審理的應當適用追繳或責令退賠違法所得而告知被害人的

3　表中數據為H市兩級法院1980年、1996年、1997年、1999年、2001年、2003年、2004年、2011年、2012年、2013年和2014年上半年適用或應當適用追繳或責令退賠措施的一審程序案件，均以件為統計單位。

案件總數量9件的比率為55.6%，佔該市法院審理的應當適用追繳或責令退賠違法所得案件總數量918件的比率為0.5%。

(二) 追繳或退賠全部違法所得案件告知出庭的數目居第二位

H市兩級法院審理的應當適用追繳或責令退賠違法所得的一審案件，適用追繳或責令退賠全部違法所得而告知被害人出庭的案件數量為2件，佔該市法院審理的追繳或責令退賠全部違法所得案件數量263件的比率為0.8%，佔該市法院審理的應當適用追繳或責令退賠違法所得而告知被害人的案件總數量9件的比率為22.2%，佔該市法院審理的應當適用追繳或責令退賠違法所得案件總數量918件的比率為0.2%。

(三) 追繳或退賠部分違法所得案件告知出庭的數目居後位

H市兩級法院審理的應當適用追繳或責令退賠違法所得的一審案件，適用追繳或責令退賠大部分或者小部分違法所得而告知被害人出庭的案件數量各為1件，分別佔該市法院審理的追繳或責令退賠大部分或者小部分違法所得案件數量208件和206件的比率均為0.5%，分別佔該市法院審理的應當適用追繳或責令退賠違法所得而告知被害人的案件總數量9件的比率均為11.1%，分別佔該市法院審理的應當適用追繳或責令退賠違法所得案件總數量918件的比率均為0.1%。

二、沒有告知被害人參加庭審的數目極多

H市兩級法院審理的應當適用追繳或責令退賠的案件數量為918件，其中沒有告知被害人出庭的案件數量為909件，佔該市法院審理的該類案件總數量的比率為99.0%。

(一) 追繳或退賠全部違法所得案件未告知出庭的數目居第一位

H市兩級法院審理的適用追繳或責令退賠全部違法所得案件，沒有告知被害人出庭的案件數量達到261件，佔該市法院審理的適用追繳或責令退賠全部違法所得案件數量263件的比率為99.2%，佔該市法院審

理的應當適用追繳或責令退賠違法所得而沒有告知被害人出庭的案件總數量909件的比率為28.7%，佔該市法院審理的應當適用追繳或責令退賠違法所得案件總數量918件的比率為28.4%。

（二）未追繳或退賠違法所得案件未告知出庭的數目居第二位

H市兩級法院審理的沒有追繳或責令退賠違法所得的案件，沒有告知被害人出庭的案件數量達到236件，佔該市法院審理的沒有追繳或責令退賠違法所得案件數量241件的比率為97.9%，佔該市法院審理的應當適用追繳或責令退賠違法所得而沒有告知被害人出庭的案件總數量909件的比率為26.0%，佔該市法院審理的應對適用追繳或責令退賠違法所得案件總數量918件的比率為25.7%。

（三）追繳或退賠大部違法所得案件未告知出庭的數目居第三位

H市兩級法院審理的適用追繳或責令退賠大部分違法所得的案件，沒有告知被害人出庭的案件數量為207件，佔該市法院審理的適用追繳或責令退賠大部分違法所得案件數量208件的比率均為99.5%，佔該市法院審理的應當適用追繳或責令退賠違法所得而沒有告知被害人出庭的案件總數量909件的比率為22.8%，佔該市法院審理的應當適用追繳或責令退賠違法所得案件總數量918件的比率為22.5%。

（四）追繳或退賠小部違法所得案件未告知出庭的數目居最後位

H市兩級法院審理的適用追繳或責令退賠小部分違法所得的案件，沒有告知被害人出庭的案件數量為205件，佔該市法院審理的適用追繳或責令退賠小部分違法所得案件數量206件的比率均為99.5%，佔該市法院審理應當適用追繳或責令退賠違法所得而沒有告知被害人出庭的案件總數量909件的比率為22.6%，佔該市法院審理應當適用追繳或責令退賠違法所得案件總數量918件的比率為22.3%。

綜合以上一、二方面所述，H市兩級法院在審理適用追繳或責令退賠違法所得的案件過程中，開庭之前主動告知被害人出庭的數量極

少，而絕大多數案件沒有主動將出庭傳票送達被害人；與此相應，在主動告知被害人出庭的案件中，沒有追繳或責令退賠違法所得的案件主動通知被害人的數量較多，追繳或責令退賠全部違法所得的案件數量次之，而追繳或責令退賠大部分或小部分違法所得的案件數量最少。

被害人出席庭審情況

中國刑事訴訟法最初沒有將公訴案件的被害人規定為當事人，但是，為了加強保護被害人的合法權益的力度，1996年修改刑事訴訟法時，將被害人規定為當事人。[4]作為當事人的被害人享有與其他當事人所共同所有的訴訟權利，主要包括要求審判人員等迴避、參加法庭調查、參加法庭辯論等權利。[5]作為當事人的被害人，其訴訟權利的行使，在審判階段最主要是通過參加法院對其受害案件的審判活動來實現的，而對於被害人出庭的實際情況的考察，則對瞭解被害人訴訟權利的實現和保障程度具有直接意義。同時，追繳或責令退賠措施作為司法限制附帶民事訴訟範圍後的替代措施，對其在法院審理過程中的適用情況進行考察，瞭解被害人的在該程序的運行過程中的實際出庭數量，則有利於掌握該程序對被害人訴訟權利保障功能的實際狀況。為此，筆者將H市兩級法院審理的應當適用追繳或責令退賠違法所得的案件，與在該程序中被害人是否出席法庭審判的情況進行了交叉研究（見表8.2和圖8.2）。

一、被害人出席庭審的數目極少

H市兩級法院審理的應當適用追繳或責令退賠的案件中，被害人實際出席法庭審判的案件數量為6件，佔該市法院審理的該類案件總數量918件的比率為0.7%。

4　郎勝主編，《中華人民共和國刑事訴訟法修改與適用》，新華出版社，2012年4月第一版，第220頁。

5　陳光中主編，《刑事訴訟法》，北京大學出版社、高等教育出版社，2009年5月第二版，第78頁。

表8.2 追繳或責令退賠情況與被害人是否出庭交叉表[6]

			被害人出庭		總計
			是	否	
追繳或退賠情況	全部追繳或退賠	計數	1	262	263
		在追繳或退賠情況內的%	0.4%	99.6%	100.0%
		在被害人出庭內的%	16.7%	28.7%	28.6%
		佔總數的%	0.1%	28.5%	28.6%
	大部分追繳或退賠	計數	0	208	208
		在追繳或責令退賠情況內的%	0.0%	100.0%	100.0%
		在被害人出庭內的%	0.0%	22.8%	22.7%
		佔總數的%	0.0%	22.7%	22.7%
	小部分追繳或退賠	計數	1	205	206
		在追繳或退賠情況內的%	0.5%	99.5%	100.0%
		在被害人出庭審內的%	16.7%	22.5%	22.4%
		佔總數的%	0.1%	22.3%	22.4%
	沒有追繳或退賠	計數	4	237	241
		在追繳或退賠情況內的%	1.7%	98.3%	100.0%
		在被害人出庭內的%	66.7%	26.0%	26.3%
		佔總數的%	0.4%	25.8%	26.3%
總計		計數	6	912	918
		在追繳或退賠情況內的%	0.7%	99.3%	100.0%
		在被害人出庭內的%	100.0%	100.0%	100.0%
		佔總數的%	0.7%	99.3%	100.0%

（一）未追繳或退賠違法所得案件的被害人出庭的數目居首位

　　H市兩級法院審理的沒有追繳或責令退賠違法所得的案件，被害人出席法庭審判的案件數量為4件，佔該市法院審理的該類案件數量241件的比率為1.7%，佔該市法院審理的應當適用追繳或責令退賠違法所

6　表中數據為H市兩級法院1980年、1996年、1997年、1999年、2001年、2003年、2004年、2011年、2012年、2013年和2014年上半年適用或應當適用追繳或責令退賠措施的一審程序案件，均以件為統計單位。

圖8.2 追繳或責令退賠情況與被害人出庭數量示意圖

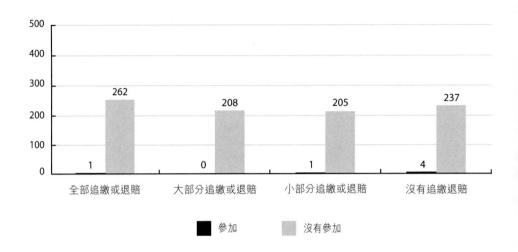

得而被害人出席法庭的案件數量6件的比率為66.7%，佔該市法院審理的應當適用追繳或責令退賠違法所得案件總數量的比率為0.4%。

（二）追繳或退賠全部或小部分違法所得案件
被害人出庭的數目居於次位

H市兩級法院審理的適用追繳或責令退賠全部和小部分違法所得的案件，被害人出席法庭審判的案件數量各為1件，分別佔該市法院審理的適用追繳或責令退賠全部或者小部分違法所得案件數量263件和206件的比率為0.4%和0.5%，分別佔該市法院審理的適用應當適用追繳或責令退賠違法所得而被害人出席法庭的案件數量6件的比率均為16.7%，分別佔該市法院審理的應當適用追繳或責令退賠違法所得案件總數量的比率均為0.1%。

此外，H市兩級法院審理適用追繳或責令退賠大部分違法所得的案件，被害人出席法庭審判的案件數量為0件。

二、被害人沒有出席庭審的數目極多

H市兩級法院審理的應當適用追繳或責令退賠違法所得的案件中，被害人沒有出席法庭審判的案件數量高達912件，佔該市法院審理的該類案件總數量918件的比率為99.3%。

（一）追繳或退賠全部違法所得案件的被害人未出庭的數目居首位

H市兩級法院審理全部追繳或責令退賠違法所得的案件，被害人沒有出席法庭審判的案件數量分別為262件，佔該市法院審理的該類案件數量263件的比率為99.6%，佔該市法院審理的應當適用追繳或責令退賠違法所得而被害人沒有出席法庭的案件數量912件的比率為28.7%，佔該市法院審理的應當適用追繳或責令退賠違法所得案件總數量的比率為28.5%。

（二）未追繳或退賠違法所得案件的被害人未出庭的數目為第二位

H市兩級法院審理的沒有追繳或責令退賠違法所得的案件，被害人沒有出席法庭審判的案件數量為237件，佔該市法院審理的該類案件數量241件的比率為98.3%，佔該市法院審理應當適用追繳或責令退賠違法所得而被害人沒有出席法庭的案件數量912件的比率為26.0%，佔該市法院審理的應當適用追繳或責令退賠違法所得案件總數量的比率為25.8%。

（三）追繳或退賠大部違法所得案件被害人未出庭的數目居第三位

H市兩級法院審理的適用追繳或責令退賠大部分違法所得的案件中，被害人沒有出席法庭審判的案件數量為208件，佔該市法院審理的該類案件數量208件的比率為100.0%，佔該市法院審理的應當適用追繳或責令退賠違法所得而被害人沒有出席法庭的案件數量912件的比率為22.8%，佔該市法院審理的應當適用追繳或責令退賠違法所得案件總數量的比率為22.7%。

（四）追繳或退賠小部違法所得案件被害人未出庭的數目居第四位

H市兩級法院審理的適用追繳或責令退賠小部分違法所得的案件中，被害人沒有出席法庭審判的案件數量為205件，佔該市法院審理的該類案件數量206件的比率為99.5%，佔該市法院審理的應當適用追繳或責令退賠違法所得而被害人沒有出席法庭的案件數量912件的比率為22.5%，佔該市法院審理的應當適用追繳或責令退賠案件總數量的比率為22.3%。

綜合以上一、二方面所述，H市兩級法院審理的應當適用追繳或責令退賠措施的案件，法庭開庭審判時被害人出席的案件總體數量極少，而被害人沒有出席的則達九成九以上；而被害人出席法庭的以沒有追繳或責令退賠違法所得的案件數量相對多，追繳或責令退賠全部或者小部分違法所得的案件數量次之，追繳或責令退賠大部分違法所得的案件則均未出庭。

裁判文書送達被害人情況

根據中國刑事訴訟法的規定，刑事一審案件判決書送達被害人的形式，根據宣告判決的兩種情況——即當庭宣告和定期宣告，分為兩種類型並各有具體的要求。一是對於當庭宣告的，法院應當在五日內將判決書送達當事人和提起公訴的檢察院，並應同時送達辯護人、訴訟代理人。而當事人則是指被害人、自訴人、犯罪嫌疑人、被告人、附帶民事訴訟原告人和被告人。二是對於定期判決的，法院應當在宣告判決後立即將判決書送達當事人和提起公訴的檢察院，也應當同時送達辯護人、訴訟代理人。[7]同時，被害人有權對已發生法律效力的判決、裁定，向法院或檢察院提出申訴。[8]中國刑事訴訟法還規定

7　郎勝主編，《中華人民共和國刑事訴訟法修改與適用》，新華出版社，2012年4月第一版，第351頁。

8　陳光中主編，《刑事訴訟法》，北京大學出版社、高等教育出版社，2009年5月第二版，第78頁。

了公訴案件被害人在收到判決書後的五日內，有權請求檢察院提出抗訴。[9]由此可見，被害人獲得判決書既是其訴訟權利的一部分，也是賴以實現其他訴訟權利和實體權利的基礎。特別對於遭受犯罪侵犯而導致財產損失的被害人，在經過追繳或責令退賠措施後，而沒有全部實現其獲得賠償的權利時，其附帶民事訴訟權利又被司法解釋限制的情況下，其是否能夠獲得判決書的情況，可以反映出追繳或責令退賠措施替代附帶民事訴訟的做法，能否如附帶民事訴訟程序一樣保障被害人訴訟權利的狀況。為此，筆者將H市兩級法院審理的應當適用追繳或責令退賠措施而沒有全部追回或退賠違法所得的案件，與該類案件中法院是否將判決書送達被害人的情況進行交叉研究（見圖8.3和表8.3）。

一、裁判文書送達被害人的數目極少

H市兩級法院審理的應當適用追繳或責令退賠而沒有或沒有完全追回或退賠違法所得的案件，將判決書送達被害人的案件數量為9件，佔該市法院審理的該類案件數量655件的比率為1.4%。

（一）未追繳或退賠違法所得案件送達的數目最多

H市兩級法院審理的沒有追繳或責令退賠違法所得的案件中，法院送達被害人判決書的案件數量為5件，佔該市法院審理的該類案件數量241件的比率為2.1%，佔該市法院審理的沒有或者沒有全部追繳或責令退賠違法所得而將判決書送達被害人的案件總數量9件的比率為55.6%，佔該市法院審理的沒有或者沒有全部追繳或責令退賠違法所得案件總數量655件的比率為0.8%。

9　《中華人民共和國刑事訴訟法》第218條規定：被害人及其法定代理人不服地方各級法院第一審的判決的，自收到判決書後五日以內，有權請求檢察院提出抗訴。檢察院自收到被害人及其法定代理人的請求後五日內，應當作出是否抗訴的決定並且答覆請求人。

表8.3 追繳或責令退賠未完成部分案件情況與判決書是否送達被害人交叉表[10]

			判決書送達被害人		總計
			是	否	
追繳或退賠情況	大部分追繳或退賠	計數	2	206	208
		在追繳或退賠情況內的%	1.0%	99.0%	100.0%
		在判決送達被害人內的%	22.2%	31.9%	31.8%
		佔總數的%	0.3%	31.5%	31.8%
	小部分追繳或退賠	計數	2	204	206
		在追繳或退賠情況內的%	1.0%	99.0%	100.0%
		在判決送達被害人內的%	22.2%	31.6%	31.5%
		佔總數的%	0.3%	31.1%	31.5%
	沒有追繳或退賠	計數	5	236	241
		在追繳或退賠情況內的%	2.1%	97.9%	100.0%
		在判決送達被害人內的%	55.6%	36.5%	36.8%
		佔總數的%	0.8%	36.0%	36.8%
總計		計數	9	646	655
		在追繳或退賠情況內的%	1.4%	98.6%	100.0%
		在判決送達被害人內的%	100.0%	100.0%	100.0%
		佔總數的%	1.4%	98.6%	100.0%

（二）追繳或退賠大部或小部違法所得案件送達數目居於次位

　　H市兩級法院審理的適用追繳或責令退賠大部分或者部分違法所得案件中，法院送達被害人判決書的案件數量各為2件，分別佔該市法院審理的該同類案件數量208件和206件的比率均為1.0%，分別佔該市法院審理的沒有或者沒有全部追繳或責令退賠違法所得而將判決書送達被害人的案件總數量9件的比率均為22.2%，分別佔該市法院審理的沒有或者沒有全部追繳或責令退賠違法所得案件總數量655件的比率為0.3%。

10　表中數據為H市兩級法院1980年、1996年、1997年、1999年、2001年、2003年、2004年、2011年、2012年、2013年和2014年上半年適用大部分或者小部分或者沒有追繳或責令退賠措施一審程序案件，均以件為統計單位。

圖8.3 追繳或責令退賠未完成部分案件情況與判決書是否送達被害人交叉表

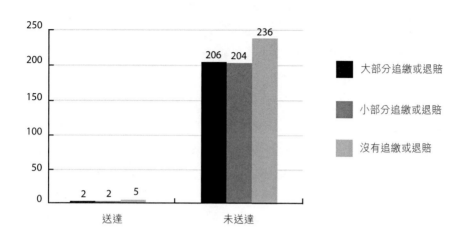

二、沒有將裁判文書送達被害人的數目極多

H市兩級法院審理的適用追繳或責令退賠而沒有或沒有完全追回或退賠違法所得的案件中，沒有將判決書送達被害人的案件數量為646件，佔該市法院審理的該類案件數量655件的比率為98.6%。

（一）未追繳或退賠違法所得案件未送達的數目居第一

H市兩級法院審理的沒有追繳或責令退賠違法所得案件中，法院沒有送達被害人判決書的案件數量為236件，佔該市法院審理的該類案件數量241件的比率為97.9%，佔該市法院審理的沒有或者沒有全部追繳或責令退賠違法所得而沒有將判決書送達被害人的案件總數量646件的比率為36.5%，佔該市法院審理的沒有或者沒有全部追繳或責令退賠違法所得案件總數量655件的比率為36.0%。

（二）追繳或退賠大部或小部違法所得案件未送達的數目居第二

H市兩級法院審理的適用追繳或責令退賠大部分或者小部分違法所得案件中，法院沒有送達被害人判決書的案件數量分別為206件和

204件，分別佔該市法院審理的該同類案件數量208件和206件的比率均為99.0%，分別佔該市法院審理的沒有或者沒有全部追繳或責令退賠違法所而沒有將判決書送達被害人的案件總數量646件的比率為31.9%和31.6%，分別佔該市法院審理的沒有或者沒有全部追繳或責令退賠案件總數量655件的比率為31.5%和31.1%。

綜合以上一、二方面所述，H市兩級法院審理的沒有或者沒有全部追繳或責令退賠違法所得案件，法院將判決書送達被害人的極少；而沒有將判決書送達被害人的則高達九成八以上。在沒有完成或者沒有全部完成追繳或責令退賠違法所得的案件三種情況中，均有將判決書送達被害人的案件，但相對多的情況為沒有追繳或責令退賠違法所得的案件。

替代措施鼓勵彌補損失作用的發揮

根據最高法院的會議精神和司法解釋規定，被告人非法佔有、處置被害人財產而使其遭受物質損失的，法院應當依法予以追繳或者責令退賠；被追繳、退賠的情況，法院可以作為量刑情節予以考慮。[11] 被追繳、退賠的情況在刑法的量刑過程中，被視為退贓、退賠的法定從寬量刑情節。[12] 所謂退贓，是指犯罪人將犯罪所得的贓款或贓物，直接退還被害人或上繳司法機關的行為。所謂退賠，是指犯罪人因犯罪所得的贓物已被非法處置或毀損而無法退還被害人原物，故採取折

11　最高法院《關於印發〈全國法院維護農村穩定刑事審判工作座談會紀要〉的通知》（法【1999】217號，1999年10月27日），載《最高法院公報》第6期；最高法院《關於刑事附帶民事訴訟範圍問題的規定》（法釋【2000】47號）第5條第1款；2012年11月5日最高法院通過的《關於適用〈中華人民共和國刑事訴訟法〉的解釋》第139條。

12　最高法院《關於常見犯罪的量刑指導意見》第3條第8項規定：「對於退贓、退賠的，綜合考慮犯罪性質，退贓、退賠行為對損害結果所能彌補的程度，退贓、退賠的數額及主動程度等情況，可以減少基準刑的30%以下；其中搶劫等嚴重危害社會治安犯罪的應從嚴掌握。」

價方式直接賠償被害人或上繳司法機關的行為。[13]法律將退贓、退賠情況規定為從寬量刑情節，目的在於鼓勵被告人積極退贓、退賠，從而最大程度地減少被害人的物質損失，並更好地發揮追繳或責令退賠措施替代被害人提起附帶民事訴訟的積極作用。因此，該量刑情節在刑事司法實踐中對量刑的影響作用發揮如何，可以在一定程度上反映出追繳或責令退賠措施替代附帶民事訴訟，在鼓勵被告人積極彌補被害人物質損失方面的作用發揮程度。為此，筆者將H市兩級法院審理的應當適用追繳或責令退賠措施的案件，與其對量刑所產生的從輕或從重或沒有體現等影響情況，進行交叉研究（見圖8.4和表8.4）。

一、在量刑過程中沒有發揮任何作用

H市兩級法院審理應當適用追繳或責令退賠違法所得的案件中，追繳或退賠違法所得情節沒有發揮任何作用的案件數量為612件，佔該市法院審理該類案件總數量918件的比率為66.7%。

（一）未追繳或退賠違法所得案件未發揮作用的數目最多

H市兩級法院審理的沒有追繳或責令退賠違法所得的案件數量為241件，在量刑過程中沒有發揮任何影響作用的案件數量為211件，佔該市法院審理的該類案件數量的比率為87.6%，佔該市法院審理的沒有對量刑發揮任何影響作用的追繳或責令退賠違法所得案件總數量612件的比率為34.5%，佔該法院審理的應當適用追繳或責令退賠違法所得案件總數量918件的比率為23.0%。

13　南英主編，《量刑規範化實務手冊》，法律出版社，2014年7月第一版，第79頁。

表8.4 追繳或責令退賠情況對量刑的影響交叉表[14]

			對量刑的影響			總計
			從輕	從重	沒有體現	
追繳或退賠情況	全部追繳或退賠	計數	153	0	110	263
		在追繳或退賠情況內的%	58.2%	0.0%	41.8%	100.0%
		在對量刑的影響內的%	55.4%	0.0%	18.0%	28.6%
		佔總數的%	16.7%	0.0%	12.0%	28.6%
	大部分追繳或退賠	計數	87	0	121	208
		在追繳或退賠情況內的%	41.8%	0.0%	58.2%	100.0%
		在對量刑的影響內的%	31.5%	0.0%	19.8%	22.7%
		佔總數的%	9.5%	0.0%	13.2%	22.7%
	小部分追繳或退賠	計數	36	0	170	206
		在追繳或退賠情況內的%	17.5%	0.0%	82.5%	100.0%
		在對量刑的影響內的%	13.0%	0.0%	27.8%	22.4%
		佔總數的%	3.9%	0.0%	18.5%	22.4%
	沒有追繳或退賠	計數	0	30	211	241
		在追繳或退賠情況內的%	0.0%	12.4%	87.6%	100.0%
		在對量刑的影響內的%	0.0%	100.0%	34.5%	26.3%
		佔總數的%	0.0%	3.3%	23.0%	26.3%
總計		計數	276	30	612	918
		在追繳或退賠情況內的%	30.1%	3.3%	66.7%	100.0%
		在對量刑的影響內的%	100.0%	100.0%	100.0%	100.0%
		佔總數的%	30.1%	3.3%	66.7%	100.0%

（二）追繳或退賠小部違法所得案件未發揮作用的數目居第二位

H市兩級法院審理適用追繳或責令退賠小部分違法所得的案件數量為206件，在量刑過程中沒有發揮任何影響作用的案件數量為170件，佔該市法院審理該類案件數量的比率為82.5%，佔該市法院審理沒有對量刑發揮任何影響作用的追繳或責令退賠違法所得案件總數量612件的

14　表中數據為H市兩級法院1980年、1996年、1997年、1999年、2001年、2003年、2004年、2011年、2012年、2013年和2014年上半年適用或應當適用追繳或責令退賠措施的一審程序案件，均以件為統計單位。

圖8.4 追繳或退賠情況對量刑的影響交叉數量圖

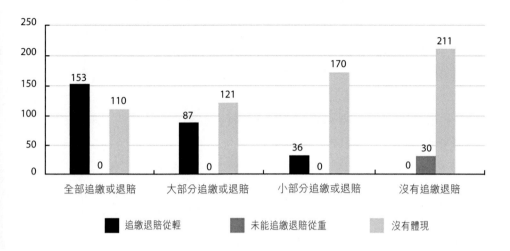

比率為27.8%，佔該法院審理的應當適用追繳或責令退賠違法所得案件總數量918件的比率為18.5%。

（三）追繳或退賠大部違法所得案件未發揮作用的數目居第三位

H市兩級法院審理適用追繳或責令退賠大部分違法所得的案件數量為208件，在量刑過程中沒有發揮任何影響作用的案件數量為121件，佔該市法院審理該類案件數量的比率為58.2%，佔該市法院審理的沒有對量刑發揮任何影響作用的追繳或責令退賠違法所得案件總數量612件的比率為19.8%，佔該法院審理的應當適用追繳或責令退賠違法所得案件總數量918件的比率為13.2%。

（四）追繳或退賠全部違法所得案件未發揮作用的數目居第四位

H市兩級法院審理適用追繳或責令退賠全部違法所得的案件數量為263件，在量刑過程中沒有發揮任何影響作用的案件數量為110件，佔該市法院審理該類案件數量的比率為41.8%，佔該市法院審理沒有對量刑發揮任何影響作用的追繳或責令退賠違法所得案件總數量612件的比率為18.0%，佔該法院審理應當適用追繳或責令退賠違法所得案件總數量918件的比率為12.0%。

二、在量刑過程中發揮從輕情節的激勵作用

H市兩級法院審理應當適用追繳或責令退賠違法所得的案件中，在量刑過程中將該情況作為從輕情節發揮作用的案件數量為276件，佔該市審理應當適用追繳或責令退賠違法所得案件總數量的比率為30.1%；

（一）追繳或退賠全部違法所得案件發揮從輕作用的數目居第一位

H市兩級法院審理適用追繳或責令退賠全部違法所得的案件數量為263件，在量刑過程中發揮從輕影響作用的案件數量為153件，佔該市法院審理該類案件數量的比率為58.2%，佔該市法院審理的對量刑發揮從輕影響作用的追繳或責令退賠違法所得案件總數量276件的比率為55.4%，佔該法院審理應當適用追繳或責令退賠違法所得案件總數量918件的比率為16.7%。

（二）追繳或退賠大部違法所得案件發揮從輕作用的數目居第二位

H市兩級法院審理適用追繳或責令退賠大部分違法所得的案件數量為208件，在量刑過程中發揮從輕影響作用的案件數量為87件，佔該市法院審理該類案件數量的比率為41.8%，佔該市法院審理對量刑發揮從輕影響作用的追繳或責令退賠違法所得案件總數量276件的比率為31.5%，佔該法院審理應當適用追繳或責令退賠違法所得案件總數量918件的比率為9.5%。

（三）追繳或退賠小部違法所得案件發揮從輕作用數居第三位

H市兩級法院審理的適用追繳或責令退賠小部分違法所得的案件數量為206件，在量刑過程中發揮從輕影響作用的案件數量為36件，佔該市法院審理該類案件數量的比率為17.5%，佔該市法院審理的對量刑發揮從輕影響作用的追繳或責令退賠違法所得案件總數量276件的比率為13.0%，佔該法院審理的應當適用追繳或責令退賠違法所得案件總數量918件的比率為3.9%。

此外，該市法院審理的沒有追繳或責令退賠違法所得的案件，對量刑發揮從輕作用的案件為0件。

三、在量刑過程中發揮從重情節的懲戒作用

H市兩級法院審理的應當適用追繳或責令退賠違法所得的案件中，將追繳或退賠違法所得情況作為從重情節發揮作用的案件數量為30件，佔該市法院審理沒有追繳或責令退賠案件數量241件的比率為12.4%，佔該市法院審理對量刑發揮從重影響作用的追繳或責令退賠違法所得案件總數量的比率為100.0%，佔該法院審理應當適用追繳或責令退賠違法所得案件總數量918件的比率為3.3%。

此外，該市法院審理適用追繳或責令退賠全部或部分違法所得的案件，將追繳或退賠違法所得情況作為從重情節發揮作用的案件均為0件。

綜合以上一到三方面所述，H市兩級法院審理應當適用追繳或責令退賠違法所得的案件，追繳或退賠違法所得情況對量刑發揮了一定的作用，既有體現從輕作用，也有對不能退贓、退賠體現從重的作用，但是兩者佔據的比率較少，兩者合計數量僅僅達到三成三；而沒有發揮任何作用的案件數量則高達六成六。

本章小結：程序權利受損，鼓勵賠償作用有限

本章前四節考察了H市兩級法院審理的適用追繳或責令退賠違法所得案件中，被害人獲得出庭通知，實際出席法庭，獲得判決書的送達，以及對被告人量刑發生影響作用等情況，發現的較為普遍的問題可以歸納為被害人的程序參與權利被忽視，司法救濟權利喪失，對量刑的影響並進而鼓勵賠償的作用發揮有限。

一、被害人程序參與權被忽視

程序參與原則是一項貫穿刑事訴訟過程的基本準則，在刑事訴訟中具有重要的作用。所謂程序參與原則，是指程序所涉及其利益的人或者他們的代表，能夠參加訴訟，對與自己的人身、財產等權利相關的事項，有知悉權和發表意見權；國家有義務保障程序所涉及利益的人或者他們的代表的程序參與權。[15]這一程序公正標準又可稱為「獲得法庭審判機會」的原則（Having ones's day in court, having a hearing, being heard etc.），其核心思想是，那些權益可能受到刑事裁判或訴訟結局直接影響的主體應當有充分的機會富有意義地參與刑事裁判的製作過程，並對裁判結果的形成發揮其有效的影響和作用。[16]也就是説，只有與刑事案件利益關係可能受到法院裁判影響的被告人、被害人，都參與到相關案件的審判過程中，將他們對本案的一些所知所想，向能夠決定其利益紛爭的法庭充分予以表達，並能夠對裁判的作出產生一定的影響作用，才能使他們真切地感受到法院裁判的客觀、公正，才能使其尊重法院的裁判。正如美國學者M・D・貝勒斯所説：其這一原則體現在到法院出口氣的普遍觀念中；有助於解決爭執，因為能使參與訴訟的當事人更易於接受判決；儘管他們有可能不贊成判決，但他們卻更有可能服從判決。此原則的根據是參與價值，即參與作出嚴重影響自己生活的判決。人們至少有理由期望，在作出關係他們的判決之前，法院聽取其意見，即他們擁有發言權。某人被允許參與訴訟也表明別人尊重他，即他受到了重視。[17]M・D・貝勒斯在這裏提出了參與價值，即當事人參與了對自己生活有嚴重影響的判決作出的過程，並在期間行使了發言權利、獲得他人尊重的權利，這有利於當事人服從判決。

15　宋英輝著，《刑事訴訟原理導讀》，中國檢察出版社，2008年6月第一版，第115-116頁。

16　陳瑞華著，《刑事審判原理論》，北京大學出版社，2003年9月第二版，第54頁。

17　【美】M・D・貝勒斯，《法律的原則：一個規範的分析》，張文顯等譯，中國大百科全書出版社，1996年版，第35頁。

　　所謂權益可能受到刑事裁判直接影響的主體，主要是指國家、被告人、被害人等各方。[18]根據程序參與原則的要求，在法院適用追繳或責令退賠違法所得的審判程序過程中，作為財產權利遭受被告人犯罪行為損害的被害人，刑事訴訟法律及司法解釋均賦予其當事人的多項訴訟權利。例如，在刑事訴訟過程中向司法機關主張追繳被告人的違法所得或責令被告人退賠的權利，接受司法機關的開庭通知的權利，並且享有自己或者委託代理人出席法庭進行指控、舉證、質證等權利。法律和司法解釋賦予被害人的這些權利，正是程序參與原則所闡述的當事人的程序參與權利。但通過對H市兩級法院應當適用追繳或責令退賠的918件案件的調查情況來看，被害人上述種種訴訟程序中的權利實際幾乎被忽略，僅有9件案件向被害人發送了出庭通知，佔全部調查案件918件的比率為1.0%；僅有6件案件的被害人實際出席了法庭，佔全部調查案件918件的比率為0.7%。如此低的出庭通知率、實際出庭率，表明在H市兩級法院適用追繳或責令退賠違法所得案件的審理程序中，被害人程序參與權利在絕大多數案件中被司法機關忽略，從而導致實際被否定的結果。由此可見，貫穿刑事訴訟程序始終的程序參與原則，在作為附帶民事訴訟替代措施的追繳或責令退賠違法所得適用的司法實踐中，已經失去了基本準則指導司法實踐的作用。因此，正如傳統的正義理論將被害人的利益大大地忽略了一樣，程序參與原則所具有的保障當事人訴訟主體地位功能的發揮，產生的「被害人也不再是被刑事程序遺忘的人」[19]的理想狀況，在適用追繳或責令退賠案件的審判程序中消失殆盡。作為訴訟公正的要求或前提的程序參與原則，由於被害人在絕大數案件的審判過程中不能出席法庭，不能夠參與涉及其自身利益的相關程序，不能獲得充分陳述意見的機會，也就談不上被害人具有獲得尊重的感受，以及發自內心地對

18　陳瑞華著，《刑事審判原理論》，北京大學出版社，2003年9月第二版，第54頁。

19　宋英輝，《刑事訴訟的目的論》，中國人民公安大學出版社，1995年版，第128-142頁。

判決的服從。因此，程序參與原則保障訴訟公正的功能被司法實踐所削弱。

二、被害人喪失司法救濟權利

案件宣判後，司法機關向當事人及時送達裁判文書，是中國刑事訴訟法規定的一貫精神。[20]當事人只有及時接受司法機關合法送達的裁判文書，才能夠全面瞭解司法機關對於涉及其人身、或財產權益的案件是如何認定的，對於其權利義務關係是如何判定的；也只有如此，當事人認為判決不符合事實和法律規定的，才能夠及時行使司法救濟的權利。對於極少能夠獲得出庭通知並出席法庭參加庭審的被害人而言，能夠及時獲得司法機關送達的裁判文書，對於其及時有效地維護自己的合法權益則具有更加重要的意義。公訴案件中的被害人及其法定代理人，雖然在法律上處於當事人的訴訟地位，但是法律並沒有賦予其上訴的權利，而只是給予其請求抗訴的權利。[21]中國1979年刑事訴訟法和現行刑事訴訟法均規定，被害人及其法定代理人不服地方各級法院第一審判決的，自收到判決書之後五日以內，有權請求人民檢察院提出抗訴；檢察院自收到被害人及其法定代理人的請求後五日以內，應當作出是否抗訴的決定並且答覆請求人。[22]由此可見，被害人獲得裁判文書的送達，不僅是其得以知曉涉及其權益的判決內容所需，而且也是其行使請求檢察院提出抗訴維護其權益的法定前提條件。反之，如果被害人沒有收到有關其權益的裁判文書，其既無法判

20　1979年《中華人民共和國刑事訴訟法》第121條規定：「宣告判決，一律公開進行。當庭宣告判決的，應當在五日以內將判決書送達當事人和提起公訴的檢察院；定期宣告判決的，應當在宣告後立即將判決書送達當事人和提起公訴的檢察院。」2012年《中華人民共和國刑事訴訟法》第196條在原條規定內容的基礎上，增加規定：「判決書應當同時送達辯護人、訴訟代理人。」

21　陳光中主編，《刑事訴訟法》，北京大學出版社、高等教育出版社，2005年9月第二版，第359頁。

22　1979年《中華人民共和國刑事訴訟法》第182條，2012年《中華人民共和國刑事訴訟法》第218條。

斷司法機關處理涉及其權益的案件情況，也無權利向檢察院主張權利以維護其合法利益。

本章第三節「裁判文書送達被害人情況」對H市兩級法院的考察發現，該市法院應當適用追繳或責令退賠違法所得的案件中，法院向被害人送達了相關判決書的案件僅僅只有9件，佔全部調查的未能夠完成追繳或責令退賠違法所得案件總數655件的比率為1.4%。也就是說，高達98.6%的未能完成追繳或責令退賠的刑事案件被害人，沒有收到法院對於自己所遭受犯罪侵犯案件進行處理的裁判文書，自然也無法得知法院對於侵犯自己權利的犯罪分子非法佔有或處置其財產的事實是如何認定的，也不知曉法院是否追繳犯罪分子的違法所得或責令犯罪分子退賠違法所得，更不知曉追繳違法所得或責令退賠違法所得的數額是否能夠符合自己所遭受的損失結果。同時，這些被害人不僅客觀上不能夠瞭解法院裁判的正確與否，而且，從法律規定條件來說，他們沒有法院送達的裁判文書，既使知悉裁判文書的不當之處，也喪失了程序上在接到判決書的五日之內要求檢察機關抗訴的權利。由此可見，被害人在法院審判的被告人非法佔有或處置被害人財產的刑事案件過程中，不僅提起附帶民事訴訟的權利因司法限制性規定而無法行使，而且實踐中參加法庭審判的權利也幾乎被忽略，甚至其實體權利被裁判所影響時的申請檢察機關抗訴的司法救濟權利也被司法機關所忽視。

三、追繳或責令退賠情節鼓勵賠償作用有限

被告人犯罪的違法所得是否予以追繳或者是否予以退賠，追繳或退賠的數額大小，是否被告人主動退贓、退賠或者被動退贓、退賠等等不同的情況對於法院判斷被告人犯罪的危害後果、被告人的主觀惡性程度或者是被告人悔罪程度，從而決定對被告人量刑時予以從重、從輕、減輕或者免除處罰，均有積極的意義。同時，將追繳或退賠違法所得的情況作為量刑考慮的情節，對於鼓勵被告人積極退贓、退

賠，從而更好地發揮追繳或責令退賠措施替代附帶民事訴訟的功能，並確保及時有效地彌補被害人因犯罪所遭受的物質損失，都應具有積極的作用。因此，作為對刑罰適用產生影響的追繳或退賠違法所得情節，其鼓勵被告人退贓或退賠的功能，對被害人物質損失賠償請求權利的實現程度，產生了積極正向的影響，從而成為附帶民事訴訟的影響因素，故有必要在本書中對其作用情況進行分析。

中國刑法和刑事訴訟法對於追繳或責令退賠的情況是否影響對被告人的量刑，以及如何影響對被告人的量刑均沒有明確的規定。但是，最高法院通過會議紀要、意見等一系列司法解釋，將追繳或責令退賠違法所得的情況作為量刑情節加以規範，並分別不同情況予以從重、從嚴、從輕或者免除處罰。首先，對於無法退贓的，應當酌情從重處罰，或者從嚴處罰。最高法院《全國法院維護農村穩定刑事審判工作座談會紀要》規定，對因犯罪分子非法佔有、處置被害人財產而使其遭受的物質損失，應當根據刑法第64條的規定處理，即應通過追繳贓款贓物、責令退賠的途徑解決。如贓款贓物尚在的，應一律追繳；已被用掉、毀壞或揮霍的，應責令退賠。無法退贓的，在決定刑罰時，應作為酌定從重處罰的情節予以考慮。[23] 最高法院《關於貫徹寬嚴相濟刑事政策的若干意見》規定，被告人非法佔有、處置被害人財產不能退贓的，在決定刑罰時，應作為重要情節予以考慮，體現從嚴處罰的精神。[24] 其次，積極退贓的酌情從輕處罰。最高法院《全國法院維護農村穩定刑事審判工作座談會紀要》對盜竊犯罪的初犯、未成年犯，或者確因生活困難而實施盜竊犯罪，或積極退贓、賠償損失的，應當注意體現政策，酌情從輕處罰。其中，具備判處管制、單處罰金或者宣

23　最高法院《全國法院維護農村穩定刑事審判工作座談會紀要》(法【1999】217號)第3條第(3)項規定。

24　最高法院印發《關於貫徹寬嚴相濟刑事政策的若干意見》的通知(法發【2010】9號)第12條規定。

告緩刑條件的，應區分不同情況盡可能適用管制、罰金或者緩刑。[25]
第三，退贓、退賠並具有其他規定情節的，可以免於刑事處罰。最高
法院、最高檢察院《關於辦理盜竊刑事案件適用法律若干問題的解釋》
規定，盜竊公私財物數額較大，行為人認罪、悔罪，退贓、退賠，且
具有下列情形之一，情節輕微的，可以不起訴或者免予刑事處罰；必
要時，由有關部門予以行政處罰：（一）具有法定從寬處罰情節的；
（二）沒有參與分贓或者獲贓較少且不是主犯的；（三）被害人諒解的；
（四）其他情節輕微、危害不大的。[26]最高法院、最高檢察院《關於
辦理詐騙刑事案件具體應用法律若干問題的解釋》規定，詐騙公私財物
雖已達到本解釋第1條規定的「數額較大」的標準，但具有下列情形之
一，且行為人認罪、悔罪的，可以根據刑法第37條、刑事訴訟法第142
條的規定不起訴或者免予刑事處罰：（一）具有法定從寬處罰情節的；
（二）一審宣判前全部退贓、退賠的；（三）沒有參與分贓或者獲贓較
少且不是主犯的；（四）被害人諒解的；（五）其他情節輕微、危害不大
的。[27]最高法院《關於審理搶奪刑事案件具體應用法律若干問題的解
釋》規定，搶奪公私財物雖然達到本解釋第1條第（一）項規定的「數額
較大」的標準，但具有下列情形之一的，可以視為刑法第37條規定的
「犯罪情節輕微不需要判處刑罰」，免予刑事處罰：（一）已滿十六周歲
不滿十八周歲的未成年人作案，屬於初犯或者被教唆犯罪的；（二）主
動投案、全部退贓或者退賠的；（三）被脅迫參加搶奪，沒有分贓或者
獲贓較少的；（四）其他情節輕微，危害不大的。[28]第四，追繳、退

25 　最高法院《全國法院維護農村穩定刑事審判工作座談會紀要》（法【1999】217號）第2條第（2）
　　項規定。

26 　2013年3月8日，最高法院 最高檢察院《關於辦理盜竊刑事案件適用法律若干問題的解釋》第7條
　　規定。

27 　最高法院、最高檢察院《關於辦理詐騙刑事案件具體應用法律若干問題的解釋》（法釋【2011】
　　7號）第3條規定。

28 　最高法院《關於審理搶奪刑事案件具體應用法律若干問題的解釋》（法釋【2002】18號），第3條
　　規定。

賠的情況，可以作為量刑情節考慮。最高法院通過的《關於適用〈中華人民共和國刑事訴訟法〉的解釋》規定，被告人非法佔有、處置被害人財產的，應當依法予以追繳或者責令退賠；被害人提起附帶民事訴訟的，法院不予受理；追繳、退賠的情況，可以作為量刑情節考慮。[29]第五，退贓、退賠數額，可以減少基準刑。最高法院《法院量刑指導意見（試行）》規定，對於退贓、退賠的，綜合考慮犯罪性質，退贓、退賠行為對損害結果所能彌補的程度，退贓、退賠的數額及主動程度等情況，可以減少基準刑的30%以下。[30]

通過上列司法解釋的規定精神可以得出，被告人違法所得贓物、贓款的追繳或退賠情況，對於被告人在適用刑罰時具有影響作用，或者是作為從嚴情節，或者是作為從寬情節。所謂從嚴情節，是指審判人員在適用刑罰時因考慮予以較重處罰的情節。所謂從寬情節，是指審判人員在適用刑罰時考慮對行為人從輕、減輕或者免除處罰的情節。[31]正如筆者前面所分析的，追繳或退賠違法所得的量刑情節適用，對於實現被害人遭受犯罪侵犯的物質損失修復或彌補具有正向作用，因此，有關追繳或責令退賠違法所得量刑情節的作用發揮程度的考察，就能夠從一個角度反映出追繳或責令退賠措施替代附帶民事訴訟的效果。對比 H 市兩級法院審判的非法佔有或處置被害人財產類型的犯罪案件，可以發現追繳或責令退賠違法所得情況作為從寬情節從而影響量刑的，佔該類全部案件918件的比率為30.1%；作為從嚴情節影響量刑的佔全部案件918件的比率僅為3.3%；此外，有66.7%的案件中，對被告人的追繳或責令退賠違法所得的情況，既沒有作為從嚴情節適用，也沒有作為從寬情節適用。而該66.7%的案件中，既有追繳或

29　2012年11月5日，最高法院通過的《關於適用〈中華人民共和國刑事訴訟法〉的解釋》第139條規定。

30　最高法院《法院量刑指導意見（試行）》（法發【2010】36號）第8條規定。

31　于志剛主編，《刑罰制度適用中的疑難問題研究》，吉林人民出版社，2001年1月第一版，第16-17頁。

責令退賠全部違法所得的案件，也有追繳或責令退賠大部分違法所得的案件，還有追繳或責令退賠小部分違法所得的案件，同時也包括沒有追繳或責令退賠任何違法所得的案件等不同的情況。這一現象的存在，表明司法實踐中法院對於追繳或責令退賠違法所得情況對量刑的影響作用，和鼓勵被告人積極彌補被害人物質損失的作用發揮，沒有給予從分的重視；既影響了被告人退贓的積極性，也影響了被害人財產權益的實現。

綜合本節內容所述，可以得出的結論是：司法實踐中，法院在審理應當適用追繳或責令退賠這一附帶民事訴訟替代措施的案件時，被害人實際享有的獲取出庭通知、實際出席法庭審判、獲得相關裁判文書的訴訟權利，已經被司法機關所忽視，不論刑事訴訟法是否明確將被害人規定為當事人之前或者之後，該狀況都沒有得到有效地改善；同時，司法解釋力主以替代措施的實施影響對被告人的量刑來鼓勵其積極賠償被害人的意圖，也沒有在司法實踐中得到有效的實現，該效果也沒有明顯顯現。

九、結論

❦❦❦❦❦❦❦❦❦❦❦❦❦❦❦❦❦❦❦

　　在本書的第二章中，筆者用了整章的篇幅對附帶民事訴訟範圍的規範、附帶民事訴訟替代措施的規範，及其歷史沿革和理論爭議問題進行闡述，使中國附帶民事訴訟範圍制度的基本規範內容、歷史變遷以及不同理論觀點，一一展現在面前，為本書的實證研究提供了基本規範和理論基礎。之後的第三章到第八章，又用了六章的篇幅對H市兩級法院附帶民事訴訟應然範圍和實然範圍，以及法定附帶民事訴訟範圍被司法解釋限制後的替代措施——追繳或責令退賠的實踐狀況，進行了定量分析和定性分析。通過對這些相關案件數量的表像分析，以及法官、律師等實務人員的定性分析，探究了附帶民事訴訟範圍制度在司法實踐中的客觀實施狀況。但是，前面所進行的分析、探究，更多的是經驗性的研究，還需要進一步提煉昇華。正如英國學者帕特里克·鄧利維和布倫登·奧利里所認為：「討論社會問題的全新科學基礎不能僅建立在艱辛的經驗研究與微觀理論基礎之上，它的作用應當告訴人們有關如何組織自身，以及當代社會應該如何發展的不同意見。」[1]所以，要使本書的研究更具指導作用，還需要進一步將經驗性的東西進行理論分析和概述，並尋找理論基礎和提出運作的理論模型。

　　當然，需要指出的問題是：雖然筆者對S省H市兩級法院多年的附帶民事訴訟案件審理情況進行了抽樣調查，從中發現的問題具有一定的代表性，但畢竟受到地域範圍有限的局限，有些問題可能在該項審判工作做得好的地方則會表現的程度輕一些，而在一些該項審判工

1　【英】派翠克·鄧利維、布倫登·奧利里，《國家理論：自由民主的政治學》，浙江人民出版社，2007年版，第196頁。

作做得欠佳的地區則會表現的程度更重一些，甚至還會出現一些其他本研究沒有發現的問題。因此，本書在抽象和概述這些問題、並推及在全國的實施狀況的過程中，難免會出現放大或者縮小一些問題的現象，這恰恰是導致研究的一些局限所在。

附帶民事訴訟範圍制度的實際狀況：
司法限制與替代措施並行

通過對H市兩級法院附帶民事訴訟及其替代措施的司法實踐的考察與探究，發現中國法定附帶民事訴訟範圍[2]在司法實踐中已經被司法人員的司法習慣所影響，變得範圍十分狹窄；而最高司法機關的司法解釋又肯定了該做法，並使之「合法化」，[3]並規定了追繳或者責令退賠措施來替代部分附帶民事訴訟，使附帶民事訴訟範圍的縮小具有「合理性」。[4]同時，司法解釋限制附帶民事訴訟範圍的做法，不僅否定了一部分被害人在刑事訴訟過程中提起附帶民事訴訟的訴權，也限制了被害人有效行使在適用追繳或者責令退賠程序中的訴訟權利。

一、法定附帶民事訴訟範圍為司法習慣所限

通過本書第二章的法律文獻資料研究，可以發現中國附帶民事訴訟範圍的立法規範始終沒有變化，而結合第三章、第四章和第五章對H

2　孫潔冰主編，《刑事訴訟、行政訴訟附帶民事訴訟制度研究》，重慶大學出版社，1990年8月第一版，第30頁。該作者認為：「從刑事訴訟法第53條的規定可以看出，只要是被告人的犯罪行為所造成的物質損失，不論犯罪性質、犯罪手段、損失的具體內容是什麼，都可以提起附帶民事訴訟。」據此可見，中國法定附帶民事訴訟範圍是寬廣的物質損失範圍，而不排除非法佔有、處置被害人的財物類犯罪。

3　此處的所謂「合法性」，是指司法機關的法官認為只要最高法院的司法解釋作出的任何規範均為合法，不論其是否違背立法法等法律的規範。

4　此處的所謂「合理性」，是指最高司法機關的人員認為規定了追繳或責令退賠的替代措施，能夠解決被害人的民事賠償問題，所以，限制其附帶民事訴訟權利具有合理性。

市兩級法院附帶民事訴訟情況的考察，發現司法實踐中法定附帶民事訴訟範圍的適用受到司法者的司法習慣的限制。本研究的調查顯示，司法解釋限制附帶民事訴訟範圍之後，出現了侵犯財產權利犯罪類別的案件沒有一件附帶民事訴訟的情況；但是，在司法解釋限制附帶民事訴訟範圍之前，也僅僅只有一件非法佔有、處置被害人財物的侵犯財產權利犯罪類別的案件進入附帶民事訴訟程序。同時，筆者還查到有的學者對侵犯財產權利犯罪類別的附帶民事訴訟問題所持觀點是：「有人認為，在貪污、盜竊等經濟犯罪案件中，追繳贓款贓物是司法機關的職責，只要有贓款贓物，司法機關就應當及時追繳，一般不需要被害人或人民檢察院提起退還或追繳贓款贓物的申請，……因此貪污、盜竊等經濟犯罪中，不能提起附帶民事訴訟。」[5] 可見，限制非法佔有、處置被害人財物的侵犯財產權利犯罪類別的案件進入附帶民事訴訟範圍，並不是由司法解釋啟動的，而在司法解釋之前就已經存在於司法實踐中的司法者的習慣做法。司法實踐中的這一習慣做法，可以稱之為刑事司法習慣。刑事司法習慣是司法職業人員在司法活動中長期逐步形成的、一時不易改變的思維、行為和傾向，對司法活動有着一定的影響。[6] 通過本書第二章的調查，發現 H 市接受調查的法官、律師和其他法律服務工作者中，有43%的人員認為侵犯財產權利犯罪提起附帶民事訴訟少的原因，為法院沒有通知被害人或者法院不受理此類案件；而認為被害人自己不主張權利的為20.1%；另有37.1%的人員認為追繳或責令退賠已經解決被害人的賠償問題。[7] 可以看出，除去被害人自己不主張權利或者權利已經得到實現的原因，導致侵犯財產權利犯罪類別的案件提起附帶民事訴訟少的原因，就是法院不通知被害人參加訴訟或者法院不受理被害人的此類訴訟。這就是法院的

5　孫潔冰主編，《刑事訴訟、行政訴訟附帶民事訴訟制度研究》，重慶大學出版社，1990年8月第一版，第31頁

6　梁鑫，〈司法習慣與正當程序〉，載《發展》，2012年第2期。

7　見第三章表3.6：「法官、律師等對侵犯財產權利犯罪案件附帶民事訴訟少原因的觀點交叉列表」。

法官在司法實踐中長期形成的、不易改變的思維、行為和傾向，也就是刑事司法習慣。所以，「實際上，司法過程的典型體貌不是程序法賦予的，而是那些實施它的人的心靈習慣賦予的。成文法只是框架；它的體貌，連同色調和明暗度，是由習慣和常例（Usages）構成的。」[8]法院的這些法官的思維定式為，法律雖然規定了附帶民事訴訟制度，但是也為非法佔有、處置被害人財物的犯罪規定了追繳或責令退賠制度；如果通過追繳或責令退賠的實施，要麼全部或部分實現了被害人的財產權利，要麼就是根本沒法全部或部分實現被害人的財產權利；對於前一種已經沒有損失的情況則不需要提起附帶民事訴訟，而對於後一種不能夠追回彌補損失的可以在量刑時予以考慮，也沒有必要和可能通過附帶民事訴訟進行賠償；否則，將具有較多數被害人的非法佔有、處置他人財物的盜竊、詐騙犯罪納入附帶民事訴訟範圍，則會導致刑事訴訟追究犯罪的效率受到影響。在這一種思維定式的影響之下，法官更多地採取了刑事訴訟過程中不通知盜竊、詐騙等犯罪被害人出庭或者不告知其有權提起附帶民事訴訟的行為和傾向，或者採取不受理那些盜竊、詐騙犯罪被害人向法院提起的附帶民事訴訟的行為和傾向。

司法者從其有利於法官審理刑事案件的角度出發，長期逐步形成的不通知、不受理非法佔有、處置財產類犯罪被害人提起附帶民事訴訟的司法習慣，雖然同這期間一些學者認為附帶民事訴訟範圍包括非法佔有財物類犯罪的觀點[9]不同，但是該司法習慣不僅沒有得到普遍的反對和有權機關的糾正，反而由於其對提高刑事審判效率有益處，

8　【意】皮羅•克拉瑪德雷著，翟小波、劉剛譯，《程序與民主》，高等教育出版社，2005年3月第一版，第9頁。

9　孫潔冰主編，《刑事訴訟、行政訴訟附帶民事訴訟制度研究》，重慶大學出版社，1990年8月第一版，第25-26頁。該作者認為：「中國刑事附帶民事訴訟的範圍，限於因犯罪行為造成的物質損失。所謂物質損失，是指可以用金錢計算或實物抵償的損失，它包括兩個方面：一是財產損失，如搶劫案中被搶去的財物、毀壞公司財物案中被毀壞的公司財物等等；二是導致人身傷亡而造成的經濟損失，如傷害他人身體使被害人花去的醫藥費、誤工收入、死亡的被害人的喪葬費等等。」

而在實踐中被司法者所廣泛認同，以至於最終被司法解釋所確認。正如學者蘇力所指出的：「（1）習慣在當代中國社會的司法實踐中實際起着重要作用，在特定情況下，甚至可能置換制定法；（2）習慣影響司法的途徑是案件當事人以及法官對相關利益的追求，在這一過程中，他們會交錯利用制定法和習慣；（3）因此，對習慣之變遷起決定作用的並不是『文化』，而是各種物質性的社會制約條件。」【10】根據法院組織法的規定，法院根據工作需要可以設置刑事審判庭、民事審判庭等等，【11】各個審判庭設庭長、副庭長、審判員和助理審判員等法官，分別行使刑事案件的審判權、民事案件的審判權等。司法實踐中，追究被告人犯罪的刑事公訴案件和自訴案件，分別由檢察機關和自訴人起訴到法院，經過立案審查符合條件後通常按照職責分工交由刑事審判庭的法官審理。如果被害人同時提起附帶民事訴訟，則將案件與刑事部分合併有同一個法官或者同一個合議庭審理。法院內部的司法統計或者工作量化考核時，一般是根據刑事案件來統計數量或者考核工作量的，附帶民事訴訟部分往往被忽略。【12】這種以刑事案件部分為基數的統計或考核方式，導致刑事法官往往忽略附帶民事訴訟部分的審判，不願意被害人通過附帶民事訴訟來解決其訴求，認為這會增加刑事法官的無效工作量。所以，多數法官從自身工作量增加的角度出

10　蘇力，〈當代中國法律中的習慣──從司法個案透視〉，載《中國社會科學》，2000年第3期。

11　《中華人民共和國法院組織法》第18條第二款規定：基層法院可以設刑事審判庭、民事審判庭和經濟審判庭，庭設庭長、副庭長。同時，該法第23條第二款規定：中級法院設刑事審判庭、民事審判庭、經濟審判庭、根據需要可以設其他審判庭。

12　〈刑事一審案件統計表〉，表號為法綜1表，製錶機關為最高法院，製錶時間為2001年9月，備案為國家統計局。該表中舊存、收案、結案和未結諸項均不包括刑事附帶民事案件數量；只有附項中有刑事附帶民事案件：收案＿＿＿件、結案＿＿＿件，結案標的金額＿＿＿萬元；而該附項內容並不計入案件合計總數中。S省高級法院《2012年度中級法院工作考核辦法》第3條第2項、《2013年度中級法院考核辦法》第3條第2項和《2014年度中級法院考核辦法》第3條第2項均規定：「根據最高法院《關於進一步建立健全法院執法辦案考評機制的指導意見》（法發【2011】19號），中級法院年度考核工作中的審判執行工作考核（包括審判工作質效考核、執行工作質效考核、立案信訪工作考核、審判管理工作質效考核）由省法院研究室牽頭負責並組織實施，有關資料由司法統計、案件審判流程管理系統、執行案件資訊管理系統匯總生成……」。各級法院考核中，司法統計資料均來自司法統計報表，而上述該報表中案件數量均不包括刑事附帶民事案件。

發，易於產生排斥附帶民事訴訟的心理，認為法定附帶民事訴訟範圍過於寬泛，導致案件數量增多，法官難以及時審判。[13] 刑事法官的考核、統計等內部工作獎懲機制，不僅不能夠將附帶民事訴訟案件的工作業績體現在每一名法官的政績中，而且對於增加了附帶民事訴訟工作量的刑事法官而言，被害人的參加訴訟勢必導致訴訟程序的繁雜，導致更多的上訴或者纏訴或鬧訪。刑事法官為此還要付出許多的精力來化解纏訴或鬧訪的被害人，更多地被本院領導或者上級法院通報批評。外在的無動力和反動力，致使法官內心無興趣去研究涉及被害人權利的民事法律，更多地將被害人推導至民事訴訟，或者告知其只能依靠追繳或者退賠來解決損失問題。長此下去，再加上司法解釋對附帶民事訴訟範圍的限制，更多的被害人沒有走上附帶民事訴訟程序中，致使多數刑事法官認為限制的附帶民事訴訟範圍能夠滿足絕大多數被害人賠償請求。[14]

二、法定附帶民事訴訟範圍為司法解釋所限

通過本書第二章的法律文獻資料研究，可以發現中國附帶民事訴訟範圍立法規範始終沒有變化，司法解釋的態度則由同立法保持一致且更加積極的重視被害人權利，逐步發展為淡化被害人權利且限制被害人附帶民事訴訟權利。

13　見筆者設計的「附帶民事訴訟範圍的調查問卷」：H 市接受調查的法官共計97人，對法定附帶民事訴訟範圍過於寬泛是否不利於及時審判的問題，持有肯定態度而選擇是的答案數量為72人，佔該市法院接受調查的法官總數量97人的比率為74.2%，佔該市接受調查並持有該觀點的法官、律師和其他法律服務工作者等人員數量97人的比率為74.2%，佔該市接受調查的全部人員總數量212人的比率為34.0%。

14　見筆者設計的「附帶民事訴訟範圍的調查問卷」：H 市接受調查的法官共計97人，對司法解釋限制附帶民事訴訟範圍後是否能夠滿足被害人基本賠償請求的問題，持有肯定態度而選擇是的答案數量為76人，佔該市法院接受調查的法官總數量的比率為78.4%，佔該市接受調查並持有該觀點的法官、律師和其他法律服務工作者等人員數量138人的比率為55.1%，佔該市接受調查的全部人員總數量212人的比率為36.0%。

　　從本書第二章第一節「附帶民事訴訟範圍和司法限制的規範」的內容可以看出，中國法定附帶民事訴訟範圍自1979年《刑事訴訟法》，歷經1996年《刑事訴訟法》直到2012年《刑事訴訟法》，均規定為「被害人由於被告人的犯罪行為而遭受物質損失的，在刑事訴訟過程中，有權提起附帶民事訴訟。」[15]該法定範圍可以概括為犯罪行為所致物質損失範圍，或者簡稱為物質損失範圍。這與中國刑法規定的「由於犯罪行為而使被害人遭受經濟損失的，對犯罪分子除依法給予刑事處罰外，並應根據情況判處賠償經濟損失」，[16]除了所用「物質損失」與「經濟損失」的詞不同之外，其含義在法學界的通常適用上是沒有區別的。[17]

　　對於該法定附帶民事訴訟範圍，最高司法機關在1999年10月之前的觀點是與之保持一致的，而且表現更加傾向於對被害人權利的重視。最高法院的司法解釋規定了「關於刑事訴訟附帶民事訴訟的問題，根據刑事訴訟法第53條的規定辦理，但應限於附帶賠償物質損失的民事訴訟，不宜擴大其他附帶民事訴訟」。[18]在此，最高司法機關雖然提出不宜擴大附帶其他附帶民事訴訟，但其範圍還是嚴格限定在中國刑事訴訟法規定的賠償物質損失之內的。在此基礎之上，最高司法機關作出了更加有利於被害人行使附帶民事訴訟權利的規範，要求法院受理刑事案件後，應當告知遭受物質損失的被害人，已死亡被害人的近親屬，無行為能力或者限制行為能力被害人的法定代理人，有權提起附帶民事訴訟。[19]顯然告知被害人等有權提起附帶民事訴訟的要求，有利於被害人等及時有效地行使附帶民事訴訟權利。這些內容表

15　1979年《刑事訴訟法》第53條規定，1996年《刑事訴訟法》第77條規定和2012年《刑事訴訟法》第99條規定。

16　中國現行《刑法》第36條規定。

17　劉金友、奚瑋著，《附帶民事訴訟原理與實務》，法律出版社，2005年12月第一版，第1頁。

18　最高法院於1980年7月16日發佈並生效的《關於刑事附帶民事訴訟問題的批復》。

19　最高法院於1994年3月21日發佈並生效的《關於審理刑事案件程序的具體規定》第61條規定。

明，最高司法機關此時對待附帶民事訴訟範圍的態度，是嚴格依據刑事訴訟法規定的，而且傾向於追求對被害人訴訟權利行使的保障。

從 1998 年開始，最高司法機關對於附帶民事訴訟範圍的態度發生變化，並於 2000 年底正式出台限制附帶民事訴訟範圍的司法解釋。最高司法機關司法解釋對附帶民事訴訟範圍的積極態度向消極態度轉變，首先表現在法院是否要主動告知被害人有權提起附帶民事訴訟的要求上。1996 年中國刑事訴訟法再次修改後，最高法院在其有關司法解釋中將原來規定的，法院在審理刑事案件過程中應當告知遭受物質損害的被害人等有權提起附帶民事訴訟的內容，修改為法院可以告知被害人等有權提起附帶民事訴訟。[20] 從法院應當告知被害人等有權提起附帶民事訴訟的強行性規則，到法院可以告知被害人等有權提起附帶民事訴訟的任意性規則，[21] 顯示出最高法院從支持被害人附帶民事訴訟的積極態度，向適當控制其附帶民事訴訟的消極態度轉變。其次，表現在司法解釋對於附帶民事訴訟範圍的縮小限制方面。1999 年 10 月最高法院在其刑事審判工作會議的紀要中，提出對法定附帶民事訴訟範圍進行限制，將該範圍縮小至被害人因人身權利受到犯罪侵犯而遭受物質損失或者財物被犯罪分子毀壞而遭受物質損失的兩類案件；明確將被害人因犯罪分子非法佔有、處置被害人財產而使其遭受物質損失的案件排除在附帶民事訴訟範圍之外。[22] 這一對法定附帶民事訴訟範圍進行縮小性限制的會議精神，被最高法院於 2000 年的司法解釋正式確認，並於同年的 12 月 19 日正式實施。[23] 從此至今，最高法院通過司法解釋將刑事訴訟法規定的附帶民事訴訟範圍予以縮小限制，大

20　最高法院於1998年通過的《關於執行〈中華人民共和國刑事訴訟法〉若干問題的解釋》第84條規定。

21　沈宗靈主編，《法理學》，北京大學出版社，2003年6月第二版，第36頁。該編者認為：強行性規則指不問個人意願如何必須加以適用的規則，任意性規則指適用與否由個人自覺選擇的規則。

22　最高法院〈關於印發《全國法院維護農村穩定刑事審判工作座談會紀要》的通知〉（法【1999】217號，1999年10月27日），載《最高法院公報》第6期。

23　最高法院於2000年制定的《關於刑事附帶民事訴訟範圍問題的規定》第1條第1款規定。

量非法佔有、處置被害人財產而致使其遭受物質損失的盜竊犯罪、詐騙犯罪案件，已經無法通過附帶民事訴訟途徑解決。

最高法院限制法定附帶民事訴訟範圍的司法解釋的實施，促使司法人員在最高法院會議精神統一認識的基礎之上，能夠在司法實踐中明確、肯定地適用司法解釋排除非法佔有、處置被害人財產而致使物質損失的案件進入附帶民事訴訟。但在調查中發現2001年之後非法佔有、處置被害人財物的侵犯財產權利犯罪，沒有一件附帶民事訴訟案件結果的原因並不完全歸結於此，而只能說該司法解釋確認了司法者的司法習慣而已。正如霍姆斯所說：「任何時代的法律，只要它運作，其實際內容幾乎完全取決於同當時人們理解的便利是否相符；但其形式和佈局，以及它能在多大程度上獲得所欲求的結果，則在很多程度上取決於其傳統。」[24]

三、非法佔有、處置財物類犯罪的附帶民事訴訟為刑事措施所替代

通過本書第二章第三節「附帶民事訴訟替代措施的規範」的法律文獻研究可以發現，中國刑事訴訟法規定的附帶民事訴訟範圍，是包括非法佔有、處置財物類犯罪在內的所有導致被害人物質損失的犯罪行為。[25]但是，最高法院於2000年做出的司法解釋卻將非法佔有、處置財物類犯罪案件排除在附帶民事訴訟範圍之外，並將刑法中規定的追繳或責令退賠，規定為該類案件在刑事訴訟過程中實現被害人物質賠償權利的替代措施。[26]對於追繳或責令退賠不能實現被害人物質賠償權利時，明確否定了被害人的附帶民事訴訟權利；而對於是否允許被害人另行單獨提起民事訴訟，2000年的司法解釋是可以受理的，可是

24　【美】Oliver Wendell Holmes, Jr. (1948). *The Common Law*. Little, Brownand Company. p. 2.

25　1979年《刑事訴訟法》第53條規定，1996年《刑事訴訟法》第77條規定和2012年《刑事訴訟法》第99條規定。

26　最高法院於2000年制定的《關於刑事附帶民事訴訟範圍問題的規定》第1條第1款、第5條規定，最高法院於2012年通過的《關於適用〈中華人民共和國刑事訴訟法〉的解釋》第138條規定。

2012年的司法解釋卻刪去了允許被害人單獨提起民事訴訟的規定，沒有明確的態度。對此，最高法院研究室在其沒有法律效力的答覆意見中，明確提出「被告人非法佔有、處置被害人財產的，應當依法予以追繳或者責令退賠。據此，追繳或者責令退賠的具體內容，應當在判決主文中寫明；其中，判決前已經發還被害人的財產，應當注明。被害人提起附帶民事訴訟，或者另行提起民事訴訟請求返還被非法佔有、處置的財產的，法院不予受理。」[27]

雖然司法解釋是2000年明確為該類案件的被害人規定了追繳或責令退賠的替代措施，但是，通過本書第六章、第七章的調查我們發現，司法實踐中的司法習慣自1979年《刑事訴訟法》實施開始，盜竊、搶劫、詐騙等非法佔有、處置財物類犯罪幾乎完全被排斥在附帶民事訴訟範圍之外，而代之以追繳或責令退賠措施。期間，此類案件提起附帶民事訴訟的為極少數。這種情況延續到司法解釋明確規定追繳或責令退賠為附帶民事訴訟的替代措施，並進一步發展到沒有一件案件提起附帶民事訴訟的狀況。由此可見，司法習慣和司法解釋已經在三十餘年過程中，成功地將非法佔有、處置被害人財物的盜竊等類型犯罪排除在附帶民事訴訟範圍之外，而硬性地以追繳或責令退賠措施予以替代。

但從H市兩級法院實施的情況來看，追繳或責令退賠措施的實施存在許多問題，並不能有效地替代被害人物質損失賠償請求權。一是追繳或責令退賠財物的實際效果不佳。全部追繳或責令退賠的案件數量僅佔全部應當適用追繳或退賠案件總數量的28.6%；而全部沒有追繳或退賠、大部分沒有退賠和小部分沒有追繳或退賠的案件數量，卻佔全部應當適用追繳或退賠案件總數量的71.4%。[28]二是追繳或責令退賠有效適用的訴訟階段有限。適用追繳或責令退賠措施主要

27　最高法院研究室《關於適用刑法第六十四條有關問題的批復》（法【2013】229號）。

28　見本章表6.2：「追繳或責令退賠實施情況與犯罪種類交叉表」。

集中在偵查階段，佔所有適用該措施的案件總數量86.0%，而審查起訴和審判階段適用該措施的分別佔所有適用該措施的案件總數量7.8%和1.5%。[29]三是判決繼續追繳或責令退賠的案件數量少。根據最高法院的司法解釋規定，被告人非法佔有、處置被害人財產的，法院應當予以追繳或責令退賠；[30]追繳或者責令退賠的具體內容，應當在判決主文中寫明；其中，判決前已經發還被害人的財產，應當注明。[31] H市兩級法院的實踐表明，沒有追繳或退賠、小部分追繳或退賠和大部分追繳或退賠的案件，根據司法解釋的規定應當判決追繳或責令退賠而法院實際判決的數量為108件，佔全部符合應當適用追繳或責令退賠條件的案件總數量的比率為11.8%；而根據司法解釋的規定應當判決追繳或責令退賠，但法院實際沒有判決追繳或責令退賠的案件數量為547件，佔全部符合應當適用追繳或責令退賠條件的案件總數量的比率為59.6%。[32]也就是說，實踐中有接近六成的非法佔有、處置被害人財產的犯罪案件，被害人的財產權利並沒有得到法院的附帶民事訴訟替代措施的保護。四是追繳或責令退賠判決執行艱難。追繳或責令退賠判決的數量少，但是這少量的判決在實踐中也難以執行。難以執行的情況首先表現在該類判決真正進入執行程序的極少。H市兩級法院接受調查的70名執行人員中，執行過追繳或責令退賠判決的僅有12人，佔接受調查的執行人員總數量的17.1%，而其他82.9%的執行人員沒有執行過該類判決。[33]其次表現在即使個別進入執行程序的案件也難以實際實現判決的內容。從調查H市法院的個別進入執行程序的追繳或責令退賠案件情況來看，法院雖然迫於被害人的壓力等原因而立案執行，

29　見本章表6.4：「追繳或責令退賠情況與實施階段交叉表」。

30　最高法院於2000年制定的《關於刑事附帶民事訴訟範圍問題的規定》第5條規定，最高法院於2012年11月5日通過的《關於適用〈中華人民共和國刑事訴訟法〉的解釋》第139條規定。

31　最高法院研究室於2013年對河南省高級法院《關於適用刑法第六十四條有關問題的批復》。

32　見本章表7.3：「追繳或責令退賠情況與是否判決繼續追繳或責令退賠交叉表」。

33　見本章表7.4：「是否執行過追繳或責令退賠判決與從事執行工作起始時間交叉表」。

但執行結果卻只有極少量的財產得以追繳或責令退賠，絕大多數沒有可以供執行的財產，只能終結本次執行程序。[34]

四、司法限制和替代附帶民事訴訟的後果

通過本書對附帶民事訴訟範圍的法律規範的脈絡梳理和含義闡述，以及對H市兩級法院附帶民事訴訟實踐的考察，發現中國附帶民事訴訟範圍制度的現狀是：法定附帶民事訴訟範圍被司法習慣和司法解釋所限制，被限制部分案件被害人的財產權利實現途徑由追繳或責令退賠措施所替代。中國附帶民事訴訟範圍制度的這一現實狀況，雖然客觀上減少了部分非法佔有、處置被害人財產犯罪案件進入附帶民事訴訟程序，有利於法院審理刑事犯罪案件的順利進行，卻是以犧牲刑事被害人的訴權和訴訟權利為代價而換取的。

（一）部分被害人訴權幾乎被否定

所謂刑事被害人訴權，是指遭受犯罪行為侵害的公民、法人和其他組織所依法享有的請求司法機關啟動訴訟程序並滿足其合法訴求的權利。[35] 從內容上看，刑事被害人訴權包括懲罰性訴權和補償性訴權兩類。現代的懲罰性訴權，是刑事被害人通過參加國家公訴活動，給予國家追訴必要補充和制約，或者進行自訴活動，通過司法機關的審判活動來實現對於犯罪分子的嚴厲制裁內容。刑事被害人的補償性訴權與民事訴權一樣，着眼於對遭受犯罪行為侵害的被害人在人身和財產等方面的民事合法權益的彌補。刑事被害人的懲罰性訴權不是本書討論的範圍，下面主要探討被害人補償性訴權在中國附帶民事訴訟過程中的保障狀況。前面的討論可以看出，中國附帶民事訴訟中被害人人身權利遭受犯罪侵害而導致物質損失的，能夠得到法律和司法實踐

---

34 見本章三個案例：H市中級法院（2005）H中法執字第37號案卷、H市中級法院（2013）H執字第1號案卷、H市中級法院（2013）H執字第65號案卷。

35 程滔、封利強、俞亮著，《刑事被害人訴權研究》，中國政法大學出版社，2015年7月第一版，第102頁。

的支持。也就是說，被害人訴權中有關人身方面物質損失的民事合法權益，能夠得到肯定。但是，被害人補償性訴權中，要求犯罪分子彌補其非法佔有、處置財產犯罪行為造成被害人物質損失的權利，由於司法習慣和司法解釋對於附帶民事訴訟範圍的限制，被實際排除在附帶民事訴訟之外，使得被害人該項刑法和刑事訴訟法賦予的訴權被實際否定。對H市兩級法院附帶民事訴訟案件情況的調查顯示，自1980年刑事訴訟法有關附帶民事訴訟範圍的規定實施以來，該市兩級法院審理的因侵犯財產權利犯罪案件而提起附帶民事訴訟的僅有2件，佔所有提起附帶民事訴訟案件總數量的比率為0.4%，佔被調查的造成物質損失的侵犯財產權利犯罪案件數量為864件的比率為0.2%。[36]其中，99.8%的造成物質損失的侵犯財產權利犯罪案件，被司法習慣和司法解釋擋在附帶民事訴訟範圍之外，此類被害人訴權幾乎完全被否定。這一司法現象導致的法律後果，則是作為一項憲法性權利的被害人訴權的權益維護、利益表達、權力制約、犯罪控制和社會整合五項功能，不能夠有效地發揮作用。[37]

（二）附帶民事訴訟替代措施限制部分被害人訴訟權利的行使

所謂訴訟權利，是指訴訟主體及其他訴訟參與人在訴訟中享有的權利。[38]所謂被害人訴訟權利，是指其人身、財產等權益遭受犯罪

36　見第五章第二節「不同年度附帶民事訴訟之實然」和第四節「不同年度附帶民事訴訟之實然所涉犯罪」的相關資料。

37　程滔、封利強、俞亮著，《刑事被害人訴權研究》，中國政法大學出版社，2015年7月第一版，第110-113頁。該作者認為：「作為憲法性的權利，刑事被害人訴權具有以下功能：1. 權益維護功能。訴權最基本的功能在於權利救濟。……2. 利益表達功能。被害人行使訴權的過程是表達自身利益的過程。……3. 權利制約功能。刑事被害人的訴權與法院的審判權、檢察機關的檢察權等國家權利形成一種相互制約的關係。……4. 犯罪控制功能。刑事被害人在追訴犯罪方面具有天然的優勢。……5. 社會整合功能。刑事被害人是受到侵害的社會成員，通常是刑事糾紛中處於弱勢地位的一方。在立法上確認和保護刑事被害人的訴權，有助於刑事被害人在糾紛解決程序中的地位，擴大其發言權，促進糾紛各方力量的均衡。」

38　《法學詞典》編輯委員會編，《法學詞典》，上海辭書出版社，1988年11月第三版，第503頁。

行為侵害的人，在刑事訴訟過程中享有的權利。被害人作為訴訟當事人，與犯罪嫌疑人、被告人居於大致相同的訴訟地位，也擁有許多與犯罪嫌疑人、被告人相對應的訴訟權利。例如，用本民族語言文字進行訴訟權、回避權、駁回申請回避決定的申請覆議權、針對侵犯其訴訟權利或對其人身侮辱行為的控告權、參加法庭調查和法庭辯論權、申請通知新證人到庭和調取新物證權、申請重新勘驗和鑒定權、對生效判決和裁定不服而向法院和檢察院提出申訴權等等。此外，被害人在刑事訴訟中還享有一些獨立的訴訟權利，如報案和控告要求公安司法機關追究、查獲和懲罰犯罪權利，對公安機關應當立案而不立案的向檢察院請求責令說明理由權利，有權委託訴訟代理人權利，對不起訴決定向上一級檢察院提出申訴權利，對公安、檢察院應當追究刑事責任而不予追究的直接向法院起訴權利，請求檢察院對各級法院一審判決抗訴權利，對各級法院生效裁判的申訴權利。[39] 被害人成為附帶民事訴訟原告人則享有以下訴訟權利：提起附帶民事訴訟要求賠償物質損失的權利，申請回避的權利，委託代理人的權利，申請財產保全和先於執行的權利，參加法庭調查和法庭辯論的權利，請求法院主持調解和與被告人和解的權利，對未生效的法院一審判決和裁定中的附帶民事訴訟部分提起上訴的權利，對法院發生法律效力的判決和裁定的附帶民事訴訟部分提出申訴的權利，申請法院強制執行生效判決中的附帶民事訴訟部分的權利等。[40] 根據中國刑事訴訟法的規定，非法佔有、處置被害人財產導致物質損失的案件屬於附帶民事訴訟範圍，據此被害人提起附帶民事訴訟而成為原告人時，其可以全面而充分地享有訴訟參與人的共有權利、被害人作為當事人獨有的權利以及原告人的權利。但是，中國司法習慣和司法解釋限制了法定附帶民事訴訟範圍，將非法佔有、處置被害人財產而導致物質損失的案件排除在附

39　樊崇義主編，《刑事訴訟法學》，中國政法大學出版社，2013年10月第三版，第131-133頁。

40　樊崇義主編，《刑事訴訟法學》，中國政法大學出版社，2013年10月第三版，第136頁。

帶民事訴訟範圍之外，而代之以刑法規定的追繳或責令退賠措施，從而在實踐中限制或否定了此類案件被害人的附帶民事訴訟權利。正如本書第八章的調查和分析的情況，H市兩級法院適用追繳或責令退賠程序的案件918件，有99%的案件沒有通知了被害人出席法庭審判，有99.3%的被害人沒有實際出席法庭審判；法院判決繼續追繳或責令退賠的案件655件，有98.6%的案件法院沒有將判決書送達被害人。[41] 被害人程序參與的權利幾乎完全被忽視，這必然導致被害人不僅被限制或被否定附帶民事訴訟原告人的訴訟權利，而且，其作為刑事訴訟案件當事人和訴訟參與人的訴訟權利也被限制或被否定。

此外，附帶民事訴訟替代措施的實施還限制了被害人的實體權利的實現，以及對被告人量刑情節的作用發揮，這在本書第八章和本節第三個問題中均有論述，在此不再贅述。

完善附帶民事訴訟範圍制度要考慮的因素：理念的進步與司法解釋的歸位

針對中國附帶民事訴訟實踐中存在的法定附帶民事訴訟範圍為司法習慣和司法解釋所限制，並將部分法定附帶民事訴訟範圍的案件規定由追繳或責令退賠措施所替代，從而導致被害人訴權和訴訟權利的被限制與被否定的現狀，要完善中國附帶民事訴訟範圍制度的規範與司法實踐，必須解決以下司法與立法的觀念問題，克服制約附帶民事訴訟範圍制度完全發揮作用的錯誤觀點，奠定有利於保障權利和實現訴訟效益的附帶民事訴訟範圍制度的理性觀念。

41　本章表8.1、表8.2、表8.3：「追繳或責令退賠情況與是否通知被害人出庭交叉表」、「追繳或責令退賠情況與被害人是否出庭交叉表」、「追繳或責令退賠未完成部分案件情況與判決書是否送達被害人交叉表」。

一、司法簡便的功利觀念不能取代訴訟效益理論

通過前面的考察和分析可以看到，中國1979年刑事訴訟法自1980年實施開始，一直到2000年司法解釋開始限制法定附帶民事訴訟範圍為止，非法佔有、處置被害人財產類犯罪造成的物質損失的案件，始終被法院的司法習慣排斥在附帶民事訴訟範圍之外，幾乎沒有幾件案件能夠進入附帶民事訴訟程序。導致法院這一司法習慣形成的觀念，是法院刑事審判人員普遍存在的的司法簡便的功利觀念。這裏所說的司法簡便，是指刑事訴訟以解決被告人的刑事責任為主要任務，被害人的民事權利問題如果影響到刑事審判順利進行時，就不應當為處理民事問題而使得刑事訴訟程序過於複雜的觀點。實踐中持有該觀點的刑事審判人員認為，盜竊、詐騙等非法佔有、處置被害人財產類犯罪存在被害人數量多，參加訴訟通知難、審理難等困難，會影響刑事訴訟程序的簡便，且該類案件被害人能夠通過司法機關的追繳或責令退賠程序保障其財產權益，所以，不需要也沒有必要通知這些案件的被害人參加附帶民事訴訟。這一司法習慣不僅導致上世紀八十年代和九十年代大量案件被害人被排斥在附帶民事訴訟之外，而且，影響了最高法院順應這一司法習慣而將其採納到相關司法解釋中。

對法官、律師和其他法律服務工作人員的調查發現，對於法定附帶民事訴訟範圍過於寬泛而導致審判難以進行的問題，更多地是法官持有該觀點，律師和其他法律服務工作人員則多數否定該觀點。[42]

42　本書內設調查問卷，問題是一道單項選擇題，即「刑事訴訟法第99條規定：『被害人由於被告人的犯罪行為而遭受物質損失的，在刑事訴訟過程中，有權提起附帶民事訴訟。』該規定有關刑事附帶民事訴訟範圍過於寬泛，案件數量增多，不利於及時審判？」答案為三項，即「A、是，B、不是，C、不好說」。通過該項調查，並將相關資料登錄至SPSS統計軟件資料庫，形成《法官、律師等對法定附帶民事訴訟範圍是否不利及時審判的觀點交叉表》，可以發現：H市212名法官、律師和其他法律服務工作者對於該問題，持肯定觀點的人員數量為97名，佔被調查的法官、律師和其他法律服務工作者數量的比率為45.8%；持否定觀點的人員數量為100名，佔被調查的法官、律師和其他法律服務工作者數量的比率為47.2%；持不好說觀點的人員數量為15人，佔被調查的法官、律師和其他法律服務工作者數量的比率為7.1%。其中，有七成四的法官對此問題持有肯定態度，有超過六成七的律師持有該否定態度，有七成二的其他法律服務者持有該否定態度。

由此可見，法官持有該觀點更多地從其審理附帶民事訴訟案件會增加工作量，而該增加的工作量只有審判業績的否定風險，卻沒有任何審判業績的肯定機遇的角度出發。顯然這是一種狹隘的個人或部門功利觀念，忽視了被害人的訴權和在追繳或責令退賠程序中的訴訟權利和實體權利的利益受損事實。這種觀念下產生的司法習慣與附帶民事訴訟的訴訟效益功能相違背。訴訟效益價值的實現，從成本降低的角度看，要求降低訴訟費用和律師費用，儘量縮短訴訟週期，簡化訴訟程序；從收益提高的角度看，運用訴訟主、客觀合併的程序技術手段，盡可能利用有限的訴訟空間來容納更多的當事人或訴訟請求。[43]

附帶民事訴訟制度可以節省人力、物力和時間，便於訴訟參與人參加訴訟，實現訴訟效益。對於法院而言，附帶民事訴訟可以將追繳或責令退賠不能實現被害人利益而被害人堅持權利主張的案件，與刑事案件一併處理，減少法院再一次單獨民事審判所需要的法庭調查、法庭辯論和判決等重複過程。這雖然在刑事訴訟程序中，增加了法院約20%的工作量，[44]但卻可以減少法院審判一件或者多件民事案件，而且可以避免針對同一犯罪事實兩個法院作出不同的認定和不同的法律適用的矛盾。所以，有的學者認為附帶民事訴訟制度「不僅能節省審判程序之重複，且得避免對同一事實認定產生分歧，而影響司法威信」。[45]對於被害人而言，可以通過一次刑事附帶民事訴訟陳述事實，利用公訴人提供的大量證據進行證明有利於自己的主張，並取得法院對自己賠償請求的支持，同時可以利用賠償予以從寬的量刑情節與敦促被告人與自己和解或達成調解協定；還能夠有效避免刑事和民事分離而多出的訴訟負累，避免反覆重複被害過程的心理傷害，既及

43　劉金友、奚瑋著，《附帶民事訴訟原理與實務》，法律出版社，2005年12月第一版，第38頁。

44　本書內設附帶民事訴訟庭前材料頁數、庭審材料頁數、案件評議材料頁數、裁判文書行數佔據刑事案件相關材料的頁數和行數情況表，由調查人員對H市兩級法院抽查的案件逐件案件進行採集相關資訊，並錄入SPSS統計軟件資料庫，進行比率分析後得出附帶民事訴訟該四個階段的工作量佔刑事案件工作量的比率為20%。

45　【台】黃東熊、吳景芳著，《刑事訴訟法論》，台灣三民書局股份有限公司，2002年第5版，第709頁。

時一次性實現自己的民事賠償請求權利，又儘量早些時間恢復遭受犯罪傷害的心靈。對於被告人而言，其對於自己的犯罪行為所應當負擔的刑事責任、民事責任通過一次審判，既能夠避免多次參加訴訟而被司法機關和被害人以及公眾的多次法律和道德的否定，又能夠利用向被害人賠禮道歉、積極賠償損失而獲取心靈負罪感的減輕，和司法機關對其量刑的從寬，儘早安心悔罪接受改造。而對於證人、鑒定人、法定代理人等其他訴訟參與人而言，可以通過一次審判而完成自己所負擔的法律上的作證等項義務，避免就同一事實反復到法庭接受當事人等的質疑。

二、公權力的行使不能取代私權利的存在

公權力的概念應當被界定為，國家機關及其授權機關為維護國家與社會的公共利益和調整各方主體的利益分配所擁有的權力。私權利應當是由私法所確認的，與自然人、法人以及非法人組織切身相關的，以實現個人目的而存在的權利。[46]由此可見，公權力的主體是國家機關及其授權的機關，而私權利的主體則為自然人、法人及其非法人組織。公權力行使的目的，是為了維護國家與社會的公共利益以及調整該層面各方主體之間利益，不是為了其自身的利益；而私權利行使的目的，則是為了實現自然人、法人以及非法人組織自身利益的。根據這兩點區別，可以認為刑法規定的追繳或責令退賠措施為公權力，而刑事訴訟法規定的被害人有權針對被告人的犯罪行為導致的物質損失提起附帶民事訴訟的權利為私權利。首先，刑法規定的追繳或責令退賠的行使主體為國家司法機關，這符合公權力主體特徵。而刑事訴訟法規定的附帶民事訴訟權利行使主體為遭受犯罪侵害的自然人、法人等被害人，也符合私權利主體特徵。其次，刑法規定的追繳或責令退賠行使的目的，是要求國家司法機關在刑事訴訟過程中，面

46　陳秀平、陳繼雄，〈法治視角下公權力與私權利的平衡〉，載《求索》，2013年第10期。

對犯罪分子非法佔有或處置被害人財產的情況下，在懲治犯罪分子的同時也要剝奪其仍然非法佔有的他人財產，或者在其有能力的情況下強令退賠他人的財產，以恢復到犯罪之前的被害人與被告人的財產狀況。這符合公權力行使的公共利益的目的特徵。刑事訴訟法規定的附帶民事訴訟權利行使的目的，是為了自然人、法人等被害人在其財產遭受犯罪分子非法佔有或處置而導致物質損失時，通過國家司法機關的強制力來迫使被告人予以賠償。其行使目的的個體利益屬性特徵，符合私權利的目的特徵。此外，被害人要求侵犯其財產權利的侵權行為人賠償物質損失的民事實體權利，在中國民法通則和侵權責任法中均有明確規定，也表明了被害人賠償請求權的私法和私權屬性。

根據盧梭的《社會契約論》中的説法，在契約社會中，公共權力實際上是每個民眾讓渡自己一部分的私人權利而獲得的，也就是説，公權力是來源於私權利的，是為保護私權利而存在的。[47]雖然我們國家憲法沒有將社會契約論視為理論基礎，但是，一切權利屬於人民，而國家機關由人民產生並代表人民行使權力的規定，行使權力的目的是為了人民。這也説明了中國公權力來源於私權利，也是為了保護私權利的存在的。為此，就要明確公權力與私權利的界限，要強調私權神聖，提倡私法自治。所謂私權神聖，即是民事主體在市民社會生活領域所享有的權利，非經正當的重大事由是不受公法或公權力的非法剝奪的。所謂私法自治，即是在民事生活、經濟生活領域，由當事人根據自己的意願決定自己的行為，任何人都沒有權力將自己的意願強加於他人，即使是國家也只能在當事人之間發生糾紛不能通過協商解決問題時，以仲裁者的身份進行裁決。[48]作為附帶民事訴訟權利的被害人訴權和賠償請求的民事實體權利，正如以上分析的具有私權屬性，其非經正當的重大事由不受公法或公權力的剝奪，其有根據自己的意

47　謝桃，〈公權力與私權利的博弈〉，載《知識經濟》，2011年第21期。

48　汪淵智，〈理性思考公權力與私權利的關係〉，載《山西大學學報》（哲學社會科學版），2006年7月第29卷第4期。

願決定是否行使該項權利的自由，國家機關只能成為發生糾紛時的仲裁者，沒有權力以追繳或責令退賠的公權力來替代。同時，公權力行使的目的是為了公共利益，而非為追求公民私權利而刻意為之，難以全面關注保護被害人財產私權利。正如有的學者所論：「國家代為包辦行使被害人的民事權利，並不一定能滿足被害人的利益需求。因為每一個具體的被害人的利益不都是相一致的，被害人的利益需求是具有多面性的，是具有個體性的。國家代為包辦行使被害人的權利，無法一一滿足每一個具體被害人個性化的利益需求。」[49] 況且H市兩級法院的實踐也證明追繳或責令退賠公權力難以全部得到適用，也難以得到實際的執行，私權利沒有可能通過該項公權力的行使而得到保障，公權力機關也沒有能力在每一個案件中都行使權力來保障私權利。

所以，正如有些學者所認為的：「司法機關依法追繳贓款贓物並不能代替附帶民事訴訟。刑法第60條規定：『犯罪分子違法所得的一切財物，應當予以追繳或責令退賠；違禁品和供犯罪所用的本人財物，應當予以沒收』。可見，依法追繳或責令退賠贓款贓物並沒有剝奪物質損失的公民和單位提起附帶民事訴訟的權利，……」[50] 中國司法實踐中，司法機關的司法習慣以及司法解釋認為對被告人適用了追繳或責令退賠措施，就不能夠讓被害人提起附帶民事訴訟主張民事權利的觀點和做法，違背了公權力不能取代私權利的理念。

三、刑事證據規則不能取代民事證據規則

證據規則就是指在收集證據、採用證據、核實證據、運用證據時必須遵循的一系列準則。[51] 對此，有學者進一步將其概況列舉為舉證

49　李以遊，〈刑事訴訟中責令退賠問題的幾點思考〉，載《河北法學》，2014年11月第11期。

50　孫潔冰主編，《刑事訴訟、行政訴訟附帶民事訴訟制度研究》，重慶大學出版社，1990年8月第一版，第31頁。

51　畢玉謙、鄭旭、劉善春主編，《訴訟證據規則研究》，中國法制出版社，2000年版，第5頁。

規則、質證規則、認證規則以及舉證責任四項規則。[52] 所謂刑事證據規則是關於刑事證據採集、採信、核實、運用的規則。[53] 所謂民事證據規則就是關於民事證據採集、採信、核實、運用的規則。由於中國附帶民事訴訟是在刑事訴訟過程中附帶解決民事訴訟的問題，因此，中國附帶民事訴訟必然要受到刑事證據規則和民事證據規則的雙重影響。但是，刑事訴訟規則並不能夠完全取代民事訴訟規則，附帶民事訴訟必然有其單獨適用而有別於刑事證據規則的民事證據規則。有關刑事證據規則與附帶民事訴訟證據規則適用的問題，本書在相關的論文中進行了較為詳盡的論述，[54] 在此不再贅述。下面主要分析一下適用追繳或責令退賠措施在刑事訴訟中的證據規則適用，以及其與附帶民事訴訟程序中證據規則的區別和對被害人權利產生的影響。

（一）刑事規則有利於被告人

　　刑事證明責任和刑事證明標準的適用，通常有利於財產犯罪案件的被告人利益的保護，而對被害人權益保護則產生一定的消極影響。

52　趙剛，〈略論中國刑事訴訟證據規則之應然體系〉，載《法學家》，2000年第5期。

53　沈志先主編，《刑事證據規則研究》，法律出版社，2011年8月第一版，第1頁。

54　王瑋，〈刑事附帶民事訴訟的若干證據問題〉，載《山東審判》2013年第3期。作者認為：一、口供補強規則與自認規則的證明效力。（一）口供補強規則可能導致附帶民事所附的刑事案件指控的事實不能成立。（二）自認規則可以使不能成立的刑事案件事實被確認為附帶民事訴訟的案件事實。（三）根據自認規則確認的附帶民事訴訟案件事實，不影響根據口供補強規則對刑事訴訟案件事實的認定。二、確實、充分證明標準與蓋然性佔優勢證明標準的適用。（一）根據刑事訴訟證明標準認定的案件事實，想當然地成為附帶民事訴訟應當確認的事實。（二）蓋然性佔優勢的證明標準在附帶民事訴訟中具有證據確鑿、充分的證明標準所無法取代的作用。三、控方承擔證明責任與主張者承擔證明責任及推定的適用。（一）刑事案件的控方承擔證明指控犯罪成立的證明責任，而這一證明責任的完成，意味附帶民事訴訟原告人證明責任的履行。（二）刑事案件的控方承擔從寬處罰情節的證明責任，附帶民事部分的主張方承擔減免責任情節的證明責任。（三）刑事案件有利於被告人的無罪推定與附帶民事案件的不利於被告人的推定責任。四、單位作證在刑事訴訟和附帶民事訴訟中的不同證據能力。（一）在刑事訴訟中只有自然人才能成為證人，也只有自然人提供的證言才具有證據能力，單位作證不具有證據能力。（二）對於附帶民事訴訟而言，單位可以成為證人，其所作證言具有證據能力。五、鑒定人的指派、聘請與當事人的選擇權、申請重新鑒定權。（一）刑事公訴案件指派或者聘請鑒定人的主體是公權力機關，附帶民事訴訟當事人沒有選擇權。（二）附帶民事訴訟案件中當事人對於鑒定人的選擇形式多樣。（三）對於法院等機關委託的鑒定機構申請重新鑒定的條件不同與一方當事人自行委託的鑒定。

追繳或責令退賠措施的刑事公權力性質，決定了該程序實施過程中必須適用刑事訴訟的證明責任。所謂刑事訴訟的證明責任，有廣義和狹義之分。廣義的刑事訴訟證明責任，是指啟動或延續刑事訴訟程序並希望法院依其主張裁判或存在對其不利之法律推定的刑事訴訟主體，必須就其主張的對定罪量刑具有決定作用的待證特定事實或者為推翻不利的推定事實提出足夠證據，並利用證據對該事實或者為推翻不利的推定事實加以證明到法律規定的程度。狹義的刑事訴訟證明責任，是指在刑事訴訟中引起審判程序啟動並要求法院依其主張裁判或存在對其不利之法律推定的刑事訴訟主體，必須就其主張的對定罪量刑具有決定作用的特定事實或者為推翻不利的推定事實而提出足夠證據，並利用證據對該事實或者為推翻不利的推定加以證明到法律規定的程度。[55]簡而言之，所謂刑事證明責任，是指控辯雙方在刑事訴訟中，為避免對己不利的法律後果而承擔的提出證據並證明其訴訟主張成立的法律負擔。[56]在刑事訴訟中，原則上應當由控訴方提供證據來證明其所指控的犯罪事實成立，被告人在訴訟中不承擔證明自己無罪的責任；控訴方不能證實自己所指控的犯罪事實的真實性，指控的犯罪事實則處於真偽不明的狀態，法官就應當作出對被告人有利的判決，即疑問時作出有利於被告人的判斷，或疑問有利於被告人原則。負有證明責任的一方提供證據需要達到何種程度，才算是完成了證明責任則涉及證明的標準問題。所謂刑事證明標準，通常指刑事法律規定的負有證明責任的控辯雙方提供並運用證據證明爭議事實、論證控辯主張所需要達到的程度方面的要求。[57]中國刑事訴訟法規定的刑事訴訟證明標準是事實清楚，證據確實、充分的最高標準。也就是說控訴方是否完成被告人有罪指控的證明責任，必須達到證據確實、充分的證明標準。

55 黃維智著，《刑事證明責任研究——穿梭於實體與程序之間》，北京大學出版社，2007年6月第一版，第142-143頁。

56 劉廣三主編，《刑事證據法學》，中國人民大學出版社，2007年6月第一版，第308頁。

57 徐靜春主編，《刑事訴訟前沿研究第八卷》，中國檢察出版社，2010年4月第一版，第15頁。

追繳或責令退賠措施，是中國現行刑法第64條規定的內容：犯罪分子違法所得的一切財物，應當予以追繳或者責令退賠；對被害人的合法財產，應當及時返還；違禁品和供犯罪所用的本人財物，應當予以沒收。這要求偵查機關、審查起訴機關和審判機關要主動行使公權力對犯罪分子違法所得予以追繳或責令退賠，目的是不能讓犯罪分子獲得非法的利益，間接地保護了被害人的利益。由於這是司法機關的公權力主動行使的行為，所以，要追繳或責令退賠的財物及其數量的確認，要由負責控訴該犯罪事實的控方負擔證明責任，並且證明該指控的犯罪事實的證據要達到確實、充分的標準。如果控方不能完成提供證據來證明指控犯罪，或者提供的證據達不到確實、充分的證明標準，則對應當追繳或責令退賠的財物及其數量的認定，作出有利於被告人的判斷，也就是司法實踐中存在的「就低不就高」認定。這種根據疑問時有利於被告人原則認定的追繳或責令退賠財物及其數量，一定是有利於被告人，而對於被害人的實際損失數量而言則可能要低得多。所以，追繳或責令退賠適用的刑事訴訟證明責任和證明標準，有利於被告人權利的保障，而不利於被害人的權利實現。

（二）民事規則有利於被害人

附帶民事訴訟適用的民事證明責任和民事證明標準，有利於被害人的財產權利的主張。所謂民事證明責任，是指針對特定法律規範，如果作為其被適用的前提的事實要件真偽不明，法官據以判決何方當事人承擔敗訴後果的法定風險分配形式。換言之，證明責任不是當事人的責任，也不是當事人承擔的敗訴後果本身，而只是法官在法律規範要件事實真偽不明的情況下據以裁判的方法，當事人承擔的敗訴後果只是法官借助這種輔助裝置判決結果的一個必然反映。[58]中國民事訴訟法律中規定的舉證責任一詞，相當於以上證明責任的概

58　肖建國、包建華著，《證明責任——事實判斷的輔助方法》，北京大學出版社，2012年1月第一版，第13頁。

念。中國民事訴訟法規定：「當事人對自己提出的主張，有責任提供證據。」[59] 最高法院有關的司法解釋規定：「當事人對自己提出的訴訟請求所依據的事實或者反駁對方訴訟請求所依據的事實有責任提供證據加以證明。沒有證據或者證據不足以證明當事人的事實主張的，由負有舉證責任的當事人承擔不利後果。」[60] 附帶民事訴訟要依據的民事訴訟的證明標準，是蓋然性佔優勢的證明標準。所謂蓋然性佔優勢的證明標準，是指司法解釋所規定的，在雙方當事人對同一事實提出相反證據且都無法否定對方證據的情況下，由法院對當事人證據的證明力進行衡量；如果一方提供的證據的證明力明顯大於另一方，則可以認定證明力較大的證據支援的事實蓋然性佔優勢，法院應當依據這一事實作出裁判；如果通過證明力的比較，仍無法對爭議事實作出認定，使爭議事實最終仍處於真偽不明的狀態，則法院應當依據舉證責任的分配規則作出裁判，由承擔舉證責任的一方當事人承擔不利後果。[61]

通常而言，附帶民事案件的審判依託於刑事訴訟案件的審判進程中，刑事案件認定的犯罪事實必然成為附帶民事訴訟原告人追究被告人民事責任的前提事實。也就是說，公訴人或者自訴人完成了對被告人犯罪控訴事實的證明責任，並且達到確實、充分的刑事證明標準，足以使法官內心確信指控的犯罪事實成立；此時所確認的犯罪事實通常成為被害人據以追究被告人民事責任的事實基礎，對此事實原告人沒有進一步證明的責任了。[62] 這種刑事判決認定被害人遭受損失的事實同被害人主張相一致的情況下，即使適用追繳或責令退賠措施也不會損害被害人的利益。但是，實踐中經常出現的問題是，被害人陳

59　2012年修改通過的《中華人民共和國民事訴訟法》第64條規定。

60　最高法院《關於民事訴訟證據的若干規定》第2條規定。

61　梁書文主編，《關於民事訴訟證據的若干規定新解釋》，法院出版社，2011年第一版，第468頁。

62　王瑋，〈刑事附帶民事訴訟的若干證據問題〉，載《山東審判》，2013年第3期。

述的財物損失遠遠超過被告人所供認的,而其他證據對被害人陳述和被告人供認均不能夠佐證到確實、充分並排除合理懷疑的刑事證明標準。此時,刑事證明責任和證明標準要求法官作出有利於被告人的判斷,對於財物損失及其數量通常「就低不就高」,多數認定被告人供述的財物損失價值低或數量少的事實,否認被害人陳述財物損失價值高或數量多的事實。在這一事實基礎上適用追繳或責令退賠措施,顯然不利於被害人財產權利的確認和保護。但是,附帶民事訴訟程序則不然,在刑事判決認定被告人侵犯被害人財物損失及其數量低於被害人所主張事實的情況下,被害人可以依據民事證明責任提供有利於自己主張財物損失價值高或數量多的證據;即使不能達到刑事訴訟追究犯罪所需要的確實、充分且排除合理懷疑的證明標準,不能動搖刑事判決所確認的追究刑事責任所依據的有利於被告人的犯罪事實認定;但是被害人所提供的證據證明其所主張的遭受犯罪侵害財物損失價值高或數量多的事實,能夠達到蓋然性佔優勢的民事證明標準,證明力明顯大於被告人的供述,根據民事訴訟法的規定法院則應當在民事責任問題上支持被害人的主張,從而做出有利於賠償被害人財物損失的價值和數量的判決。

通過以上(一)和(二)兩個方面的分析,可以看出追繳或責令退賠程序適用的刑事證明責任和刑事證明標準,是在追究犯罪過程中對被告人權益的保護制度,不利於被害人權益的保護;而附帶民事訴訟過程中所適用的民事證明責任和民事證明標準,更加有利於被害人財產權益的保護。所以,追繳或責令退賠措施替代非法侵犯財產權利犯罪類別案件的附帶民事訴訟,客觀上是對被害人權利的削弱。

四、司法解釋不能超越立法解釋

司法解釋是指中國最高司法機關根據法律授予的職權, 在實施法律過程中,對如何具體運用法律問題作出的具有普遍司法效力的解

釋。【63】司法解釋的主體是中國最高司法機關，包括最高法院和最高檢察院；而其進行司法解釋的領域分別是審判工作中具體應用法律、法令問題，和檢察工作中具體應用法律、法令問題；其職權來源於全國人民代表大會常委委員會的若干法律規定。全國人民代表大會常務委員會有關法律解釋的決定規定：「凡屬於法院審判工作中具體應用法律、法令問題，由最高法院解釋；凡屬於檢察院檢察工作中具體應用法律、法令問題，由最高檢察院進行解釋。」【64】法院組織法也規定「最高法院對於在審判過程中如何具體應用法律、法令的問題，進行解釋。」【65】根據這些規定，最高法院對於刑事附帶民事訴訟過程中的許多刑法和刑事訴訟法的適用問題，以及民法和民事訴訟法在附帶民事訴訟中的適用問題進行了解釋，這有效地幫助了司法者解決實踐中的法律適用難題，統一了司法尺度，克服了各地適用法律的多樣化問題。但是，也存在一些問題。

（一）司法解釋不能任意解釋

司法解釋不是立法解釋，不能違背法律規定的內容進行任意的限制或擴張解釋。但是，最高法院有關限制附帶民事訴訟範圍的司法解釋，其解釋的內容突破了法律規定的範圍。這種現象恰如有的學者指出的：「中國刑事訴訟司法解釋的基本特點是不『標準』。所謂標準的司法解釋，既包括解釋主體符合法律的規定，而且解釋的對象和內容也符合法律的要求。……然而，中國刑事訴訟的上述被視為『司法解釋』的規範性文件，不僅頒佈的主體超出了人大常委會授權的範圍，而

63　周道鸞，《中華人民共和國最高法院司法解釋全集》，法院出版社，1994年第一版，第1頁。

64　1981年6月10日第五屆全國人民代表大會常務委員會第十九次會議通過的《關於加強法律解釋工作的決議》第2條的規定。

65　《中華人民共和國法院組織法》(1979年7月1日第五屆全國人民代表大會第二次會議通過，根據1983年9月2日第六屆全國人民代表大會常務委員會第二次會議通過的《關於修改〈中華人民共和國法院組織法〉的決定》修正，根據2006年10月31日第十屆全國人民代表大會常務委員會第二十四次會議《關於修改〈中華人民共和國法院組織法〉的決定》第二次修正）第33條規定。

且其對象和內容也超出了這個範圍。因此，上述司法解釋已不再符合中國『司法解釋』一詞的原意；不僅如此，這些規定的許多內容甚至有『立法』的嫌疑，即一些規定並不局限於對刑事訴訟法條文的說明、解釋，而是解釋者對本部門在刑事訴訟中需要處理的具體程序問題（根據立法目的和工作需要）對刑事訴訟法作進一步的補充甚至修改。」[66]儘管中國刑事訴訟法經過歷次的修改，但是，其規定的附帶民事訴訟範圍的內容始終沒有變化，即「被害人由於被告人的犯罪行為而遭受物質損失的，在刑事訴訟過程中，有權提起附帶民事訴訟。」[67]也就是說，刑事訴訟法規定的附帶民事訴訟範圍始終為犯罪行為造成的物質損失，沒有對犯罪行為加以任何的限定。可最高法院的司法解釋卻規定「被害人因人身權利受到犯罪侵犯或者財物被犯罪分子毀壞而遭受物質損失的，有權在刑事訴訟過程中提起附帶民事訴訟」[68]將法定附帶民事訴訟範圍包括的各類犯罪行為造成的物質損失，限制在侵犯人身權利犯罪或毀壞財物犯罪而導致的物質損失之內。這種做法已經超越了司法解釋對法院審判過程中具體適用法律問題進行解釋的職責，而是對刑事訴訟法規範內容的限制和修改，實際代為行使了立法解釋許可權。[69]

（二）司法解釋不能夠創立法律規範

有學者指出：「在中國司法解釋活動中，大量存在以貫徹或實施某一法律的意見、規定、辦法為由，脫離原法律文本進行的解釋，其內

66　王敏遠，〈2012年刑事訴訟法修改後的司法解釋研究〉，載《國家檢察官學院學報》，2015年1月第1期。

67　2012年《刑事訴訟法》第99條的規定。

68　2012年11月5日最高法院通過的《關於適用〈中華人民共和國刑事訴訟法〉的解釋》第138條第1款的規定。

69　《中華人民共和國立法》第45條規定：法律解釋權屬於全國人民代表大會常務委員會。法律有以下情況之一的，由全國人民代表大會常務委員會解釋：（一）法律的規定需要進一步明確具體含義的；（二）法律制定後出現新的情況，需要明確適用法律依據的。

容與被解釋的對象間存在實質差異，表現出司法解釋的立法化特點。相當一部分抽象司法解釋並非針對某個法律條文，而是就執行某個法律所作的一攬子規定，許多內容並非解釋法律，而是創制規則。」[70]最高法院有關附帶民事訴訟制度的司法解釋正如這位學者所言，為了闡釋中國2012年《刑事訴訟法》對附帶民事訴訟所規定的4個條文內容，制定了27個條文的規範。其中有關附帶民事訴訟範圍的條文有5個，許多內容不僅僅是解釋刑事訴訟法規範，而是根據司法需要來創制規則。該司法解釋將刑事訴訟法規定的附帶民事訴訟範圍的部分犯罪行為，加以另行規定的處理方法：其一是「被告人非法佔有、處置被害人財產的，法院依法予以追繳或者責令退賠。被害人提起附帶民事訴訟的，法院不予受理。」[71]其二是「被告人非法佔有、處置國家財產、集體財產的，依照本解釋第139條的規定處理。」[72]這些規定法院不予受理這類案件的附帶民事訴訟的內容，是刑事訴訟法從來沒有規定的，也是刑事訴訟法所解讀不出來的含義，顯然是屬於新創立已有的刑事訴訟法規範之外的新規範。此外，最高法院的內設機構也以研究室的名義對下級法院發佈針對附帶民事訴訟範圍的批復，雖然沒有法律效力，但是對於下級法院乃至整個法學界都會產生實際拘束力的影響作用。該批復明確規定：「被告人非法佔有、處置被害人財產的，應當依法予以追繳或者責令退賠。據此，追繳或者責令退賠的具體內容，應當在判決主文中寫明；其中，判決前已經發還被害人的財產，應當注明。被害人提起附帶民事訴訟，或者另行提起民事訴訟請求返還被非法佔有、處置的財產的，法院不予受理。」[73]這一批復明確規定不允許被害人就適用追繳或責令退賠措施的案件，提起附帶民

70　張振亮，〈論中國的司法解釋體制及其改革與完善〉，載《南京郵電學院學報（社會科學版）》，2004年9月第3期。

71　2012年11月5日最高法院通過的《關於適用〈中華人民共和國刑事訴訟法〉的解釋》第139條的規定。

72　2012年11月5日最高法院通過的《關於適用〈中華人民共和國刑事訴訟法〉的解釋》第142條第3款的規定。

73　最高法院研究室《關於適用刑法第六十四條有關問題的批復》（法【2013】229號）。

事訴訟或者另行提起民事訴訟的精神，將最高法院的司法解釋對此類案件被害人是否可以另行提起民事訴訟的模糊態度予以明確化，該批復實際也在行使創制法律規範的職權。這不僅使刑事訴訟法賦予財產被被告人非法佔有、處置而遭受物質損失的被害人附帶民事訴訟權利無法行使，而且使被害人另行提起民事訴訟的權利也難以運用。

通過以上（一）和（二）兩方面的分析，可以看出有關附帶民事訴訟範圍及其替代措的相關規範性解釋，超越了法律對其規定的僅限於對審判工作具體適用法律問題的解釋職能，而實際行使了立法機關的法律解釋和創制規範的權能，其在憲法和立法法層面上存有正當性問題，需要加以完善。恰如有的學者所論：「司法解釋雖具有彌補立法漏洞、統一法律適用等積極功能，但為了保證司法解釋的合憲性，司法解釋應當受到憲法的規制，其內容包括解釋主體法定化、解釋範圍和方法特定化、解釋程序正當化等。」【74】

展望：重構附帶民事訴訟範圍理論模式之嘗試

中國附帶民事訴訟範圍為司法習慣和司法解釋所限制，為追繳或責令退賠措施所替代，違背了訴訟效益理論要求，強調公權力行使而忽視了私權利作用的發揮，從而使更加重視被告人利益保護的刑事證據規則取代了以平等保護為原則的民事證據規則，最終影響了部分財產權利遭受犯罪侵犯的被害人的訴權和訴訟權利的行使。同時，規定這些內容的司法解釋具有超越職權的表現，具有違反憲法和立法法的嫌疑。針對中國附帶民事訴訟範圍制度的相關司法解釋存在的上述法律問題，結合對H市兩級法院的調查發現的附帶民事訴訟案件應然多而實然少，工作量佔比小，和追繳或責令退賠判決少、執行難等等問題，根據被害人權利保障理論、被害人民事訴權理論和程序正義理論的基本原理，本書重新構建中國附帶民事訴訟範圍制度運作的理論模

74　徐和平，〈司法解釋合憲性的隱憂與消解〉，載《學術界》，2014年第1期。

式，以求在追究被告人犯罪的同時，更好地平衡和保障好被害人的財產權利。

一、附帶民事訴訟範圍的一般理論模式

構建中國附帶民事訴訟範圍的理論模式，必須具有一定的理論作為支撐其觀點的基礎，而這些理論要經過學者的討論和實踐的檢驗，且要具有一定的共識性。為此，筆者在堅持附帶民事訴訟訴訟公正、保障公民基本權利、實現訴訟效益、及時解決糾紛和完善人權保障制度的功能理論基礎之上，[75]選擇了國際文件與其他法治發達國家的立法，以及其所體現的有關犯罪被害人權利救濟的理念，作為重新構建中國附帶民事訴訟範圍制度的一般理論模式之立法借鑒和理論基礎。同時，考慮到中國司法機關的實際審判案件的人員、工作量等情況。

（一）一般理論模式的重構

美國哲學家羅爾斯指出：「正義是社會制度的首要價值，正像真理是思想體系的首要價值一樣。一種理論，無論它多麼精緻和簡潔，只要它不真實，就必須加以拒絕或修正；同樣，某種法律和制度，不管它們如何有效率和有條理，只要它們不正義，就必須加以改造或廢除。」[76]司法習慣和司法解釋限制附帶民事訴訟的做法，正如前面所論證的那樣限制或否定了被害人的訴權和訴訟權利，其替代措施又不能夠實際解決被害人的物質損失，因而是不正義的，必須加以改造或廢除。而改造或廢除的具體方法，就是重構附帶民事訴訟範圍制度的一般理論模式。所謂附帶民事訴訟範圍制度的一般理論模式重構，就是要從理論上對限制附帶民事訴訟範圍的司法解釋予以否定，並構建將所有犯罪行為造成物質損失結果的賠償請求權利，均納入到附帶民事訴訟範圍制度的普遍適用理論。由於本書研究的主要是犯罪行為造

75　劉金友、奚瑋著，《附帶民事訴訟原理與實務》，法律出版社，2005年12月第一版，第34-41頁。

76　【美】約翰•羅爾斯著，何懷宏等譯，《正義論》，中國社會科學出版社，1998年3月第一版，第3頁。

成的物質損失的附帶民事訴訟問題，所以，對於犯罪行為造成的被害人精神損失，是否能夠納入附帶民事訴訟範圍，則受到本書研究的重點和篇幅所限，故不涉及此問題。附帶民事訴訟範圍制度的一般理論模式的重構，實質上就是停止限制附帶民事訴訟的司法習慣，廢止限制附帶民事訴訟範圍的司法解釋，從理論上恢復或確認刑事訴訟法所規定的以物質損失為範圍的法定附帶民事訴訟範圍的正當性。

因此，附帶民事訴訟範圍制度的一般理論模式的內容包括：一是從理論上否定限制附帶民事訴訟範圍的司法習慣和司法解釋的正當性和合法性。對此，筆者已經在本章第二節「完善附帶民事訴訟範圍制度要考慮的因素：理念的進步與司法解釋的歸位」從司法簡便的功利觀念不能取代訴訟效益理論、公權力不能取代私權利的行使、刑事證據規則不能替代民事證據規則、司法解釋不能替代立法解釋等幾個方面，進行了較為詳盡的論述，在此不再贅述。二是從理論上構建或者是恢復犯罪行為造成物質損失結果的附帶民事訴訟範圍。首先，這裏所說的犯罪行為是指所有的犯罪行為，既包括侵犯人身權利的犯罪行為，也包括侵犯財產權利的犯罪行為，以及侵犯其他權利的犯罪行為。其次，侵犯財產權利的犯罪行為也是指一切侵犯財產權利的犯罪行為，既包括毀損他人財物的犯罪行為，也包括非法佔有、處置他人財物的犯罪。再次，凡是遭受犯罪行為侵犯而造成物質損失的被害人都享有附帶民事訴訟權利，均有權依照附帶民事訴訟範圍制度提起附帶民事訴訟。

（二）重構一般理論模式的國際規範標準

根據聯合國《犯罪被害人人權宣言》[77]的規定，犯罪被害人是指個人或整體受到傷害，包括身心損傷、感情痛苦、經濟損失或基本權

77　1985年在義大利米蘭召開的第七屆聯合國防止犯罪和罪犯待遇大會上通過了《關於犯罪和權利的濫用的被害人的司法的基本原則》，同年11月29日聯合國大會第40/34號決議也將同宗旨的原則採納，中文翻譯為《為犯罪（罪犯）和濫用權力行為受害人（者）取得公理的基本原則宣言》，即通常所說的聯合國《犯罪被害人人權宣言》。

利等受到重大損害的人。這種傷害是由違反聯合國成員國的現行刑事法律的作為或不作為造成的。[78] 犯罪被害人享有獲得賠償的權利，包括以下幾個方面的內容：（1）罪犯或應對其行為負責的第三方應視情況向受害者、他們的家屬或受撫養人作出公平的賠償。這種賠償應包括歸還財產、賠償傷害或損失、償還因受害情況產生的費用、提供服務和恢復權利。（2）各個政府應審查它們的慣例、規章和法律，以保證除其他刑事處分外，還應將賠償作為刑事案件的一種可能判決方法。（3）在嚴重破壞環境的案件中，如經裁定要提出賠償，則應盡可能包括環境的復原、基礎設施的重建、社區設備的更換；在這種破壞造成一個社區的遷移時，還包括償還重新安置的費用。（4）在政府官員或其他以官方和半官方身份行事的代理人違反了國家刑事法律時，受害者應從對其官員或代理人造成傷害承擔責任的國家取得賠償。在致害行為或不行為發生時政府已不復存在時，則繼承該國的國家或政府應向受害者作出賠償。[79] 聯合國有關犯罪被害人的該人權宣言獲得中國學者的高度評價：「這是聯合國關於被害人問題的第一個重要聲明，它標誌着被害人問題在國際範圍內，已從理論研究階段進入到立法實施階段，這一《決議》所通過的並使其具有實體意義的《宣言》，要求其成員國承擔履行《宣言》所規定的義務。」[80] 也有的學者將該宣言評價為「相當於設定了被害人人權保障機制的最低國際標準，使世界各國被害人人權保障立法、實踐及理論研究有了統一規範。」[81]

由聯合國宣言規定的被害人獲得賠償權利的相關內容，以及中國學者的對於該宣言的解讀來看，可以解讀出與本書研究的附帶民事訴訟範圍相關內容為：一是犯罪人應當向被害人及其家屬進行公平的賠

78　田思源著，《犯罪被害人的權利與救濟》，法律出版社，2008年3月第一版，第13頁。

79　陳彬、李昌林、薛竑、高峰著，《刑事被害人救濟制度研究》，法律出版社，2009年5月第一版，第255頁。

80　蘇惠漁、林建華，〈關於《公正對待犯罪和濫用權力的被害人的基本原則宣言》述評〉，載《法學研究》，1991年第3期。

81　蘭躍軍著，《刑事被害人人權保障機制研究》，法律出版社，2013年6月第一版，第74-75頁。

償，賠償的範圍是返還財產、賠償傷害或損失、償還因受害情況產生的費用、提供服務和恢復權利。這個範圍應當是無區別地包括各類犯罪所造成的物質損失的賠償範圍，與中國刑法規定的「由於犯罪行為而使被害人遭受經濟損失的，對犯罪分子除依法給予刑事處罰外，並應根據情況判處賠償經濟損失」[82]和刑事訴訟法規定「被害人由於被告人的犯罪行為而遭受物質損失的，在刑事訴訟過程中，有權提起附帶民事訴訟」[83]的經濟損失或者物質損失賠償範圍的精神實質是一致的。正如有的學者評價的「中國重視保護被害人的合法權益，中國現行的一些立法規定和司法實踐中的一些做法，與聯合國宣言的精神基本上是一致的」。[84]當然，該學者撰文時中國的司法解釋還沒有明確規定對該物質損失範圍進行限制，司法實踐中限制部分案件附帶民事訴訟的習慣做法也沒有表現的特別突出，因此，該學者認為司法實踐與立法規定是一致的觀點，是可以理解的。二是要求各國政府審查它們的法律，在刑事案件中，考慮將賠償作為一種可以供選擇適用的判決方法。中國作為聯合國的成員國，雖然不能將聯合國有關被害人保護的宣言直接在國內施行，但是卻有信守聯合國決議的義務，通過國內立法將刑事案件被害人的賠償權利規定到刑事訴訟中。因此，構建或恢復所有犯罪行為造成物質損失結果的附帶民事訴訟範圍制度的一般理論模式，符合被害人人權保障的國際性規範所提供的「底線正義」標準。[85]

（三）重構一般理論模式的域外經驗借鑒

　　世界多數法治發達國家的刑事立法均允許犯罪被害人在刑事訴訟過程中就物質損失提出訴訟。現代意義上的附帶民事訴訟制度，最早

82　《中華人民共和國刑法》第36條規定。

83　《中華人民共和國刑事訴訟法》第99條規定。

84　蘇惠漁、林建華，〈關於《公正對待犯罪和濫用權力的被害人的基本原則宣言》述評〉，載《法學研究》，1991年第3期。

85　蘭躍軍著，《刑事被害人人權保障機制研究》，法律出版社，2013年6月第一版，第73頁。

見之於法國1808年的《法國刑事訴訟法》。法國的立法十分重視附帶民事訴訟，鼓勵被害人通過刑事訴訟程序提起民事賠償請求，其附帶民事訴訟制度兼顧了附帶民事訴訟的依附性和獨立性，充分保持了附帶民事訴訟的民事訴訟特性，為後來的大陸法系等國家的相關立法產生了深遠的影響。[86]法國刑事訴訟法規定：「對重罪、輕罪或違警罪造成的損害請求賠償的民事訴訟，由本人遭受犯罪直接造成之損害的人提起」，「公訴管轄法院對一切就追訴對象的犯罪事實所造成的損害而提起的訴訟，包括物質的、身體的和精神的損害，均應受理。」[87]由此可見，法國刑事訴訟法對附帶民事訴訟範圍的犯罪所造成的損害，界定為主要包括犯罪被害人所遭受的身體、物質和精神上的損害，也可以包括由犯罪或因犯罪而被隱匿、轉移、竊取或扣押的財產損害，還可以包括由刑事訴訟所引起的費用支出。被害人既可以請求損害賠償，也可以要求返還財產或恢復原狀。[88]其他大陸法系國家對附帶民事訴訟，也規定了基本相同的範圍。如德國刑事訴訟法第403條第1項規定，民事原告人可以向被指控人提起對犯罪行為產生的財產權方面的請求權。又如義大利刑事訴訟法第74條規定：「《刑法典》第185條規定要求返還和賠償損失的民事訴權，可以由受犯罪侵害的人或者他的一般繼承人在刑事訴訟中針對被告人及其民事負責人行使。」再如奧地利刑事訴訟法第369條規定：「附帶民事訴訟的請求範圍包括退還奪自被害人的物品，補償所受損失或失去的利益；為無實施的侮辱向對方要求賠禮道歉。」[89]

英美法系國家的英國確立了具有自己特點的附帶民事訴訟，有的學者認為其不具有典型的附帶民事訴訟形式，而是刑事訴訟與民事訴

---

86 劉金友、奚瑋著，《附帶民事訴訟原理與實務》，法律出版社，2005年12月第一版，第15-18頁。

87 羅結珍，《法國刑事訴訟法典》第2條和第3條之規定，中國法制出版社，2006年版。

88 【法】卡斯東·斯特法尼、貝爾納·勒瓦索、貝爾納·布洛克著，羅結珍譯，《法國刑事訴訟法講義》，中國政法大學出版社，1999年1月第一版，第174-175頁。

89 劉金友、奚瑋著，《附帶民事訴訟原理與實務》，法律出版社，2005年12月第一版，第149-150頁。

訟的混合模式。[90] 根據英國的《1870年沒收法》的規定，被害人有權提起因犯罪行為所造成損害的賠償之訴，但訴訟方式有三種，只有其中的第三種方式屬於附帶民事訴訟的範圍：即法庭可以根據被害人的請求，在對被告人判刑的同時以賠償令的形式責令犯罪人賠償被害人的損失。同時，英國的《1870年沒收法》和《1952年治安法院法》規定，法院在宣判某人犯有一項可訴罪時，只可命令他賠償由於犯罪致使申請人遭受的財產損失或損害；但根據《1972年刑事審判法》規定，可命令對他罪行所造成的人身傷害也負賠償責任。[91] 由此可見，英國附帶民事訴訟的範圍也包括財產損害和人身損害的內容。美國則為刑事訴訟與民事訴訟的分立的立法模式，也就是說，美國沒有專門的附帶民事訴訟制度，其分別由刑事訴訟法和民事訴訟法來實現對犯罪行為的懲罰和對民事權利的救濟。但是，20世紀60至70年代，美國一些州的法律，相繼允許被害人直接向刑事法官申請賠償，而有時刑事法官也予以認可。1982年，美國還通過立法規定聯邦法院，可以對認定有罪的人在法定刑罰外加處賠償或命令賠償來代替刑罰，改變了刑事和民事完全分離的傳統做法，確立與英國的賠償令制度相類似的制度。當然，該加害人對被害人進行賠償的範圍，規定在為身體傷害及財產損失的範圍內。[92]

通過梳理以上大陸法系、英美法系法治發達國家的立法例的文獻，可以發現其附帶民事訴訟均為犯罪行為造成的物質損失範圍。因此研究刑事附帶民事訴訟範圍的理論問題，應當借鑒這些法治發達國家經過長期實踐檢驗而行之有效的做法，摒棄違背世界潮流的司法習慣和司法解釋做法，重構中國附帶民事訴訟範圍制度一般理論模式。

---

90 楊貝著，《附帶民事訴訟制度研究與實務》，中國政法大學出版社，2014年3月第一版，第188-189頁。該作者認為：「所謂刑事訴訟與民事訴訟的混合模式，是指刑事訴訟與民事訴訟的關係既非彼此獨立，亦非民事訴訟附屬於刑事訴訟，而是在刑民交叉案件的處理上採取一種較為靈活的方式，英國即為此種立法模式的典型國家。」

91 劉金友、奚瑋著，《附帶民事訴訟原理與實務》，法律出版社，2005年12月第一版，第21、151頁。

92 楊貝著，《附帶民事訴訟制度研究與實務》，中國政法大學出版社，2014年3月第一版，第187-188頁。

（四）重構一般理論模式的司法實踐基礎

中國司法解釋對附帶民事訴訟範圍限制的結果，是非法佔有、處置被害人財產犯罪案件被排除在附帶民事訴訟範圍之外，而中國構建所有犯罪行為造成物質損失的賠償請求權利均納入附帶民事訴訟範圍的制度，帶來的附帶民事訴訟可能性增加的案件主要為目前適用追繳或責令退賠案件部分。那麼，構建的附帶民事訴訟範圍制度理論模式擴大了案件可能受理的數量，法院的審判力量能否承擔起這些增加的附帶民事訴訟案件，則是在構建新的理論模式時要考慮的實踐因素。

根據H市兩級法院的11個年度的實踐情況看，非法佔有、處置被害人財產而應適用追繳或責令退賠措施的案件數量為918件，佔造成物質損失案件總數量2509件的比率為36.6%，[93]除去已經全部追繳或責令退賠違法所得的案件數量265件，還有655件案件沒有或者部分沒有追繳或責令退賠違法所得，所佔造成物質損失結果案件總數量的比率為26.11%。[94]也就是說，已經通過偵查、起訴或者審判機關適用追繳或責令退賠措施，將被害人所遭受的物質損失全部彌補的案件，通常被害人不存在再次提起附帶民事訴訟的情形。因此，可以將該263件案件從附帶民訴訟可能的工作量中排除；而沒有適用追繳或責令退賠措施的案件，或者適用了該措施而沒有完全實現被害人財產權利的案件還有652件，此類案件的被害人有權根據新構建的附帶民事訴訟制度理論模式提起訴訟，而成為法院新增加的附帶民事訴訟工作量。據此可以得出H市兩級法院在過去的11個年度中可能增加的附帶民事訴訟案件數量約為655件，所佔造成物質損失案件總數量的26.11%。據此推論，新構建的附帶民事訴訟範圍制度一般理論模式，可能會使法院增加附帶民事訴訟案件數量比率為26.11%。參照本書第三章對侵犯人身權利犯罪案件提起附帶民事訴訟的情況看，造成物質損失結果

93　見本書第六章表6.1：「造成物質損失案件中提起附帶民事訴訟與追繳或退賠適用情況」。

94　見本書第六章表6.2：「追繳或責令退賠實施情況與犯罪種類交叉表」。

符合附帶民事訴訟範圍的案件，而實際提起附帶民事訴訟的案件數量
比率為40.5%。[95] 如果按照此比率計算，則可能增加的655件案件中
只有265.3件會提起附帶民事訴訟，而這11個年度每年可能增加的附帶
民事訴訟案件為24件。根據對H市兩級法院抽查案件的調查研究可以
發現，附帶民事訴訟案件的工作量佔該刑事案件整個工作量的比率為
20%。[96] 那麼，H市兩級法院11個年度每年可能增加的附帶民事訴訟
案件24件，其工作量折算為刑事案件的話，就是每年增加6件刑事案
件。結合對H市兩級法院相應11個年度刑事法官人均辦案數量，均低於
S省中級法院和基層法院刑事法官人均辦案數量，以及S省兩級法院平
均辦案數量還低於全國兩個以上的省市法院的情況來看，多數法院尚
有承擔起這些新增加的附帶民事訴訟案件審判的空間。[97]

二、附帶民事訴訟範圍的一般理論模式之例外

賦予所有犯罪行為造成物質損失結果的被害人，在刑事訴訟程序
中享有主張賠償的請求權利，是本書所構建的附帶民事訴訟範圍制度
的一般理論模式。但是，實踐中會存在附帶民事部分案件過於複雜、
疑難使得整個審判難以順利進行，或者被害人在刑事訴訟過程中沒有
及時或者沒有能力行使賠償請求權的情況，這可能會影響到公正價值
功能的實現。為此，本書在構建一般理論模式的同時，還提出構建附
帶民事訴訟範圍制度的例外理論模式，作為一般理論模式的補充。

---

95 本書第三章表3.3：「是否提起附帶民事訴訟案件與犯罪種類交叉表」。

96 內容詳見本書附錄十一和本章第一個問題的第306個注解。

97 通過對S省和H市司法統計資料及刑事法官人員數量的分析，得出結論為：S省中級法院、基層法院刑事法官人均辦案數量最多的年份分別為2012年、2014年，其刑事法官人均辦理案件數量分別為18.6件、72.35件；H市中級法院刑事法官人均辦理一審案件數量最多的年份為2003年的5.86件，居於S省中級法院的後位，其基層法院刑事法官人均辦理一審案件數量最多年份為2014年的59.5件，居於S省基層法院平均辦案數量的下線；S省法院的刑事法官辦案總數量為全國法院的第三位左右，全國其他法院尚有辦理更多案件的刑事法官。

（一）法院對複雜案件移轉民事訴訟程序的決定權

對法官、律師和其他法律服務工作者的問卷調查發現，持有「存在被告人之外的民事責任人為最複雜的附帶民事訴訟案件」觀點的法官、律師等法律實務人員數量最多；持有「被害人數量眾多為最複雜的附帶民事訴訟案件」觀點的法官、律師等實務人員數量為第二位；持有「特殊侵權案件為最複雜附帶民事訴訟案件」觀點的法官、律師和其他法律服務工作者等實務人員的數量居第三位；而持有這些觀點的人員佔全部被調查人員總數量的比率分別為37.9%、20.8%和19.2%，三者比率之和佔全部被調查人員總數量的比率高達到77.9%。[98]同時，本書還專門對存在被告人之外的民事責任人案件的附帶民事訴訟判決書的工作量進行調查，發現該類案件該項工作量所佔整個刑事附帶民事訴訟判決書工作量總量的比率為41%，較一般附帶民事訴訟判決書所佔該項比率22.1%高出18.9%。[99]但是由於研究經驗不足，設計調查表格之初沒有考慮到另外幾種情況，所以只對存在被告人之外的民事責任案件的附帶民事訴訟判決書工作量進行了調查。這一調查的結果，也部分地印證了法官、律師和其他法律服務工作者對附帶民事訴訟案件最為複雜情況的判斷意見。

98　為了知曉法律實務界的法官、律師和其他法律服務工作者，是如何認識哪些屬於附帶民事訴訟中最為複雜案件的問題，本書內設「附帶民事訴訟範圍的調查問卷」，專門設計了一道自由選擇的問題，即「請您閱讀以下問題，在同意的一項或幾項中做出選擇，並在字母上劃√：您認為刑事附帶民事訴訟案件最複雜的是何種案件？A‧被害人數量多的；B‧被告人數量多的；C‧侵犯財產權利案件；D‧一般人身侵權案件；E‧特殊侵權案件；F‧存在刑事被告人以外的應當對被害人承擔民事責任的單位和個人。」

99　根據對H市兩級法院案件卷宗材料的資訊採錄，通過SPSS統計軟件建立了資料庫並進行分析，形成了〈有無被告人之外其他民事責任人的裁判文書行數佔刑事裁判文書行數比率表〉。通過對300件附帶民事訴訟案件進行工作量的調查，發現有承擔民事責任的其他責任人的案件數量為5件，佔被調查案件總數量的比率為1.7%；沒有承擔民事責任的其他責任人的案件數量為295件，佔被調查案件總數量的比率98.3%。同時，還發現有被告人之外的其他民事責任人的案件裁判文書行數的平均值為0.41，即佔整個刑事案件裁判文書行數的比率為41%；無被告人之外的其他民事責任人的案件裁判文書行數的平均值為0.221，即佔整個刑事案件裁判文書總行數的比率為22.1%；前者較後者的比率高出18.9%。

　　筆者認為存在被告人之外的民事責任人的附帶民事訴訟案件，之所以被認為屬於最為複雜的附帶民事訴訟案件，是因為該類案件通常包含兩個以上的法律關係。一個法律關係為犯罪行為人與被害人之間，基於犯罪行為侵犯權利的事實而產生的權利、義務關係；另一個法律關係是犯罪行為人和被害人之外的第三人，基於同犯罪行為人之間的合同、監護、工作隸屬關係等，而產生的對犯罪行為人侵權後果負有民事賠償等責任的權利、義務關係。而被害人數量眾多之所以被認為屬於最複雜的附帶民事訴訟案件，是因為此類案件多屬於集資詐騙、非法吸收公眾存款等破壞社會主義市場經濟秩序類型的犯罪，和搶劫、盜竊、詐騙等侵犯財產類型的犯罪，其法律關係並不多麼複雜，但被害人數量眾多的參加訴訟，導致送達法律文書、開庭調查、辯論等簡單程序被多次反復進行，程序繁冗；且被害人利益與共地向司法機關施加壓力，鬧訪或纏訪的現象較為普遍。對於特殊侵權案件為最複雜附帶民事訴訟案件的判斷，筆者認為所調查的特殊侵權案件包括交通肇事、未成年人犯罪和雇傭人員犯罪而導致的被告人之外的人承擔民事責任的情況，由於這三類案件實踐中常常發生，刑事法官審理的也較為普遍；但是，該三類案件之外的其他特殊侵權與犯罪交叉的案件，如安全保障義務的責任、產品責任、醫療損害責任、環境污染責任等，[100]既屬於特殊侵權行為，同時又構成犯罪，是侵權責任與刑事責任的競合；所以，犯罪行為之外的民事責任主體的責任承擔的事實證明，則不是刑事訴訟法規定的追究犯罪所需要的證明責任和標準，這需要侵權責任法、民事訴訟法等加以特殊的規定，其法律規定的複合式適用則對刑事審理顯出較高的複雜性。

　　為了使得本書所構建的附帶民事訴訟範圍制度的一般理論模式，得以在司法實踐中既能有效保障被害人利益，又能夠方便審判，提高

---

100 《中華人民共和國侵權責任法》第四章第37條規定的違反安全保障義務的責任，第七章第54條至第64條規定的醫療損害責任，第八章第65條至第68條規定的環境污染責任。

訴訟效率，本書針對這些法律實務人員普遍認為是附帶民事訴訟中的複雜案件，參照台灣地區的附帶民事訴訟的移送制度，[101]構建一般理論模式的例外模式之一——決定移轉民事訴訟程序。決定移轉民事訴訟程序，是針對非法佔有、處置被害人財物類犯罪案件被害人數量眾多，或者特殊侵權犯罪，或者存在被告人之外的民事責任人的情況，在刑事審判過程中被害人提起附帶民事訴訟，經過法院審查認為複雜而不宜通過附帶民事訴訟程序進行審判的，可以依照職權決定移送有管轄權的法院依照民事訴訟程序審判的制度。這項制度的設計，主要是為了防止有些案件的複雜程度遠遠超出了一般刑事法官的審判能力，從而在審判的工作量上大大超出一般刑事案件的審判，影響了及時有效地追究犯罪的刑事訴訟功能；或者防止出現刑事法官勉強依照附帶民事訴訟程序處理，但在適用民事訴訟證據規則或者民事實體法律方面存在問題，案件上訴或申訴而導致被改判、發回重審的數量增多，既影響了訴訟效率，又影響了當事人的權益。但是，該項制度的建立要注意嚴格適用條件，必須由刑事審判法官之外的立案法官獨立審查決定，並且要向當事人送達裁定書，賦予當事人不服此類裁定的上訴權利。當然這些程序性審查，可以採用書面形式進行，以利於效率的提高。被移送的法院或者審判刑事案件的本院民事審判庭，對於接受的移轉民事訴訟程序的犯罪造成物質損失賠償請求權的案件，不得拒絕受理。如對於管轄權等問題有異議，被移送的法院可以提請上一級法院決定；被移送的本院民事審判庭可以提請院長決定。

---

101 楊貝著，《附帶民事訴訟制度與實務》，中國政法大學出版社，2014年3月第一版，第191-192頁。該書著者認為：「台灣地區『刑事訴訟法』雖然規定了附帶民事訴訟制度，但刑事法庭並非必須自行審理附帶民事訴訟，在一定條件下，可將之移送民事法庭審理，即附帶民事訴訟的移送制度。……台灣地區『刑事訴訟法』第490條規定：『附帶民事訴訟除本編有特別規定外，准用關於刑事訴訟的規定。但經移送或發回、發交於民事庭後，應適應民事訴訟法。』」

（二）被害人對附帶民事訴訟或民事訴訟的程序選擇權

本書第八章的研究表明，法院在審理非法佔有、處置被害人財物的犯罪案件過程中，有99.0％的案件沒有通知被害人出席法庭。[102]也就是説，此類案件的絕大多數被害人，即使賦予附帶民事訴訟賠償請求權的，也會因為其不知道刑事案件的進程而貽誤起訴的機會。同時，由於中國刑事訴訟法規定的附帶民事訴訟範圍不包括精神損害的賠償，並且賠償的具體項目也不完全等同於民事訴訟的賠償內容。這導致一些被害人為了獲得更多的賠償而放棄附帶民事訴訟，從而尋求民事訴訟的救濟途徑。但是，中國現行刑事訴訟法對被害人能否通過民事訴訟程序來解決犯罪造成的物質損失賠償請求問題，沒有明確的肯定性規範或者否定性規範。但刑事司法解釋卻暗含或者有時明確表明否定的態度。最為典型的是最高法院與最高檢察院、公安部聯合發佈的有關《關於辦理非法集資刑事案件適用法律若干問題的意見》，規定法院對於涉及非法集資犯罪而提起民事訴訟的案件不予受理等內容。[103]實踐中，由於民事訴訟法和民事訴訟司法解釋對此沒有明確規定否定意見，所以，法院民事審判庭對於犯罪造成物質損失賠償請求的案件並沒有表現出明顯的反對受理的傾向性，從而使得該類案件許多得以進入民事審判程序。

為了保障被害人的訴權，規範刑事司法解釋與民事司法實踐在附帶民事訴訟問題上的衝突，有必要強調民事訴權理論的要求，為

102　本書第八章表8.1：「追繳或責令退賠情況與是否通知被害人出庭交叉表」。

103　2014年3月25日，最高法院、最高檢察院、公安部《關於辦理非法集資刑事案件適用法律若干問題的意見》。該意見第七條規定：「關於涉及民事案件的處理問題：對於公安機關、檢察院、法院正在偵查、起訴、審理的非法集資刑事案件，有關單位或者個人就同一事實向法院提起民事訴訟或者申請執行涉案財物的，法院應當不予受理，並將有關材料移送公安機關或者檢察機關。法院在審理民事案件或者執行過程中，發現有非法集資犯罪嫌疑的，應當裁定駁回起訴或者中止執行，並及時將有關材料移送公安機關或者檢察機關。公安機關、檢察院、法院在偵查、起訴、審理非法集資刑事案件中，發現與法院正在審理的民事案件屬同一事實，或者被申請執行的財物屬於涉案財物的，應當及時通報相關法院。法院經審查認為確屬涉嫌犯罪的，依照前款規定處理。」

構建全方位保障被害人訴權制度奠定理論基礎。根據中國民事訴權理論，所謂民事訴權是指當事人因民事權益受到侵害或者與他人發生爭議時，請求法院行使審判權保護民事權益和解決民事糾紛的權利。在法治社會，如果公民的民事訴權得不到有效的保障，憲法和法律所規定其他權利很難成為一種現實的權利。[104] 對民事訴權的權利價值，學者從四個不同的角度進行了許多論述。有學者指出，歷史事實早已證明，那種忽視公民權益、過度擠壓公民自由和社會自治空間的外表和諧是不穩定的，也無法持久，其結果只會導致最終的不和諧。[105] 也有學者指出，從人類政治文明的演進過程來分析，社會成員的基本人權受到侵害而無法得到救濟的主要原因在於：首先是與訴權受到限制、糾紛無法接近司法程序有很大的關係，其次才是司法審判不公的影響。[106] 還有學者認為，在民事訴權與審判權的定位上，訴權應被置於制衡審判權行使的優先地位，訴訟結構應當以當事人行使訴權為本位，而審判權的行使則應以保障當事人訴權的充分實現為宗旨。[107] 再有學者認為，在現代法治社會，訴權是一種絕對的憲法權利，它獨立於並且高於司法權，具有充分對抗司法權在內的國家權力的權能，一切國家權力都不能任意剝奪訴權。[108] 通過這些論述可以看到，憲法視野下的民事訴權的權利價值主要表現在保護公民的民事權益、保障公民的基本人權、制衡法院的審判權和實現社會的有效控制四個方面。同時，中國刑事訴訟法理論對於附帶民事訴訟本質上為民事訴訟的性質已經早有定論，作為一種具有特殊性的民事訴訟形

---

104 王曉著，《民事訴權的保護與濫用規制研究：兼以社會控制論為基礎展開分析》，中國政法大學出版社，2015年6月第一版，第15-25頁。

105 柯陽友、吳英旗，〈訴權入憲：構建和諧社會的憲政之道〉，載《西南政法大學學報》，2006年第1期。

106 左衛民，〈公民訴訟權：憲法與司法保障研究〉，載《法學》，2001年第4期。

107 趙剛，〈正確處理民事、經濟審判工作中的十大關係〉，載《法學研究》，1999年第1期。

108 江偉、王鐵玲，〈論救濟權的救濟——訴權的憲法保障研究〉，載《甘肅政法學院學報》，2006年第4期。

態，附帶民事訴訟中的訴權其實也就是普通的民事訴權，完全符合一般民事訴訟的規定和要求。[109]因此，民事訴權理論有關訴權的權利價值，要求一切國家權力不僅不能任意剝奪民事訴權，而且要置於基本人權的高度和維護社會和諧穩定的角度給予充分的保障。遭受犯罪侵害的被害人的民事訴權，同樣不容司法機關任意否定，法律沒有明確限制被害人的附帶民事訴訟或民事訴訟權利的情況下，司法解釋沒有權力限制被害人的程序選擇權利。

司法實踐和訴權理論，為構建更加有利於充分保障被害人訴權制度提出了要求。而縱觀世界各國有關附帶民事訴訟的法律制度中，作為現代意義上附帶民事訴訟制度發祥地法國的立法例值得關注。法國刑事訴訟法不僅對附帶民事訴訟的主體範圍、客體範圍、訴求範圍等規定得廣泛，而且其內容相當完備和具體，其附帶民事訴訟賠償制度，在鼓勵被害人在刑事訴訟程序中提出民事賠償請求的同時，又兼顧民事訴訟的獨立性。法國刑事訴訟法還賦予被害人擁有救濟程序選擇權。即因犯罪行為遭受損害的被害人，既可以選擇向刑事法院提起附帶民事訴訟，也可以向民事法院單獨提起民事訴訟。[110]法國刑事訴訟法規定，如果犯罪在危害社會秩序的同時，還造成他人身體、物質上或精神上的損害，那麼，受到此種損害的人有權向民事法院，或者向負責裁判對危害社會秩序的行為提起之公訴的刑事法院，提出賠償之訴，以請求給予賠償。[111]筆者認為，法國的附帶民事訴訟與民事訴訟的選擇模式，最有利於對被害人訴權的保障，值得借鑒。因此，本書提出構建中國附帶民事訴訟範圍制度一般理論模式的例外之二——被害人的程序選擇權制度，即被害人既可以選擇附帶民事訴訟主張物質損失賠償請求權，也可以選擇民事訴訟主張物質損失賠償請求

---

109 黃豹著，《刑事訴權研究》，北京大學出版社，2013年5月第一版，第126頁。

110 楊貝著，《附帶民事訴訟制度與實務》，中國政法大學出版社，2014年3月第一版，第184-185頁。

111 【法】卡斯東•斯特法尼、喬治•勒瓦索、貝爾納•布洛克著，羅結珍譯，《法國刑事訴訟法精義》，中國政法大學出版社，1999年1月第一版，第174頁。

權。但是，在刑事訴訟過程中，提出物質損失賠償請求權的，只能通過附帶民事訴訟程序進行；刑事程序結束後，提出物質損失賠償請求權的，則只能通過民事訴訟程序進行。

三、追繳或責令退賠與附帶民事訴訟範圍關係的再定位

本書前面的研究可以看出，追繳或責令退賠措施沒有被司法解釋明文規定為附帶民事訴訟替代措施之前，法院的刑事審判實踐已經將其變成非法佔有、處置被害人財物類犯罪案件的民事賠償替代措施。也可以說，追繳或責令退賠措施成為附帶民事訴訟替代措施，是由司法習慣演變成為司法解釋規範的。根據第六章、第七章和第八章對H市兩級法院的司法實踐調查以及本章第二節「完善附帶民事訴訟範圍制度要考慮的因素：理念的進步與司法解釋的歸位」的理論分析來看，適用追繳或責令退賠措施存在以下問題：作為附帶民事訴訟替代措施功能的有效性和有限性；被害人尋求適用的有限性與司法機關適用、執行的不到位性；被害人的程序權利受到限制，被害人的實體權利被司法機關處分時喪失了司法救濟權利，對被告人的量刑情節作用發揮有限；舉證責任與證明標準不利於被害人賠償權利的保障等。這說明追繳或責令退賠替代附帶民事訴訟的司法習慣，以及其演變成為司法解釋後，對司法活動發揮了負面影響，公權力侵入了私權利的領域，以追究犯罪的刑事規則替代了平等保護的民事規則。所以，需要將其與附帶民事訴訟的關係進行重新定位。

（一）明確追繳或責令退賠為刑事程序性強制措施

中國刑法規定的追繳或責令退賠制度，經過司法習慣而演變成為司法解釋規範，並確認其成為附帶民事訴訟替代措施，不僅被要求寫在刑事判決主文之中，而且還賦予了被害人申請執行的權利。這看似完善了追繳或責令退賠制度的程序公平性，更加有利於實現被害人利益，有利於減少刑事訴訟過程中的附帶民事訴訟，從而提高訴訟效

率。但是，正如本書調查和分析所見，追繳或責令退賠的公權力屬性，其適用的有利於被告人規則的刑事訴訟法，必然不可能完全兼顧被害人的訴訟權利和實體利益；司法機關試圖通過實施該替代措施而減少被害人纏訴、鬧訪的目的也不可能有效實現，不過是將刑事訴訟過程中的纏訴、鬧訪的行為推遲到申請執行階段而已；同時，要求法院強行判處追繳或責令退賠，無端提高了刑事案件涉及財產部分的執行案件數量；而財產犯罪案件多數被告人為無正常收入或者低收入的沒有被執行能力的人，不能執行終結的案件數量為絕大多數；且被判處刑罰的犯罪分子，即使刑罰執行完畢仍然長期處於被執行的狀態，也不利於他們重新回歸社會目的的實現。因此，中國司法解釋將追繳或責令退賠制度規定為附帶民事訴訟替代措施的努力，從理論上證明是難以符合程序正義的要求，從實踐上也證明不能發揮保障被害人權益，減少訴訟投入的效果。筆者認為，需要廢止追繳或責令退賠制度替代附帶民事訴訟的功能，重新賦予追繳或責令退賠措施的功能。

為此，本書將追繳或責令退賠措施重新定位為刑事程序性強制措施。首先，規定追繳或責令退賠的適用條件。一是將追繳適用的條件設定為，被告人違法所得的財物仍然存在於其控制範圍。二是將責令退賠的適用條件設定為，被告人違法所得的財物被其揮霍、毀壞等，導致該財物已經不存在，而已經查明被告人具有賠償能力的情況下。其次，規定追繳或責令退賠的適用程序。要求必須在刑事訴訟過程中，由負責偵查的機關、負責審查起訴的機關和負責審判的機關，採用程序性的決定、裁定等方式確定追繳的具體財物或責令退賠的具體數額，並由決定或裁定的作出機關負責執行。第三，追繳或責令退賠決定或裁定的只具有刑事訴訟程序過程中的法律效力。對於已經追繳的財物或責令退賠的財物，法院審判後根據財物的性質作出退還被害人或者沒收的判決；沒有實際追繳或責令退賠部分，可以作為量刑情節予以考慮，不再判決繼續追繳或責令退賠；刑事訴訟過程中已經作出的追繳或責令退賠決定或裁定，在法院對該刑事案件作出生效決判後自然失效，不再具有執行效力。第四，追繳或責令退賠判決對被害

人民事賠償請求權的影響。追繳或責令退賠的財物經法院判決退還被害人而被害人接受的，在該財物數額範圍內免除被害人民事賠償請求權，被害人不得以此財物損失而提起附帶民事訴訟或單獨提起民事訴訟；超出該財物數額範圍之外的財物賠償請求權，被害人依然享有，可以依法單獨提起民事訴訟。被害人放棄該判決決定退還的財物數額的，其喪失就該財物數額提起民事訴訟的權利；超出該財物數額部分，被害人仍然享有民事訴訟的權利。對於被告人已經被追繳或責令退賠部分，法院在適用刑罰時要區別不同情況，作為法定從寬的情節予以考慮。

（二）確定附帶民事訴訟範圍制度適用的優先性

筆者將追繳或責令退賠措施設計成為刑事訴訟程序中對違法所得進行處理的刑事程序性強制措施，就是將該項制度替代附帶民事訴訟的功能去除，附帶民事訴訟範圍則擴大至原來被追繳或責令退賠所替代的部分犯罪。這樣就會涉及到附帶民事訴訟範圍制度的適用，與追繳或責令退賠刑事程序性強制措施的適用之間，如何協調定位的關係。筆者的觀點是，刑事訴訟過程中，偵查機關、審查起訴機關和審判機關對於犯罪分子的違法所得具有法定追繳或責令退賠的職責；而被害人對於犯罪所造成的物質損失享有提起附帶民事訴訟，或者單獨提起民事訴訟的權利，也享有接受審判機關判處的將犯罪分子追繳或責令退賠的違法所得予以返還的權利；但是，在被害人提起附帶民事訴訟和偵查機關、審查起訴機關與審判機關適用追繳或責令退賠措施同時並存的情況下，附帶民事訴訟的適用應當優先於追繳或責令退賠措施的適用。

首先，公權力機關有權獨立決定適用追繳或責令退賠措施。偵查機關受理刑事案件後，對於違法所得的去向要視為定罪事實和量刑事實的有機組成部分，要積極收集證據、固定證據，能夠追回的一定要予以追繳，不能夠追回的則要責令被告人退賠，既保證案件證據的

確實充分,又能夠保障權利人的利益不受損失,剝奪犯罪人不當利益並阻卻其再犯罪的可能性。所以,犯罪物品是決定犯罪行為的重要因素,而且也影響着行為是否構成犯罪、構成何種罪以及量刑的問題,對犯罪物品的妥善處理,對認定犯罪和打擊犯罪具有重要意義;而違法所得的一切財物,應當予以追繳或責令退賠的規定,是為了保護國家、集體和公民個人合法財產不受損失,使犯罪分子不能在經濟上佔到便宜的重要措施。[112] 審查起訴機關在審查起訴時,要將違法所得追繳或責令退賠的情況作為定罪量刑的事實來進行審查,發現應當予以追繳或者責令退賠的違法所得而偵查機關沒有履行職責的,應當採取書面的形式要求偵查機關予以補正,偵查機關拒絕行使該職責且沒有正當理由的,審查起訴機關應當移送瀆職偵查部門予以查處。審查起訴機關在提起公訴時,應當將違法所得的事實和證據以及追繳或責令退賠情況對量刑的影響,一併向法庭提出。審判機關在審判刑事案件時,要組織對違法所得的事實和證據進行舉證、質證和認證,並依法判處退還被害人或者予以沒收上繳國庫。自訴案件的審判過程中,審判機關要根據自訴人的申請及時裁定追繳或責令退賠違法所得,並依法審判處理違法所得。在這個過程中,追訴犯罪的國家機關依法行使追繳或責令退賠刑事程序性強制措施,被害人可以陳述被害事實、提供違法所得線索等,但如果不提起附帶民事訴訟程序的,則不影響國家機關追繳或責令退賠的進程。也就是說,國家機關依照職責行使追繳或責令退賠刑事程序性強制措施公權力,不受他人干涉。

其次,被害人選擇附帶民事訴訟具有優先適用的權利。被害人在刑事犯罪案件追訴過程中,向偵查機關、審查起訴機關或者審判機關提起附帶民事訴訟,要求被告人賠償所造成的物質損失的,其中涉及違法所得的追繳或責令退賠部分,則要適用附帶民事訴訟程序優先的原則。所謂適用附帶民事訴訟程序優先,是指被害人在刑事訴訟過程

---

112 李少平、朱孝清、李偉主編,《公檢法辦案標準與適用》,法院出版社,2014年4月第一版,第284頁。

中提出附帶民事訴訟請求，要求被告人返還違法所得財物或者賠償該違法所得財物損失，則法院在處理該刑事案件過程中要一併審理該附帶民事訴訟請求，並作出支持或者不予支持被害人訴訟請求的判決，不再單獨對已經追繳或責令退賠部分進行判決。詳而言之，被害人提起附帶民事訴訟請求的刑事案件，並不影響偵查機關和審查起訴機關以及審判機關對於違法所得的追繳或責令退賠決定或裁定，以及該決定或裁定的具體實施；但是，審判機關在審判時對於該違法所得事實的審判，則要根據被害人的主張按照民事訴訟的舉證責任、證明標準等規則來進行，並且根據此規則認定的事實進行判決。根據這一規則判決確認的附帶民事訴訟違法所得財物價值，可能會出現高於刑事判決中，根據有利於被告人的就低不就高的疑罪從無原則所確認的犯罪事實，[113]但刑事與附帶民事部分相互不影響各自根據所確認的事實適用賠償責任和刑事責任。附帶民事訴訟判決生效後，被害人可以據此要求法院執行已經被追繳或責令退賠的違法所得部分，作為附帶民事訴訟判決確定的賠償內容。已經追繳或責令退賠的事實，仍然可以作為對被告人量刑的情節。如此設計，公權力的行使和私權利的行使各行其道，並且公權力的行使能夠更好地保障私權利的實現。

---

113 王瑋，〈刑事附帶民事訴訟的若干證據問題〉，載《山東審判》，2013年第3期。作者認為：「在刑事案件事實達不到證據確實、充分時，法院雖然不能認定對被告人指控犯罪的成立，但是可以根據蓋然性佔優勢的證明標準認定控方提供的證明明顯大於被告人一方，從而認定被告人侵害被害人損害賠償的事實成立，進而得以據此來保護被害人的民事權益，以及時有效地化解糾紛。」

附　　錄

一、 **請您閱讀以下問題，在同意的答案中做出一項選擇，並在字母上劃 ✔：**

1. 刑事訴訟法第99條規定：「被害人由於被告人的犯罪行為而遭受物質損失的，在刑事訴訟過程中，有權提起附帶民事訴訟。」該規定有關刑事附帶民事訴訟範圍過於寬泛，案件數量增多，不利於及時審判？

   A. 是　　B. 不是　　C. 不好說

2. 刑事訴訟法上述規定的刑事附帶民事訴訟範圍過寬，各種複雜類型的案件出現，刑事法官難以審判？

   A. 是　　B. 不是　　C. 不好說

3. 最高法院的司法解釋解釋第138條第1款規定：「被害人因人身權利受到犯罪侵犯或者財物被犯罪分子毀壞而遭受物質損失的，有權在刑事訴訟過程中提起附帶民事訴訟。」該規定縮小了刑事訴訟法規定的刑事附帶民事訴訟範圍，已經涵蓋了最主要的兩大類案件——即人身損害和財物毀壞的賠償，能夠滿足絕大部分受害人的基本賠償請求？

   A. 是　　B. 不是　　C. 不好說

4. 2000年以來，最高法院通過司法解釋對附帶民事訴訟範圍的限制是有成效的，達到預期效果，應當繼續堅持該項規定？

   A. 是　　B. 不是　　C. 不好說

二、 **請您閱讀以下問題，在同意的一項或幾項中做出選擇，並在字母上劃 ✔：**

1. 盜竊、詐騙等非法佔有型犯罪的被害人沒有或者極少提起附帶民事訴訟，造成該現象的原因是以下哪一項？

   A. 被害人沒有主張該項權利的意識

   B. 法院沒有通知被害人參加訴訟

   C. 法院不受理被害人的起訴

   D. 通過追繳、責令退賠已經解決被害人的賠償問題

2. 您認為刑事附帶民事訴訟案件最複雜的是何種案件？

   A. 被害人數量多的

   B. 被告人數量多的

   C. 侵犯財產權利案件

   D. 一般人身侵權案件

   E. 特殊侵權案件

   F. 存在刑事被告人以外的應當對被害人承擔民事責任的單位和個人

3. 您從事法官，或者律師，或者其他法律工作者的時間？

   A. 2000年之前開始任法官，或者律師，或者其他法律工作者

   B. 2000年之後開始任法官，或者律師，或者其他法律工作者

附錄二：案件分析一覽表（一）[1]

地區代碼：　　　　案件年份：　　　　案件編號：

提示：請閱卷調查者根據案件卷宗記載的情況回答下列問題，凡是符合所列選擇答案的，請在英文字母序號前劃勾，或在括弧中填寫相關內容；既可以單選，也可以多選。另外，請將所閱讀案件的生效裁判文書收集附後。

一、附帶民事訴訟的案件類型與受理

（一）案件類型

1. 被告人被指控的罪名、適用的審判程序？
   A. 被指控犯（　　　）罪　B. 一審　C. 二審　D. 再審

2. 被告人因何罪名被提起附帶民事訴訟？
   A. 被告人因犯刑法第（　　　）章規定的（　　　）類罪
   B. 被告人因犯（　　　）罪

3. 被告人被指控的罪名是公訴案件，還是自訴案件？
   A. 公訴　B. 自訴

4. 何時提起的附帶民事訴訟？
   A. 偵查　B. 審查起訴　C. 審判

1　由於筆者開始研究之初的論文題目為《當代中國刑事附帶民事訴訟制度的實證研究》，所以該案件分析一覽表的設計內容包括整個刑事附帶民事訴訟制度的各個部分，但隨着研究重點確定在附帶民事訴訟範圍的實證研究方面，該一覽表的許多調查問題則與本書沒有具體的關係了。所以，筆者在附錄該案件分析表時，將一些本書沒有涉及的問題予以省略。另外，筆者設計的案件分析一覽表（二）和（四）部分，或者因為難以調查，或者因為沒有相關資料，故沒有在本書中採用，所以筆者也沒有將之附錄於此。

5. 被害人的訴訟請求是什麼？

A. 財產損失賠償

B. 致人死亡或殘疾損害的人身損害賠償（含死亡賠償金或殘疾賠償金）

C. 致人死亡或殘疾損害的人身損害賠償（不含死亡賠償金或殘疾賠償金）

D. 一般人身損害賠償

E. 精神損失賠償

……

二、附帶民事訴訟當事人範圍

（一）附帶民事訴訟原告人情況

37. 法人或其他組織等被害單位成為附帶民事訴訟原告人？

A. 是　　B. 不是

38. 法人或其他組織等被害單位發生分立、合併、終止情況時，何單位成為附帶民事訴訟原告人？

A. 分立、合併或終止前的法人或其他組織

B. 分立後的所有單位

C. 分立後一個或部分單位

D. 合併後的新法人或其他組織

E. 終止後新的權利義務承受法人或組織

39. 刑事被告人相互提起附帶民事訴訟的？

A. 有　　B. 沒有

40. 保險人提起附帶民事訴訟的？

A. 是　　B. 不是

41. 夫妻之間提起附帶民事訴訟的？

　　A. 是　　B. 不是

42. 被害人針對國家機關工作人員在行使職權時的犯罪行為造成損害而提起附帶民事訴訟的？

　　A. 是　　　B. 不是

43. 無民事訴訟行為能力或者限制民事訴訟行為能力的被害人的法定代理人提起附帶民事訴訟的？

　　A. 是　　　B. 不是　　　C. 以原告人身份　　D. 以代理人身份

44. 已死亡被害人的繼承人提起附帶民事訴訟的？

　　A. 是　　　B. 不是

　　C. 一名或幾名被害人的繼承人提出全部損失的訴訟請求，法院告知全部繼承人有權參加訴訟

　　D. 一名或幾名被害人的繼承人提出全部損失的訴訟請求，法院未告知全部繼承人有權參加訴訟，只以起訴的繼承人為原告人進行審理

　　E. 全部被害人的繼承人提出全部損失的訴訟

45. 已失蹤被害人的近親屬提起附帶民事訴訟的？

　　A. 是　　　B. 不是

　　C. 一名或幾名被害人的近親屬提出全部損失的訴訟請求，法院告知全部近親屬有權參加訴訟

　　D. 一名或幾名被害人的近親屬提出全部損失的訴訟請求，法院未告知全部近親屬有權參加訴訟，只以起訴的近親屬為原告人進行審理

　　E. 全部被害人的近親屬提出全部損失的訴訟

46 因犯罪行為而遭受損害的被害人以外的人提起附帶民事訴訟的（例如已死亡被害人的近親屬以外的人，為被害人承擔醫療費、喪葬費以及護理費等）？

A. 是　　B. 受理　　　C. 不予受理　　　D. 不是

47. 人民檢察院提起附帶民訴訟的，檢察院在附帶民事訴訟中的訴訟地位？

A. 表述為原告人　　B. 仍然是公訴機關

48. 檢察院提起附帶民事訴訟後，被害單位又提起附帶民事訴訟的？

A. 是　　B. 不是

（二）附帶民事被告人範圍

49. 刑事案件被告人為附帶民事訴訟被告人的？

A. 是　　B. 不是

50. 共同致害人為附帶民事訴訟被告人的？

A 刑事被告人同為附帶民事訴訟被告人

B. 不同案共同致害人為附帶民事訴訟被告人

C. 在逃同案犯成為附帶民事訴訟被告人

D. 在逃同案犯沒有成為附帶民事訴訟被告人

51. 被告人的監護人成為附帶民事訴訟被告人的？

A. 未成年人的監護人絕對負賠償責任

B. 監護人賠償責任減免

C. 監護人承擔適當責任

D. 監護人承擔墊付責任

F. 監護人不承擔責任

G. 監護人為個人

H. 監護人為單位

52. 死亡被告人的遺產繼承人成為附帶民事訴訟被告人？

    A. 是　　B. 不是

53. 應當承擔賠償責任的其他單位和個人成為附帶民事訴訟被告人？

    A. 是　　B. 不是

54. 成年被告人的親屬自願代為賠償的？

    A. 成為被告人　B. 沒有表述訴訟中的身份

    ……

三、附帶民事訴訟案件的審判程序

（一）同刑事案件一併審理原則與例外

59. 普通程序與簡易程序的適用情況？

    A. 適用普通程序　B. 適用簡易程序

60. 附帶民事訴訟在法院一審、二審開庭前的審查過程所佔審查量份量？

    A. 整個案件有關材料的頁數為（　　），其中專門涉及附帶民事訴訟有關材料的頁數為（　　）

    B. 主審法官所做閱卷筆錄的頁數為（　　），其中專門涉及附帶民事訴訟案件部分的頁數為（　　）

61. 附帶民訴訟的法庭審理在整個案件審理中所佔份額？

    A. 一審庭審筆錄的頁數為（　　），其中專門涉及附帶民事訴訟部分的頁數為（　　）

    B. 二審庭審筆錄的（　　）頁數，其中專門涉及附帶民事訴訟部分為（　　）頁

62. 附帶民事訴訟在法院二審不開庭審判的情況，其審查過程所佔份量？

    A. 整個案件有關材料的頁數為（　　　），其中專門涉及附帶民事訴訟有關材料的頁數為（　　　）

    B. 主審法官所做閱卷筆錄的頁數為（　　　），其中專門涉及附帶民事訴訟案件部分的頁數為（　　　）

    C. 主審法官向合議庭匯報的審理報告的頁數為（　　　），其中專門涉及附帶民事訴訟的頁數為（　　　）

    D. 訊問被告人，聽取其他當事人、訴訟代理人意見情況的書面記錄頁數為（　　　）

63. 案件討論對於附帶民事訴訟的關注情況？

    A. 合議庭評議筆錄的為（　　　）頁，或為（　　　）行

    B. 其中專門涉及附帶民事訴訟部分為（　　　）頁，或為（　　　）行

64. 審判委員會討論案件中對附帶民事訴訟部分的關注情況？

    A. 審判委員會討論案件筆錄為（　　　）頁，或為（　　　）行

    B. 其中專門涉及附帶民事訴訟部分為（　　　）頁，或為（　　　）行

65. 附帶民事訴訟案件同刑事案件一併判決及例外情況？

    A. 一審同刑事案件一併判決

    B. 一審同刑事案件分別判決，相隔（　　　）天宣判的附帶民事訴訟案件

    C. 二審同刑事案件一併裁判

    D. 二審同刑事案件分別裁判，相隔（　　　）天宣判的附帶民事訴訟案件

66. 判決書或裁定書對於附帶民事訴訟的關注程度？

    A. 當事人基本情況為（　　）行，其中與被告人無關的附帶民事訴訟當事人基本情況為（　　）行

    B. 本院經審理查明事實為（　　）行，其中專門涉及附帶民事訴訟案件事實為（　　）行

    C. 認定事實所依據的證據內容為（　　）行，其中專門涉及認定附帶民事訴訟案件事實的證據內容為（　　）行

    D. 本院認為有關內容為（　　）行，其中專門涉及附帶民事訴訟的內容為（　　）行

    E. 民事法律的引用民法通則

    F. 引用其他民事法律

    G. 引用司法解釋

    H. 適用減輕或免除民事責任

67. 判決書或裁定書中有關當事人舉證責任情況？

    A. 原告人提供證據內容為（　　）行

    B. 被告人提供證據內容為（　　）行

    C. 表述當事人各自的舉證責任

    D. 沒有表述當事人各自的舉證責任

    ……

附錄三：案件分析一覽表（三）

地區代碼：　　案件年份：　　案件編號：　　審判程序：

提示：請閱卷調查者根據案件卷宗記載的情況回答下列問題，凡是符合所列選擇答案的，請在英文字母序號前劃勾。另外，請將所閱讀案件的生效裁判文書收集附後。

一、查閱的案件中被告人觸犯何種罪名？

二、根據被告人所犯上列罪名的情況，查閱並回答下列問題：

1. 被告人的上列犯罪有無造成被害人物質損失？
   A. 有　　B. 沒有

2. 被告人的上列犯罪造成被害人物質損失的，有無提起附帶民事訴訟？
   A. 有　　B. 沒有

3. 被告人的上列犯罪造成被害人物質損失的，有無單獨提起民事訴訟？
   A. 有　　B. 沒有

附錄四：案件分析一覽表（五）

地區代碼：　　案件年份：　　案件編號：　　審判程序：

1. 被告人被指控的罪名是什麼？
   A. 被告人因犯刑法第（　　）章規定的（　　）類罪
   B. 被告人因犯（　　）罪

2. 被告人非法佔有他人財產的追繳情況？
   A. 全部追繳　　B. 大部分追繳　　C. 小部分追繳　　D. 沒有追繳

3. 被告人非法佔有他人財產是在刑事訴訟的何階段追繳的？
   A. 偵查　　B. 審查起訴　　C. 審判

4. 部分追繳的，針對未追回部分被害人有無提起索賠要求？
   A. 有　　　B. 沒有

5. 被害人的該索賠要求是刑事訴訟的何階段？
   A. 偵查　　B. 審查起訴　　C. 審判

6. 被告人非法佔有他人財產的責令退賠情況？
   A. 全部退賠　　B. 大部分退賠　　C. 小部分退賠　　D. 沒有退賠

7. 部分退賠的，針對未退賠部分被害人有無提起索賠要求？
   A. 有　　　B. 沒有

8. 被告人非法佔有他人財產是在刑事訴訟的何階段被責令退賠的？
   A. 偵查　　B. 審查起訴　　C. 審判

9. 未能追繳、退賠的，法院有無判決繼續追繳或責令退賠？
   A. 有　　　B. 沒有

10. 如何判決的？
    A. 追繳的判決主文表述為（　　　）
    B. 責令退賠的判決主文表述為（　　　）

11. 被告人對繼續追繳或責令退賠判決有無上訴？

　　A. 有　　　B. 沒有

12. 繼續追繳或責令退賠判決是否送達被害人？

　　A. 送達　　B. 沒有送達

13. 被害人對繼續追繳或責令退賠判決有意見？

　　A. 有　　　B. 沒有

14. 被害人對繼續追繳或責令退賠判決有無上訴？

　　A. 有　　　B. 沒有

15. 當事人上訴的，二審處理情況如何？

　　A. 維持　　B. 改判　　C. 發回重審

16. 法院判決繼續追繳或責令退賠的判決執行情況如何？

　　A. 全部執行　　B. 大部分執行　　C. 小部分執行　　D. 沒有執行

17. 當事人申請執行的，還是法院主動依職權執行的？

　　A. 當事人申請　　　B. 法院主動依職權

18. 追繳、退賠的，在量刑中的體現（「本院認為」中有無表述）？

　　A. 追繳、退賠從輕　　B. 未能追繳、退賠從重　　C. 沒有體現

19. 被害人是否參加庭審？

　　A. 參加　　B. 沒有參加

20. 法院是否通知被害人參加庭審？

　　A. 通知　　B. 沒有通知

21. 其他你認為重要的任何問題？

附錄五：執行人員是否執行追繳或責令退賠判決的調查問卷

1. 2014 年 11 月 6 日之前，您是否執行過刑事判決書中有關追繳或責令退賠的案件？

    A. 執行過　　　　B. 沒有執行過

2. 您從事執行工作的大致時間？

    從（　　）年開始從事執行工作

3. 2014 年 11 月 6 日之前，如果您執行過刑事判決書中有關追繳或責令退賠的案件，該案件是如何受理的？

    A. 被害人申請

    B. 法院有關部門移送

    C. 上級法院指定

    D. 有關黨委或其他國家機關要求

附錄六：附帶民事訴訟範圍是否不利審判觀點交叉表

法官、律師等對法定附帶民事訴訟範圍是否不利及時審判的觀點交叉表[2]

			範圍是否不利及時審判			總計
			是	否	不好說	
職業	法官	計數	72	21	4	97
		在職業內的%	74.2%	21.6%	4.1%	100.0%
		在範圍是否不利及時審判內的%	74.2%	21.0%	26.7%	45.8%
		佔總數的%	34.0%	9.9%	1.9%	45.8%
	律師	計數	20	61	9	90
		在職業內的%	22.2%	67.8%	10.0%	100.0%
		在範圍是否不利及時審判內的%	20.6%	61.0%	60.0%	42.5%
		佔總數的%	9.4%	28.8%	4.2%	42.5%
	其他法律服務工作者	計數	5	18	2	25
		在職業內的%	20.0%	72.0%	8.0%	100.0%
		在範圍是否不利及時審判內的%	5.2%	18.0%	13.3%	11.8%
		佔總數的%	2.4%	8.5%	0.9%	11.8%
總計		計數	97	100	15	212
		在職業內的%	45.8%	47.2%	7.1%	100.0%
		在範圍是否不利及時審判內的%	100.0%	100.0%	100.0%	100.0%
		佔總數的%	45.8%	47.2%	7.1%	100.0%

2　該表中內容來自筆者設計的「附帶民事訴訟範圍的調查問卷」第一題第1小題，其中的計數以人為單位。

附錄七：附帶民事訴訟範圍是否致案件複雜難以審判觀點交叉表

法官、律師等對法定附帶民事訴訟範圍是否致案件複雜難以審判的觀點交叉表[3]

			案件複雜是否難以審判			總計
			是	否	不好說	
職業	法官	計數	71	20	6	97
		在職業內的%	73.2%	20.6%	6.2%	100.0%
		在案件複雜是否難以審判內的%	68.3%	22.5%	31.6%	45.8%
		佔總數的%	33.5%	9.4%	2.8%	45.8%
	律師	計數	24	56	10	90
		在職業內的%	26.7%	62.2%	11.1%	100.0%
		在案件複雜是否難以審判內的%	23.1%	62.9%	52.6%	42.5%
		佔總數的%	11.3%	26.4%	4.7%	42.5%
	其他法律服務工作者	計數	9	13	3	25
		在職業內的%	36.0%	52.0%	12.0%	100.0%
		在案件複雜是否難以審判內的%	8.7%	14.6%	15.8%	11.8%
		佔總數的%	4.2%	6.1%	1.4%	11.8%
總計		計數	104	89	19	212
		在職業內的%	49.1%	42.0%	9.0%	100.0%
		在案件複雜是否難以審判內的%	100.0%	100.0%	100.0%	100.0%
		佔總數的%	49.1%	42.0%	9.0%	100.0%

3　該表中內容來自筆者設計的「附帶民事訴訟範圍的調查問卷」第一題第2小題，其中的計數以人為單位。

附錄八：司法限制範圍能否滿足被害人請求的觀點交叉表

法官、律師等對司法限制附帶民事訴訟範圍能否滿足被害人請求的觀點交叉表[4]

			能否滿足被害人請求			總計
			是	否	不好說	
職業	法官	計數	76	16	5	97
		在職業內的%	78.4%	16.5%	5.2%	100.0%
		在能否滿足被害人請求內的%	55.1%	25.8%	45.5%	46.0%
		佔總數的%	36.0%	7.6%	2.4%	46.0%
	律師	計數	47	39	3	89
		在職業內的%	52.8%	43.8%	3.4%	100.0%
		在能否滿足被害人請求內的%	34.1%	62.9%	27.3%	42.2%
		佔總數的%	22.3%	18.5%	1.4%	42.2%
	其他法律服務工作者	計數	15	7	3	25
		在職業內的%	60.0%	28.0%	12.0%	100.0%
		在能否滿足被害人請求內的%	10.9%	11.3%	27.3%	11.8%
		佔總數的%	7.1%	3.3%	1.4%	11.8%
總計		計數	138	62	11	211
		在職業內的%	65.4%	29.4%	5.2%	100.0%
		在能否滿足被害人請求內的%	100.0%	100.0%	100.0%	100.0%
		佔總數的%	65.4%	29.4%	5.2%	100.0%

4　該表中內容來自筆者設計的「附帶民事訴訟範圍的調查問卷」第一題第3小題，其中的計數以人為單位。

附錄九：司法限制應否堅持的觀點交叉表

法官、律師等對附帶民事訴訟範圍的司法限制是否堅持的觀點交叉表[5]

			是否堅持司法限制			總計
			是	否	不好說	
職業	法官	計數	74	9	14	97
		在職業內的%	76.3%	9.3%	14.4%	100.0%
		在是否堅持司法限制內的%	56.1%	18.0%	48.3%	46.0%
		佔總數的%	35.1%	4.3%	6.6%	46.0%
	律師	計數	41	34	14	89
		在職業內的%	46.1%	38.2%	15.7%	100.0%
		在是否堅持司法限制內的%	31.1%	68.0%	48.3%	42.2%
		佔總數的%	19.4%	16.1%	6.6%	42.2%
	其他法律服務工作者	計數	17	7	1	25
		在職業內的%	68.0%	28.0%	4.0%	100.0%
		在是否堅持司法限制內的%	12.9%	14.0%	3.4%	11.8%
		佔總數的%	8.1%	3.3%	0.5%	11.8%
總計		計數	132	50	29	211
		在職業內的%	62.6%	23.7%	13.7%	100.0%
		在是否堅持司法限制內的%	100.0%	100.0%	100.0%	100.0%
		佔總數的%	62.6%	23.7%	13.7%	100.0%

5　該表中內容來自筆者設計的「附帶民事訴訟範圍的調查問卷」第一題第4小題，其中的計數以人為單位。

附錄十：對最複雜案件選擇的觀點交叉表

法官、律師等對最複雜的案件的選擇觀點交叉表 [6]

			法律職業			
			法官	律師	其他法律服務工作者	總計
最複雜的案件	被害人數量多的	計數	36	31	12	79
		在最複雜的案件內的%	45.6%	39.2%	15.2%	
		在法律職業內的%	21.6%	18.3%	27.3%	
		佔總額的%	9.5%	8.2%	3.2%	20.8%
	被告人數量多的	計數	21	24	4	49
		在最複雜的案件內的%	42.9%	49.0%	8.2%	
		在法律職業內的%	12.6%	14.2%	9.1%	
		佔總額的%	5.5%	6.3%	1.1%	12.9%
	侵犯財產權利案件	計數	5	13	2	20
		在最複雜的案件內的%	25.0%	65.0%	10.0%	
		在法律職業內的%	3.0%	7.7%	4.5%	
		佔總額的%	1.3%	3.4%	0.5%	5.3%
	一般人身侵權案件	計數	10	3	2	15
		在最複雜的案件內的%	66.7%	20.0%	13.3%	
		在法律職業內的%	6.0%	1.8%	4.5%	
		佔總額的%	2.6%	0.8%	0.5%	3.9%
	特殊侵權案件	計數	25	37	11	73
		在最複雜的案件內的%	34.2%	50.7%	15.1%	
		在法律職業內的%	15.0%	21.9%	25.0%	
		佔總額的%	6.6%	9.7%	2.9%	19.2%
	存在被告人以外的其他責任人	計數	70	61	13	144
		在最複雜的案件內的%	48.6%	42.4%	9.0%	
		在法律職業內的%	41.9%	36.1%	29.5%	
		佔總額的%	18.4%	16.1%	3.4%	37.9%
總計		計數	167	169	44	380
		佔總額的%	43.9%	44.5%	11.6%	100.0%

6　該表中內容來自筆者設計的「附帶民事訴訟範圍的調查問卷」第二題第2小題，其中的計數以選項票數為單位。因為該問題為多項選擇，每人可以填寫1到6個選項，所以每一個選項的票數可以少於或者等於被調查的人數。

附錄十一：附帶民事訴訟案件工作量的情況表 [7]

1. 附帶民事訴訟案件庭前訴訟材料情況

表1.1 附帶民事訴訟案件庭前訴訟材料個案處理摘要 [8]

		計數	百分比
犯罪種類	侵犯人身權利	373	82.9%
	侵犯財產權利	2	0.4%
	侵犯人身、財產權利	74	16.4%
	其他	1	0.2%
總體		450	100.0%
除外		2,331	
總計		2,781	

表1.2 附帶民事訴訟庭前訴訟材料頁數佔刑事案件材料頁數的比率 [9]

犯罪種類	平均值（E）	中位數	最小值（M）	最大值（X）	標準差	範圍
侵犯人身權利	0.200	0.150	0.000	0.932	0.169	0.932
侵犯財產權利	0.046	0.046	0.000	0.091	0.065	0.091
侵犯人身、財產權利	0.186	0.144	0.000	0.838	0.181	0.838
其他	0.703	0.703	0.703	0.703		0.000
總體	0.198	0.149	0.000	0.932	0.172	0.932

7　以下表格的資料均是根據「案件分析一覽表（一）」第三部分的調查而獲取的案件資訊。

8　表中資料為抽查的H市兩級法院1980年、1996年、1997年、1999年、2001年、2003年、2004年、2011年、2012年、2013年和2014年上半年適用一審程序審理的附帶民事訴訟的案件，均以件為統計單位。

9　表中資料為抽查的H市兩級法院1980年、1996年、1997年、1999年、2001年、2003年、2004年、2011年、2012年、2013年和2014年上半年適用一審程序審理的附帶民事訴訟的案件，均以頁為統計單位。

2. 附帶民事訴訟法庭審理階段訴訟材料情況

表2.1 附帶民事訴訟案件法庭審理階段訴訟材料個案處理摘要[10]

		計數	百分比
犯罪種類	侵犯人身權利	317	81.5%
	侵犯財產權利	2	0.5%
	侵犯人身、財產權利	69	17.7%
	其他	1	0.3%
總體		389	100.0%
除外		2,392	
總計		2,781	

表2.2 附帶民事訴訟庭審訴訟材料頁數佔刑事庭審訴訟材料頁數的比率[11]

犯罪種類	平均值（E）	中位數	最小值（M）	最大值（X）	標準差	範圍
侵犯人身權利	0.163	0.143	0.000	0.909	0.119	0.909
侵犯財產權利	0.429	0.429	0.109	0.750	0.453	0.641
侵犯人身、財產權利	0.169	0.143	0.000	0.667	0.143	0.667
其他	0.111	0.111	0.111	0.111		0.000
總體	0.165	0.143	0.000	0.909	0.127	0.909

10　表中資料為抽查的H市兩級法院1980年、1996年、1997年、1999年、2001年、2003年、2004年、2011年、2012年、2013年和2014年上半年適用一審程序審理的附帶民事訴訟的案件，均以件為統計單位。

11　表中資料為抽查的H市兩級法院1980年、1996年、1997年、1999年、2001年、2003年、2004年、2011年、2012年、2013年和2014年上半年適用一審程序審理的附帶民事訴訟的案件，均以頁為統計單位。

3. 附帶民事訴訟合議庭評議階段訴訟材料情況

表3.1 附帶民事訴訟案件評議階段訴訟材料個案處理摘要[12]

		計數	百分比
指控犯罪種類	侵犯人身權利	308	81.3%
	侵犯財產權利	1	0.3%
	侵犯人身、財產權利	69	18.2%
其他		1	0.3%
總體		379	
除外		2,402	
總計		2,781	

表3.2 附帶民事訴訟案件評議訴訟材料佔刑事案件評議訴訟材料行數比率[13]

犯罪種類	平均值（E）	中位數	最小值（M）	最大值（X）	標準差	範圍
侵犯人身權利	0.237	0.154	0.000	3.667	0.323	3.667
侵犯財產權利	0.132	0.132	0.132	0.132		0.000
侵犯人身、財產權利	0.183	0.130	0.000	0.677	0.155	0.677
其他	0.050	0.050	0.050	0.050		0.000
總體	0.227	0.152	0.000	3.667	0.299	3.667

12　表中資料為抽查的H市兩級法院1980年、1996年、1997年、1999年、2001年、2003年、2004年、2011年、2012年、2013年和2014年上半年適用一審程序審理的附帶民事訴訟的案件，均以件為統計單位。

13　表中資料為抽查的H市兩級法院1980年、1996年、1997年、1999年、2001年、2003年、2004年、2011年、2012年、2013年和2014年上半年適用一審程序審理的附帶民事訴訟的案件，均以行為統計單位。

4. 附帶民事訴訟裁判文書訴訟材料情況

表4.1 附帶民事訴訟案件裁判文書訴訟材料個案處理摘要[14]

		計數	百分比
犯罪種類	侵犯人身權利	298	83.2%
	侵犯財產權利	2	0.6%
	侵犯人身財產權利	58	16.2%
總體		358	100.0%
除外		2,423	
總計		2,781	

表4.2 附帶民事訴訟案件裁判文書判決書佔刑事案件裁判文書事實行數比率統計[15]

犯罪種類	平均值（E）	中位數	最小值（M）	最大值（X）	標準差	範圍
侵犯人身權利	0.241	0.222	0.000	2.333	0.192	2.333
侵犯財產權利	0.185	0.185	0.120	0.250	0.092	0.130
侵犯人身財產權利	0.232	0.188	0.000	1.000	0.241	1.000
總體	0.239	0.214	0.000	2.333	0.200	2.333

14　表中資料為抽查的H市兩級法院1980年、1996年、1997年、1999年、2001年、2003年、2004年、2011年、2012年、2013年和2014年上半年適用一審程序審理的附帶民事訴訟的案件，均以件為統計單位。

15　表中資料為抽查的H市兩級法院1980年、1996年、1997年、1999年、2001年、2003年、2004年、2011年、2012年、2013年和2014年上半年適用一審程序審理的附帶民事訴訟的案件，均以行為統計單位。

5. 有無被告人之外的其他民事責任人對裁判文書工作量的影響情況

表5.1 有無被告人之外的其他民事責任人對裁判文書工作量的影響個案處理摘要[16]

		計數	百分比
有無被告人之外的其他民事責任人的案件	有	5	1.7%
	無	295	98.3%
總體		300	100.0%
除外		2,481	
總計		2,781	

表5.2 有無被告人之外其他民事責任人的裁判文書行數佔刑事裁判文書行數比率[17]

分組	平均值（E）	中位數	最小值（M）	最大值（X）	標準差	範圍
有	0.41	0.321	0.293	0.794	0.216	0.501
無	0.221	0.209	0	0.609	0.134	0.609
總體	0.224	0.212	0	0.794	0.137	0.794

16　表中資料為抽查的H市兩級法院1980年、1996年、1997年、1999年、2001年、2003年、2004年、2011年、2012年、2013年和2014年上半年適用一審程序審理的附帶民事訴訟的案件，均以件為統計單位。

17　表中資料為抽查的H市兩級法院1980年、1996年、1997年、1999年、2001年、2003年、2004年、2011年、2012年、2013年和2014年上半年適用一審程序審理的附帶民事訴訟的案件，均以行為統計單位。

出版後記

　　本書是我在香港城市大學法律學院攻讀法學博士研究生所撰寫的學位畢業論文的基礎上修訂而成的。論文初稿完成後，經過導師顧敏康教授和賀欣教授、官文偉教授的認真審核評議並同意提交答辯。論文答辯過程中，香港城市大學法律學院陳磊博士、官文偉博士和澳門大學法學院趙國強教授，對我的論文在給予較高的評價的基礎上予以一致通過，同時也對進一步修改完善提出了許多真知灼見。根據答辯專家的意見，在導師顧敏康教授的具體指導下，我對論文進行了修改。

　　博士論文通過的興致尚未消散，又獲悉論文被列入香港城市大學出版社出版計劃的佳訊，十分高興和萬分感激。深深體會到，這是母校老師對拙作所具有的微薄法學理論貢獻給予的充分肯定和嘉獎，同時也是激勵我發揮所學的法學理論、法學方法，繼續潛心學術研究並再創佳績的動力。香港城市大學法律學院教授、香港城市大學出版社社長朱國斌老師，對本書的出版提出了具體的指導意見，並進行了詳盡的籌劃和安排。香港城市大學法律學院副院長、司法研究中心主任林峰教授對本書的出版也給予許多關心和要求。香港城市大學出版社的陳明慧編輯提出了許多有益的意見，香港城市大學司法研究中心的林海英女士和出版社的工作人員也為本書的出版提供了幫助。正是老師們這些無微不至的關心和幫助，成就了今天我的第一部法學學術專著的問世。回顧修改本書的過程中，發現自己雖然將所學法學實證研究方法運用到整個研究中，但是研究方法使用的稚嫩，理論性不足等等問題尚且存在，真誠期盼各位專家的批評與指正。

王瑋

2017 年 3 月 5 日於山東淄博

參考文獻

(按姓名筆劃排序)

一、中文著作

1. 于志剛主編，《刑罰制度適用中的疑難問題研究》，吉林人民出版社，2001年版。

2. 仇立平著，《社會研究方法》，重慶大學出版社，2008年版。

3. 王作富主編，《刑法分則實務研究》，中國正方出版社，2007年版。

4. 王亞新、傅郁林、範愉等著，《法律程序運作的實證分析》，法律出版社，2005年11月版。

5. 王國樞主編，《刑事訴訟法學》，北京大學出版社，1998年版。

6. 王敏遠主編，《刑事訴訟法學（上）》，知識產權出版社，2013年版。

7. 王曉著，《民事訴權的保護與濫用規制研究：兼以社會控制論為基礎展開分析》，中國政法大學出版社，2015年版。

8. 冉景富著，《當代中國民事訴訟率變遷研究——一個比較法社會學的視角》，中國人民大學出版社，2005年10月版。

9. 左衛民等著，《中國刑事訴訟運行機制實證研究（五）——以一審程序為側重點》，法律出版社，2012年12月版。

10. 左衛民等著《中國刑事訴訟運行機制實證研究（二）——以審前程序為重心》，法律出版社，2009年4月版。

11. 左衛民著，《現實與理想——關於中國刑事訴訟的思考》，北京大學出版社，2013年4月版。

12. 田思源著，《犯罪被害人的權利與救濟》，法律出版社，2008年版。

13. 白建軍著，《法律實證研究方法》，北京大學出版社，2014年3月版。

14. 伍浩鵬著，《刑事訴訟中權力與權利的衝突與平衡——以當事人訴訟權利保護為分析視角》，湘潭大學出版社2012年版。

15. 何家弘主編，《外國證據法》，法律出版社，2003年5月版。

16. 宋英輝，《刑事訴訟的目的論》，中國人民公安大學出版社，1995年版。

17. 宋英輝、王武良主編，《法律實證研究方法》，北京大學出版社，2009年10月版。

18. 宋英輝、李哲、向燕、王貞會等著，《法律實證研究本土化探索》，北京大學出版社，2012年6月版。

19. 宋英輝著，《刑事訴訟原理導讀》，中國檢察出版社，2008 年版。

20. 李少平、朱孝清、李偉主編，《公檢法辦案標準與適用》，法院出版社，2014 年版。

21. 李其瑞著，《法學研究與方法論》，山東人民出版社，2005 年 1 月版。

22. 沈志先主編，《刑事證據規則研究》，法律出版社，2011 年版。

23. 沈宗靈主編，《法理學》，北京大學出版社，2003 年版。

24. 肖建國、包建華著，《證明責任——事實判斷的輔助方法》，北京大學出版社，2012 年版。

25. 周道鸞，《中華人民共和國最高法院司法解釋全集》，法院出版社，1994 年版。

26. 林鈺雄著，《刑事訴訟法》，中國人民大學出版社，2005 年 6 月版。

27. 邱皓政著，《量化研究與統計分析——SPSS (PASW)資料分析範例解析》，重慶大學出版社，2013 年版。

28. 邵世星、劉選著，《刑事附帶民事訴訟疑難問題研究》，中國檢察出版社，2002 年版。

29. 南英主編，《刑事審判方法》，法律出版社，2013 年版。

30. 南英主編，《量刑規範化實務手冊》，法律出版社，2014 年版。

31. 郎勝主編，《中華人民共和國刑事訴訟法修改與適用》，新華出版社，2012 年版。

32. 唐力主編，《民事訴訟法精要與依據指南》，北京大學出版社，2011 年版。

33. 孫潔冰主編，《刑事訴訟、行政訴訟附帶民事訴訟制度研究》，重慶大學出版社，1990 年版。

34. 徐靜春主編，《刑事訴訟前沿研究第八卷》，中國檢察出版社，2010 年版。

35. 祝銘山主編，《中國刑事訴訟法教程》，中國政法大學出版社，1998 年版。

36. 張小虎，《刑法的基本概念》，北京大學出版社，2004 年版。

37. 張軍主編，《新刑事訴訟法法官培訓教材》，法律出版社，2012 年版。

38. 梁書文主編，《關於民事訴訟證據的若干規定新解釋》，法院出版社，2011 年版。

39. 畢玉謙、鄭旭、劉善春主編，《訴訟證據規則研究》，中國法制出版社，2000 年版。

40. 郭志遠著，《證明標準研究——以刑事訴訟為視角》，中國人民公安大學出版社，2010 年 4 月版。

41. 郭松著，《中國刑事訴訟運行機制實證研究（四）——審查逮捕制度實證研究》，法律出版社，2011 年 9 月版。

42. 陳永生著，《刑事訴訟的憲政基礎》，北京大學出版社，2010 年版。

43. 陳光中主編，《刑事訴訟法》，北京大學出版社、高等教育出版社，2005 年版。

44. 陳彬、李昌林、薛竑、高峰著，《刑事被害人救濟制度研究》，法律出版社，2009 年版。

45. 陳瑞華，《刑事訴訟的中國模式》，法律出版社，2010 年 3 月版。

46. 陳瑞華，《程序正義理論》，中國法制出版社，2010 年 9 月版。

47. 陳瑞華著，《刑事審判原理論》，北京大學出版社，2003 年版。

48. 陳瑞華著，《論法學研究方法——法學研究的第三條道路》，北京大學出版社，2009 年 5 月版。

49. 陳衛東主編，《模範刑事訴訟法典》，中國人民大學出版社，2011 年 11 月版。

50. 陳燦平著，《刑民實體法關係初探》，法律出版社，2009 年版。

51. 麥高偉、崔永康主編，《法律研究的方法》，中國法制出版社，2009 年 9 月版。

52. 湯維建主編，《民事訴訟法學》，北京大學出版社，2008 年版。

53. 程滔、封利強、俞亮著，《刑事被害人訴權研究》，中國政法大學出版社，2015 年版。

54. 費孝通著，《江村經濟》，上海世紀出版集團、上海人民出版社，2007 年 8 月版。

55. 費孝通著，《鄉土中國》，北京大學出版社，2012 年 10 月版。

56. 【台】黃東熊、吳景芳著，《刑事訴訟法論》，台灣三民書局股份有限公司，2002 年版。

57. 黃豹著，《刑事訴權研究》，北京大學出版社，2013 年版。

58. 黃維智著，《刑事證明責任研究——穿梭於實體與程序之間》，北京大學出版社，2007 年版。

59. 楊貝著，《附帶民事訴訟制度研究與實務》，中國政法大學出版社，2014 年版。

60. 楊春洗、高銘暄、馬克昌、余叔通主編，《刑事法學大辭書》，南京大學出版社，1990 年版。

61. 雷小政著，《法律生長與實證研究》，北京大學出版社，2009 年版。

62. 劉金友、奚瑋著，《附帶民事訴訟原理與實務》，法律出版社，2005 年版。

63. 劉金友著，《附帶民事訴訟的理論與實踐》，中國展望出版社，1990 年版。

64. 劉廣三主編，《刑事證據法學》，中國人民大學出版社，2007 年版。

65. 樊崇義主編，《刑事訴訟法學》，中國政法大學出版社，2013 年版。

66. 龍宗智、夏黎陽主編，《中國刑事證據規則研究》，中國檢察出版社，2011 年 8 月版。

67. 薛薇編著，《基於SPSS的資料分析》，中國人民大學出版社，2014 年版。

68. 羅結珍，《法國刑事訴訟法典》，中國法制出版社，2006 年版。

69. 蘭躍軍著，《刑事被害人人權保障機制研究》，法律出版社，2013 年 6 月版。

70. 《國家司法考試輔導用書》（第三卷），法律出版社，2006 年修訂版。

二、外文及譯著

1. 【美】M・D・貝勒斯，《法律的原則：一個規範的分析》，張文顯等譯，中國大百科全書出版社，1996 年版。

2. 【美】Oliver Wendell Holmes, Jr. (1948). *The Common Law*. Little, Brown and Company. p. 2.

3. 【英】亨利・薩姆奈・梅因，《古代法》，商務印書館，1959 年版。

4. 【德】克勞斯・羅科信著，吳麗琪譯，《刑事訴訟法（第 24 版）》，法律出版社，2003 年版。

5. 【美】博登海默著，鄧正來譯，《法理學——法律哲學與法律方法》，中國政法大學出版，2004 年版。

6. 【法】卡斯東・斯特法尼、喬治・勒瓦索、貝爾納・布洛克著，羅結珍譯，《法國刑事訴訟法精義》，中國政法大學出版社，1999 年版。

7. 【英】哈特著，張文顯等譯，《法律的概念》，中國大百科全書出版社，1996 年版。

8. 【意】大衛・奈爾肯主編，張明楷等譯，《比較刑事司法論》，清華大學出版社，2004 年版。

9. 【法】孟德斯鳩著，張燕深譯，《論法的精神》，商務印書館，1959 年版。

10. 【美】安德魯・卡曼著，李偉等譯，《犯罪被害人學導論》，北京大學出版社，2010 年版。

11. 【英】帕特里克・鄧利維、布倫登・奧利里，《國家理論：自由民主的政治學》，浙江人民出版社，2007 年版。

12. 【美】帕特里夏・尤伊克、蘇珊・S・西爾貝著，陸益龍譯，郭星華校，《法律的公共空間——日常生活中的故事》，商務印書館，2005 年 7 月版。

13. 【日】松尾浩也著，丁相順譯，《日本刑事訴訟法》，中國人民大學出版社，2005 年版。

14. 【英】洛克著，葉啟芳、瞿菊農譯，《政府論》，商務印書館，1964 年版。

15. 【德】湯瑪斯・魏根特著，嶽禮玲、溫小潔譯，《德國刑事訴訟程序》，中國政法大學出版社，2004 年版。

16. 【德】漢斯・海因里・希耶賽克、湯瑪斯・魏根特著，徐九生譯，《德國刑法教科書（總論）》，中國法制出版社，2001 年 3 月版。

17. 【德】漢斯・約阿希姆・斯奈德主編，許章潤、孫曉靂等譯，《國際範圍內的被害人》，中國人民公安出版社，1992 年版。

18. 【日】田口守一著，劉迪等譯，《刑事訴訟法》，法律出版社，2000 年版。

19. 【意】皮羅・克拉瑪德雷著，翟小波、劉剛譯，《程序與民主》，高等教育出版社，2005 年版。

20. 【美】約書亞・德雷斯勒、艾倫・C・邁克爾斯著，魏曉娜譯，《美國刑事訴訟法精解》，北京大學出版社，2009 年版。

21. 【英】約翰・斯普萊克著，徐美君、楊立濤譯，《英國刑事訴訟程序》，中國人民大學出版社，2006 年版。

22. 【美】約翰・羅爾斯著，何懷宏等譯，《正義論》，中國社會科學出版社，1998 年版。

23. 【美】羅伯特・C・埃里克森著，蘇力譯，《無需法律的秩序——鄰人如何解決糾紛》，中國政法大學出版社，2003 年 8 月版。

24. 【美】羅斯科・龐德著，沈宗靈譯，樓邦彥校，《通過法律的社會控制》，商務印書館，2012 年版。

25. 【美】艾爾・巴比著，邱澤奇譯，《社會研究方法》，華夏出版社，2009 年版。

26. 【日】谷口安平著，王亞新譯，《程序的正義與訴訟》，中國政法大學出版社，1996 年版。

27. 【德】馬克斯・韋伯著，李秋零等譯，《社會科學方法論》，中國人民大學出版社，1999 年版。

28. 【英】麥高偉、傑佛瑞・威爾遜主編，姚永吉等譯，《英國刑事司法程序》，法律出版社，2003 年版。

29. 【英】麥高偉等著，付欣譯，《中國刑事司法制度之實證研究》，維思出版社，2013 年 3 月繁體字版。

30. 黃風譯，《意大利刑事訴訟法》，中國政法大學出版社，1994 年版。

三、期刊論文

1. 毛利華等，〈刑事附帶民事訴訟若干問題與對策——山東省法院刑事附帶民事訴訟調研分析〉，載《人民司法》，2007 年 5 月上半月。

2. 王敏遠，〈2012 年刑事訴訟法修改後的司法解釋研究〉，載《國家檢察官學院學報》，2015 年 1 月第 1 期。

3. 王瑋，〈刑事附帶民事訴訟的若干證據問題〉，載《山東審判》，2013 年第 3 期。

4. 北京市第一中級法院刑一庭，〈關於刑事附帶民事訴訟面臨的司法困境及其解決對策的調研報告〉，載《法律適用》，2007 年第 7 期。

5. 左衛民，〈公民訴訟權：憲法與司法保障研究〉，載《法學》，2001 年第 4 期。

6. 申莉萍、鄭茂，〈論中國刑事附帶民事訴訟制度的價值定位──從刑事附帶民事訴訟的存廢之爭説起〉，載《西南民族大學學報》（人文社會科學版），2012 年第 4 期。

7. 向前，〈論中國刑事附帶民事訴訟執行難的原因與對策〉，載《牡丹江大學學報》，2009 年 10 月第 18 卷第 10 期。

8. 江偉、王鐵玲，〈論救濟權的救濟──訴權的憲法保障研究〉，載《甘肅政法學院學報》，2006 年第 4 期。

9. 宋英輝等，〈特困刑事被害人救助實證研究〉，載《現代法學》，2011 年 9 月第 33 卷第 5 期。

10. 宋瑞平、張秀峰，〈刑事附帶民事訴訟高調解率的實證研究──基於「賠償從寬」角度的分析〉，載《福建警察學院學報》，2011 年第 4 期。

11. 李以遊，〈刑事訴訟中責令退賠問題的幾點思考〉，載《河北法學》，2014 年 11 月第 11 期。

12. 李強國，〈法院不應限制刑事附帶民事訴訟受案範圍〉，載《江蘇公安專科學校學報》，2001 年 5 月第 15 卷第 3 期。

13. 汪淵智，〈理性思考公權力與私權利的關係〉，載《山西大學學報》（哲學社會科學版），2006 年 7 月第 29 卷第 4 期。

14. 肖乾利等，〈刑事附帶民事訴訟面臨困境和對策的思考──基於宜賓市刑事附帶民事訴訟案件的實證調查〉，載《西華大學學報（哲學社會科學版）》，2009 年 4 月第 28 卷第 2 期。

15. 林明亮等，〈海南西部地區刑事附帶民事訴訟案件審理的調研報告〉，載《熱帶農業工程》，2012 年 8 月第 36 卷第 4 期。

16. 柯陽友、吳英旗，〈訴權入憲：構建和諧社會的憲政之道〉，載《西南政法大學學報》，2006 年第 1 期。

17. 段洪波，〈論被害人的民事賠償先行起訴權〉，載《中國刑事法雜誌》，2007 年第 3 期。

18. 徐和平，〈司法解釋合憲性的隱憂與消解〉，載《學術界》2014 年第 1 期。

19. 康玉梅，〈刑事附帶民事訴訟的賠償範圍探討〉，載《湖北社會科學》，2012 年第 4 期。

20. 張文志，〈「刑附民」精神損害賠償若干問題研究〉，載《法學雜誌》，2006 年第 4 期。

21. 張振亮，〈論中國的司法解釋體制及其改革與完善〉，載《南京郵電學院學報（社會科學版）》，2004 年 9 月第 3 期。

22. 張珺，〈刑事附帶民事訴訟的合理性探討〉，載《法律適用》，2002 年第 6 期。

23. 梁鑫，〈司法習慣與正當程序〉，載《發展》，2012 年第 2 期。

24. 莊明發、王學堂，〈關於法院立案改革現狀及發展方向的思考〉，載《山東審判》，2001 年第 6 期。

25. 莊乾龍，〈對《最高法院關於刑事附帶民事訴訟範圍問題的規定》若干問題的疑問〉，載《阿壩師範高等專科學校學報》，2011 年 12 月第 28 卷第 4 期。

26. 陳小強，〈中國現行刑事附帶民事訴訟制度的局限性及其重構〉，載《經濟研究導刊》，2010 年第 26 期。

27. 陳秀平、陳繼雄，〈法治視角下公權力與私權利的平衡〉，載《求索》，2013 年第 10 期。

28. 陳純柱、樊銳，〈「先民後刑」模式的正當性與量刑研究〉，載《中國政法大學學報》，2012 年第 2 期。

29. 陳顥，〈賠錢減刑的經濟學分析〉，載《福建法學》，2009 年第 2 期（總第 98 期）。

30. 黃磊，〈刑事附帶民事執行案件現狀分析及對策──以***市刑事附帶民事執行案件實證量化分析為視點〉，載《商品與品質》，2012 年 4 月刊。

31. 楊年生，〈財產型犯罪中刑事附帶民事訴訟的困境及對策芻議〉，載《法制與社會》，2013 年 10 月（下）。

32. 楊年生，〈財產型犯罪中刑事附帶民事訴訟的困境及對策芻議〉，載《法制與社會》，2013 年第 30 期。

33. 楊雨等，〈關於丹東市刑事附帶民事訴訟案件調解情況的調查報告〉，載《中國商界》，2010 年 11 月總第 210 期。

34. 萬毅，〈先刑後民原則的實踐困境及其理論破解〉，載《上海交通大學學報（哲學社會科學版）》，2007 年第 2 期。

35. 葛炳瑤，〈2006 年浙江省在押罪犯主要犯罪類型的犯罪原因調查〉，載《中國司法》，2008 年第 2 期。

36. 榮逸菲，〈從犯罪學角度對盜竊罪的分析〉，載《商》，2015 年第 40 期。

37. 褚玉龍，〈對最高法院《關於刑事附帶民事訴訟範圍問題的規定》的質疑〉，載《律師世界》，2001 年第 4 期。

38. 趙剛，〈正確處理民事、經濟審判工作中的十大關係〉，載《法學研究》，1999 年第 1 期。

39. 趙剛，〈略論中國刑事訴訟證據規則之應然體系〉，載《法學家》，2000 年第 5 期。

40. 劉菊，〈析刑事附帶民事訴訟中精神損害賠償問題〉，載《法學雜誌》，2004 年第 4 期。

41. 劉瑞剛等，〈關於刑事附帶民事案件審判情況的調研〉，載《法制與社會》，2010 年 9 月（上）。

42. 劉璐，〈刑事附帶民事訴訟物質損失賠償範圍研究〉，載《人民檢察》，2003 年第 6 期。

43. 劉璐，〈刑事附帶民事訴訟物質損失賠償範圍研究〉，載《人民檢察》，2003 年第 6 期。

44. 歐陽濤：「要正確理解和適用刑法關於『追繳』、『責令退賠』和『沒收』的規定」，載《人民司法》，1983 年第 3 期。

45. 鄭魯甯、何乃剛，〈合併與分離：刑事附帶民事訴訟制度的反思與重構〉，載《政法論壇（中國政法大學學報）》，2003 年 8 月第 21 卷第 4 期。

46. 謝桃，〈公權力與私權利的博弈〉，載《知識經濟》，2011 年第 21 期。

47. 魏盛禮、賴麗華，〈試論取消刑事附帶民事訴訟制度〉，載《法學論壇》，2005 年第 20 卷第 1 期。

48. 蘇力，〈當代中國法律中的習慣——從司法個案透視〉，載《中國社會科學》，2000 年第 3 期。

49. 蘇惠漁、林建華，〈關於《公正對待犯罪和濫用權力的被害人的基本原則宣言》述評〉，載《法學研究》，1991 年第 3 期。

四、其他文獻

1. 申莉萍，《中國犯罪被害人損害救濟法律問題研究》，西南政法大學博士論文。

2. 巫若枝，《當代中國家事法制實踐研究——以華南 R 縣為例》，中國人民大學博士論文。

3. 李貴陽，《刑事訴訟中被害人權利探究》，吉林大學博士論文。

4. 侯雪，《刑事損害賠償法律制度研究》，吉林大學博士論文。

5. 胡發福，《終結本次執行程序若干法律問題新探》，中國法院網，2015 年 2 月 26 日，15:16:13。

6. 徐艷陽，《刑民交叉問題研究》，中國政法大學博士論文。

7. 高向武，《附帶民事訴訟研究》，中國政法大學博士論文。

8. 張少林，《被害人行為刑法意義之研究》，華東政法大學博士論文。

9. 張劍秋，《刑事被害人權利問題研究》，中國政法大學博士論文。

10. 董秀婕，《刑民交叉法律問題研究》，吉林大學博士論文。

11. 蔡國芹，《刑事調解制度研究》，上海交通大學博士論文。